Japan mit der Seele suchen

Dierk Stuckenschmidt

Japan mit der Seele suchen

Innenansichten
einer immer noch fremden
Kultur und Gesellschaft.

Ein Schlüssel zum Verständnis
des modernen Japan
und der Japaner.

Scherz

Kaii Higashiyama,
dem «Bürger zweier Welten», der die Kraft der
eigenen Kultur wie kein anderer in der Begegnung
mit der fremden erfahren und dargestellt hat,
in dankbarer Verehrung gewidmet.

1. Auflage 1988
Copyright © 1988 by Scherz Verlag Bern, München, Wien.
Alle Rechte der Verbreitung, auch durch Funk, Fernsehen,
fotomechanische Wiedergabe, Tonträger jeder Art und auszugsweisen
Nachdruck sowie Übersetzung, sind vorbehalten.
Schutzumschlag von Gerhard Noltkämper.

Inhalt

Vorwort

Die Kultur eines Volkes zu verstehen setzt eine jahrelange Beschäftigung mit ihr voraus; sie anderen zu vermitteln, die nicht das Privileg haben, in ihr zu Hause oder doch für längere Zeit zu Gast zu sein, grenzt ans Unmögliche. «Kultur», dieses komplexe, in einer Gemeinschaft gewachsene Geflecht aus gesellschaftlichen, künstlerischen und wissenschaftlichen Komponenten, läßt sich zwar zergliedern und analysieren, wird dann aber sicherlich nur von solchen Menschen wiedererkannt werden, die selbst in ihr gelebt und zumindest einen Großteil ihrer Grundstrukturen bereits ins eigene Bewußtsein aufgenommen haben.

Einem Deutschen, der es gewohnt ist, seine kulturvergleichenden Bemühungen auf europäische Nachbarvölker zu richten, wird der erste Kontakt mit einem in jeder Hinsicht sehr weit entfernten Land wie Japan Überraschungen bieten, denen er zunächst nur mit Hypothesen zu begegnen vermag. Es ist wohl auch unvermeidlich, daß sich etliche seiner Mutmaßungen im Lauf der Zeit als falsch erweisen, weil die Prämissen nicht ganz stimmen, Informationen und Kenntnisse fehlen, das eigene Rezeptionssystem sozusagen in einer anderen Sprache programmiert ist. Glücklicherweise ist das menschliche Gehirn jedoch nicht so unflexibel wie die Computer, mit denen wir es heute zu tun haben, sondern in der Lage, sich anzupassen, weitgehend «kompatibel» zu werden, wenn man ihm Zeit dazu läßt. Das heißt, das Ausmaß der Mißverständnisse, Fehlreaktionen und falschen Deutungen wird mit fortschreitender Integration geringer, bis sich die Betrachtung dem Verständnis annähert.

Leider aber läßt sich dieser Prozeß, wie gesagt, nicht durch die Medien bewerkstelligen. Selbst Studenten der Japanologie wird am heimatlichen Herd, an der Universität, von ihren akademischen Lehrern in jahrelangen Bemühungen nur ein Teil der Materialien vermittelt, die sie benötigen, und allenfalls eine Ahnung des Gesamtbildes, ehe sie nicht den noch immer von so wenigen beschrittenen Weg wählen, einen Abschnitt ihres Lebens tatsächlich in der anderen Kultur zu verbringen.

Dieses Buch, das vor allem die Leser im deutschsprachigen Mitteleuropa ansprechen will, bemüht sich um eine Annäherung an die Kultur Japans, indem es bewußt einen «nichtwissenschaftlichen» Ansatz wählt und auf der persönlichen Ebene subjektiver Erfahrung fortschreitend Eindrücke sammelt, die sich allmählich zu einem Gesamtbild fügen. Die Perspektive bestimmt ein fiktiver «Herr Schmidt», ein junger Naturwissenschaftler, der, reichlich unerfahren, zunächst eine kurze Reise nach Japan unternimmt, dann während eines längeren Forschungsaufenthalts dort lebt, eine Japanerin heiratet und sich schließlich nach der Rückkehr in die Heimat mit den geistigen Konsequenzen dieser intensiven Kulturbegegnung auseinandersetzt. Sein Blick wird, wo es nötig erscheint, durch ein ebenso fiktives Gegenüber, einen «Herrn Tanaka», ergänzt. Dessen Beobachtungen sollen nicht zuletzt dazu beitragen, das dem deutschen Leser selbstverständlich Erscheinende bewußtzumachen, zu relativieren und gelegentlich auch in Frage zu stellen.

Diese «Handlung» hat den Zweck, der Darstellung eine gewisse Anschaulichkeit zu verleihen. Aus demselben Grund erfolgt die geistige Annäherung zugleich mit tatsächlichen, räumlichen Bewegungen in Form von wissenschaftlichen wie touristisch motivierten Reisen. Das «Verständnis» wird aus Erlebnissen am Zielort sowie aus Informationen gewonnen, die der Lektüre allgemein einführender Werke entstammen könnten (wie sie in den «Anregungen zu weiterer Lektüre» aufgeführt sind); die Gedanken über den «gemeinsamen Weg» schließlich werden, wie könnte es bei Wissenschaftlern heute anders sein, bei einem Symposium vorgetragen.

Beschrieben wird also eigentlich nur das, was sich den Reisenden Schmidt und Tanaka mehr oder weniger von selbst darbietet, ergänzt vielleicht durch solche Auskünfte einheimischer Gesprächspartner, die dem Kenntnisstand eines gebildeten Menschen entsprechen. Dies schließt nicht aus, daß durch die Doppelperspektive schon bei dieser anspruchslosen Ausgangsbasis Einblicke möglich werden, die über das Geläufige hinausgehen.

Andererseits stehen einige an sich bedeutende Themengruppen (wie der Buddhismus und die westliche Philosophie, auch Industrie und Wirtschaft) dadurch eher am Rande. Sie sind von unseren fiktiven Reisenden her gesehen entweder zu speziell oder zu peripher für das Verständnis der Kulturen; manches kann auch aus dem Gesagten erschlossen werden.

Vor allem soll dieses Buch zur Weiterbeschäftigung mit dem «Phänomen» Japan anregen, das zu entdecken trotz einer nun mehr als hundertzwanzigjährigen, man sollte meinen, ausreichend langen Periode intensiver Kontakte immer wieder und für jeden einzelnen zur neuen Herausforderung, aber auch zum Gewinn wird.

Diese Zuversicht habe ich während meines eigenen langjährigen Aufenthalts in Japan, auch als Hochschullehrer, gewonnen. Wie der Herr Schmidt unserer Darstellung, der den Weg zum Verständnis der fremden Kultur stellvertretend gehen soll, bin auch ich mit einer Japanerin verheiratet, habe auch ich Japan zunächst als Laie und Außenseiter kennengelernt. Sonst aber ist alles, was mit ihm und seinem Gegenüber, dem Herrn Tanaka, zusammenhängt, frei erfunden. Ähnlichkeiten mit lebenden Personen wären rein zufällig. Die Nachteile der Perspektive meines Herrn Schmidt sind mir durchaus bewußt. Sein (und mein) staunender Enthusiasmus mag gelegentlich zu Schlüssen geführt haben, die der nüchterne Wissenschaftler so nicht formuliert hätte.

Mein Dank gilt in diesem Sinne an erster Stelle dem Japanologen Dr. Ernst Lokowandt, der freundlicherweise das Manuskript durchgesehen hat und noch so manches Mißverständnis aufdecken konnte. Vor allem aber möchte ich mich bei allen denen bedanken, die dazu beigetragen haben, daß ich den auf den folgenden Seiten erkennbaren «Kulturoptimismus» gewonnen habe und über alle Ernüchterungsphasen hinweg bewahren konnte: besonders natürlich bei meiner Frau Yoshie, dem «guten Zweig»; auch bei den Hochschulkollegen in Nagoya, die mir die erste Zeit in Japan zu Paradiesesjahren gemacht haben; eigentlich bei allen Japanern mit ihrer so freundlichen Haltung meinem deutschen Heimatland gegenüber; nicht zuletzt aber auch bei der (viel zu) kleinen Schar deutscher Wissenschaftler und Studenten in Japan, mit denen ich durch meine Tätigkeit im Deutschen Akademischen Austauschdienst zu tun habe; sowie den Mitgliedern der Tokyoter OAG und der Deutsch-Japanischen Gesellschaften in Bonn und Tokyo, die mir immer wieder gezeigt haben, daß ich mit meiner positiven Sicht nicht allein bin.

In ihrer aller Namen wünsche ich den folgenden Seiten eine verständnis- und wirkungsvolle Aufnahme.

Tokyo, im Juni 1987   D. S.

... mit der Seele suchen

Über ungleich verteilte Sehnsucht nach dem Partner

Nicht mehr drei bis vier Monate, wie in den Seefahrerjahrhunderten, braucht man, um von Europa nach Japan zu kommen. Ein Reisetag genügt: die Zeit, die Goethe benötigte, um von Frankfurt nach Wetzlar zu gelangen.

Frankfurt und Wetzlar, das sind Namen, die für uns vertraut klingen, und für Goethe waren die Menschen in Wetzlar Freunde. Nach einer Tagesreise befand er sich in einer Landschaft, die ihm zwar nicht mehr Heimat im eigentlichen Sinn, aber auch nicht Fremde war.

Nach Italien, wohin sich Goethe später als Bildungsreisender aufmachte, dauerte es schon vierzehn Tage. Die «Fremde» bot sich jenseits der Alpen schnell den Sinnen dar, obwohl dem gebildeten Deutschen das innere Wesen dieses Landes recht vertraut war. Nach Italien zu fahren war und ist ja für einen humanistisch Gebildeten eines anderen europäischen Landes so etwas wie eine innere Heimkehr. Das blühende Rom der Kaiserzeit, sein Verfall im Mittelalter und die schließliche Auferstehung seiner Pracht in der Renaissance waren für Goethe persönliche Wirklichkeit. Vielen von uns sind sie es heute noch.

Griechenland, diese von der deutschen Heimat noch weiter entfernte Sphäre, hat Goethe nicht erreicht. Nicht nur der geographische Abstand, auch der innere, zwischen dem damals politisch kaum existierenden Staat und dem idealisierten Gemeinwesen der Antike, war so groß, daß Goethe vor einer Reise dorthin zurückschreckte. Doch sein Bestreben, «das Land der Griechen mit der Seele zu suchen», ist uns gut bekannt.

In Goethes Weltbild gibt es dann, deutlich distanzierter, Amerika, die Neue Welt, in die man auswanderte und aus der man Briefe in die Heimat schrieb, aber aus der man nie zurückkehrte.

Noch weiter entfernt, eher im Bereich des Phantastischen, liegt China; dahinter, tief im Schatten, Japan. Zur Zeit Goethes hatte sich an der damals sechshundert Jahre alten Marco-Polo-Perspektive noch nicht viel geändert. Ja, im Grunde hat Japan für die deutschsprachigen Länder, mehr noch: für ganz Europa, seiner Abgeschlossenheit wegen bis in die Mitte des 19. Jahrhunderts kaum existiert. Die Missionare, die im 16. Jahrhundert Japan erreichten und sich noch relativ frei im Lande bewegen durften, haben wohl so farblos von ihren Eindrücken berichtet, daß wenig Neugier geweckt wurde. Als sich Japan nach seiner Einigung durch den Shogun Ieyasu Tokugawa zu Anfang des 17. Jahrhunderts von der Außenwelt abschloß, um einer Kolonisierung wie etwa auf den Philippinen zu entgehen, verschwand es für Europa sozusagen wieder von der Landkarte. Eintragungen in europäischen Nachschlagewerken, z. B. in Meyers Großem Konversationslexikon, sind um die Mitte des 19. Jahrhunderts kürzer, unsicherer und informationsärmer als die in vergleichbaren Lexika der ersten Missionszeit. Es ist erstaunlich, daß immerhin existierende modernere Berichte wie die Engelbert Kaempfers (aus den Jahren 1690 bis 1692) und Philipp Franz von Siebolds (der von 1823 bis 1830 und 1859 bis 1862 in Japan war) ungeachtet ihrer ausgezeichneten Darstellung und ihrer Materialfülle so wenig Resonanz fanden. Beide Wissenschaftler hatten als Ärzte in holländischen Diensten derart aufmerksame Blicke durch das den Kaufleuten geöffnete Fenster Nagasaki geworfen, daß ihnen trotz ihrer eingeschränkten Bewegungsfreiheit nicht viel entgangen war. Die Voraussetzungen für eine umfassendere Japankenntnis in Europa wären also durchaus gegeben gewesen.

Die Frage, warum Europa bis zum 19. Jahrhundert Japan

weitgehend ignoriert hat, ist mit den genannten Faktoren (Entfernung, Abgeschlossenheit) sicher nicht hinreichend beantwortet. Ein schwerwiegender Grund dürfte darin zu suchen sein, daß es in der europäischen altertumsbezogenen Geistesgeschichte keinerlei Ansatz für eine gefühlsbegründete Neugier oder gar für ein Verwandtschaftsempfinden gab. Die eurozentrische Anschauung der Weltumsegler und -eroberer sah in den Bewohnern von Ländern außerhalb des bekannten Kulturkreises nur «Wilde», unzivilisierte «Eingeborene», die allenfalls – wie die zopftragenden Chinesen – komisch wirkten. Die Leibnizschen Notizen zu einer Anerkennung der chinesischen Kultur (in seiner *Novissima Sinica* von 1697) reichten nicht aus, um an solchen Vorstellungen etwas zu ändern, und das Japanbild hätte von ihnen ohnehin nur in zweiter Linie profitieren können.

Obwohl die Reise in entgegengesetzter Richtung, also von Japan nach Mitteleuropa, natürlich immer genauso weit und mühsam gewesen ist und die ersten Kontakte von Japanern und Europäern in Japan stattfanden – beim Eintreffen der Missionare –, obwohl vor dem 19. Jahrhundert sehr viel weniger Japaner den Weg nach Europa fanden als umgekehrt und das Shogunat Auslandsreisen sogar mit der Todesstrafe belegte – obwohl also die Bedingungen für Begegnungen mit Europa wesentlich schlechter waren, hat man in Japan stets ungleich besser über das ferne Abendland Bescheid gewußt. Die Gründe hierfür gehören in den Bereich der Gesellschaftspsychologie.

Ein Blick in die Geschichte Japans mag dies verdeutlichen. Das kulturell und gesellschaftlich bereits hochentwickelte Inselreich übernimmt im 6. und 7. Jahrhundert von China die gesellschaftlich prägende neue Religion, den Buddhismus, und damit verbunden auch Teile des dortigen politischen Systems und vor allem die Schrift; und es tut dies freiwillig, ohne Gewalteinwirkung, ohne eine Invasion oder größere Einwanderungswelle. Schon damals muß in den gebildeten Schichten das Bewußtsein stark gewesen sein, daß das große Nachbarland China als ebenbürtiger, ja überlegener Partner anzuerkennen sei, auf den man mit Achtung zu schauen habe. Ohne Zweifel konnte man darüber hinaus bemerken, daß China kein in sich ruhender Monolith, sondern eher ein Vielvölkerstaat war, der außer seiner eigenen Mannigfaltigkeit auch noch die Kulturen der weiter westlich lebenden Völker bis hin zu denen des Mittelmeerraumes kannte. Dieses Bewußtsein müssen vor allem die aus Changan gekommenen gelehrten Mönche gehabt haben. In Changan (dem heutigen Xian), der Hauptstadt Chinas in der Tang-Zeit (also vom 7. bis zum 10. Jahrhundert), der damals größten Stadt der Welt, lebten außer Menschen aus allen Teilen des Reichs auch zahlreiche Ausländer, darunter größere Gruppen von Juden und Persern, die durch den Handel über die dort endende «Seidenstraße» nach China gekommen waren. Die Mönche brachten neben ihrem Wissen und ihren Fähigkeiten (etwa als Tempelarchitekten) chinesische Produkte sowie persische, byzantinische und römische Waren mit. Durch den glücklichen Umstand, daß der japanische Kaiser Shomu ein besonderer Liebhaber zeitgenössischer Kunst war und seine aus mehr als 9000 Stücken bestehende Sammlung (samt einem zur Aufbewahrung bestens geeigneten Museum) nach seinem Tode im Jahre 756 dem mächtigen Todaiji in Nara vermachte und daß dieses Schatzhaus (das «Shosoin») bis heute unversehrt existiert, haben wir einen glänzenden Beleg für die Vielfalt der damals in Japan bekannten künstlerischen Produkte auch ferner Länder. Der Einfluß des Fremden war so groß, daß beispielsweise an den buddhistischen Skulpturen jener Zeit hellenistische Vorbilder erkennbar sind.

Man muß aber betonen, daß die Hinwendung Japans zu einem ausländischen Gegenüber trotz der schönen Beispiele äußerer Begegnung vor allem innerlicher Art war. Das Studium des chinesischen Geistes wurde als «Kangaku» zur zentralen Bildungsdisziplin in den Adels- und Tempelschulen; und als sich das Bewußtsein, daß sich hinter dem «Reich der Mitte» ein

14

«Abendland» befand, im 16. Jahrhundert verstärkte, trat ungeachtet der ansonsten verordneten Abgeschlossenheit als weitere wichtige Lehre das «Rangaku» hinzu, das Studium des «holländischen» Geistes. In diesem Sinne wirkten auch die Ärzte Kaempfer und Siebold (in Japan wegen ihrer merkwürdigen Aussprache des Niederländischen als «Bergholländer» bezeichnet) als Lehrer der europäischen Wissenschaft. Wesentliche Werke verschiedener europäischer Sprachen wurden über das Niederländische ins Japanische übersetzt. Der Wunsch, mehr über Europa zu erfahren, war schon groß, als sich nach dem Auftauchen amerikanischer Kriegsschiffe vor den Küsten Japans im Jahre 1853 die japanische Politik änderte und mit der «Meiji-Restauration» 1868 die Isolation des Landes beendet wurde. Eine Flut von Reisen nach Europa, und zunehmend auch nach Amerika und in andere Länder, setzte ein und hat sich bis heute in einem Maße verstärkt, daß sich die Reisetätigkeit der Europäer in umgekehrter Richtung, die unter so viel besseren Bedingungen begonnen hatte, dagegen bescheiden ausnimmt.

Sicherlich kann und muß auch die Frage gestellt werden, ob sich denn die weite Reise nach Japan bzw. – im anderen Falle – nach Europa überhaupt «lohnt». Diese Frage ist für die Entscheidung jedes Reisenden maßgebend, und er wird sich darum bemüht haben, sie nach bestem Wissen zu beantworten. Vor jeder intellektuellen Überprüfung der dabei zu berücksichtigenden Fakten aber steht das allmähliche, intuitive Sammeln von Gefühlsmomenten, von Assoziationen und Wünschen, die einen wesentlichen Anteil an der sich bildenden Motivation haben. Die überlieferten Meinungen, die geistige Tradition der eigenen gesellschaftlichen Schicht spielen dabei eine wesentliche Rolle. Die Seele sehnt sich nach dem erahnten Gegenüber; sie strebt nach der Vereinigung. Und hier liegt eben ein Hauptunterschied zwischen der Ausgangshaltung von Mitteleuropäern und Japanern: Die Sehnsucht ist ungleich verteilt. Man könnte wohl nur von sehr wenigen Deutschen sagen, daß sie «das Land der Japaner mit der Seele suchen». Anders der durchschnittliche japanische Reisende: Er hat, bildlich gesprochen, nicht nur seinen Goethe im «Ränzel» (um ein japanisches Lehnwort aus dem Deutschen zu gebrauchen), sondern strebt seinem Ziel auch mit einem erwartungsvollen Hochgefühl zu, das dem Goethes auf dem Weg nach Italien nicht ganz unähnlich ist.

Wir wollen uns der konkreten Erfahrung soweit wie möglich annähern, indem wir zwei imaginäre Vertreter ihrer Länder mit den Allerweltsnamen «Schmidt» und «Tanaka» auf eine ebenso imaginäre Reise schicken und sie dabei beobachten. Sie sind schon unterwegs.

Könnte man den beiden, die sich vielleicht während des Auftankens ihrer in entgegengesetzten Richtungen fliegenden Maschinen in der Lobby des Flughafens von Anchorage flüchtig begegnen, ins Herz schauen, so wäre sicher ein gewisser Gefühlsunterschied festzustellen. Doch erst mit der Ankunft im anderen Land wird die Sache richtig interessant.

Dörfer und Städte

Kongreß in Tokyo · Eine Welt für Gäste · Die Realität des Gastgebers: das Dorf in der Stadt · Kongreß in Bonn · Eine kulturell autonome Kleinstadt · Der geöffnete Privatbereich.

Der erste Eindruck, den Herr Schmidt von Japan erhält, ist der eines sehr modernen, freundlichen, gutorganisierten Landes. Der Flughafen Narita sieht auch nach zehnjährigem Bestehen noch frisch und neu aus. Die Paß- und Zollkontrolle braucht wegen der vielen Reisenden zwar ihre Zeit, ist aber höflich und zuvorkommend; und am Eingang zur Ankunftshalle steht schon ein Vertreter der Kongreßveranstalter mit einem großen Schild in der Hand, auf dem Herr Schmidt seinen Namen erkennt. Alles Weitere ist nun aufgrund dieser Begleitung ganz einfach.

Der «Limousine Bus», in dem Herr Schmidt mit dem englisch sprechenden jungen Mann über die Autobahn nach Tokyo gelangt, ist bequem, und die einstündige Fahrt durch das Grün der Reisfelder, die rasch dichter werdenden Vororte, vorbei an der Neuschwanstein-Mondraketen-Silhouette von Tokyo-Disneyland, an Pferderennbahnen und weitläufigen Hafenanlagen, diese Fahrt vergeht unter manchen Erklärungen rasch und angenehm. Eines der Wahrzeichen Tokyos, eine Nachbildung des Eiffelturms, rückt näher, und bald verläßt der Bus die Hochstraße, um durch die Straßenschluchten des Verwaltungsbezirks von Marunouchi zum eindrucksvollen Vorgelände des Kaiserpalastes mit seinen gigantischen Wällen und Gräben und zum Pyramidenbau des Parlaments zu fahren, hinter dem dann die elegante Hotelstadt auftaucht, in der Herr Schmidt nicht nur wohnen, sondern auch arbeiten (das heißt, an seinem Kongreß teilnehmen) wird.

Ein solcher Kurzaufenthalt eines viel reisenden Wissenschaftlers könnte durchaus als typisch gelten, und selbst wenn er durch einen Abstecher in die Wissenschaftsstadt Tsukuba oder einen Industriebetrieb am Rande Tokyos und vielleicht durch einen «abenteuerlichen» Ausflug in das Nachtleben von Akasaka unweit des Hotels ergänzt wird, bleibt der Gast in der relativ geschlossenen Sphäre des modernen, gepflegten Japan, das wie zum Vorzeigen geschaffen ist. Er merkt in der Regel nicht, daß dies eine abgegrenzte, vom übrigen abgehobene Welt ist, die zwar Verbindung zum «gewachsenen» Japan hat und viele von dessen Elementen besitzt, aber doch nicht die gesamte Realität widerspiegelt.

Herrn Schmidt könnte es, wie gesagt, dem Plan seiner Gastgeber entsprechend passieren, daß sich sein kurzer Aufenthalt nur in dieser Welt abspielt. Er würde den Eindruck gewinnen – und zu Hause in diesem Sinne berichten –, daß Japan ein in den wesentlichen Bereichen modernes, perfekt organisiertes und wohlhabendes Land ist, in dem man mit Hilfe der englischen Sprache ganz gut zurechtkommen kann. Dem leisen Gefühl der Fremdheit, das er bei alledem doch verspürt, würde er vielleicht das Bedauern über eine «doch sehr deutliche Amerikanisierung» gegenüberstellen.

Dabei ist diese Welt der gediegenen Eleganz und der technischen wie gesellschaftlichen Vollkommenheit keineswegs ein Potemkinsches Dorf. Sie ist ein Teil des japanischen Lebens und besteht aus einer Mischung dessen, was man in Japan immer schon für Gäste schuf, und einer futuristisch-modernen Entwicklung zivilisatorischer Errungenschaften.

Von dem wahrgenommenen Teil auf das Ganze zu schließen, wie es viele Reisende in ihrem Bestreben nach raschem Verständnis tun, ist in Japan wegen der Vielschichtigkeit der Lebensorganisation allerdings noch problematischer als anders-

18

wo: Zunächst müßte man sozusagen die Rollen der anderen Schauspieler und die wandelbaren Bühnenbilder paralleler Szenen kennen.

Nehmen wir einen der japanischen Kongreßvorsitzenden, einen Professor an einer der vielen Universitäten Tokyos. Er gehört nach Stellung und Einkommen zur oberen Schicht der Bevölkerung, die in Herrn Schmidts Vorstellung mit der erlebten eleganten Umwelt verbunden ist. Durch seine Universität verfügt er über ausreichende Mittel, an den Kongressen seines Fachgebiets teilzunehmen, wo immer sie stattfinden; er ist in gewissem Sinn ein «internationaler Mensch». Um sein Leben aber richtig einschätzen zu können, wollen wir ihn in Gedanken auf dem Heimweg zu seiner Familie begleiten, nachdem er die ausländischen Gäste, darunter auch Herrn Schmidt, am späten Abend des Konferenztages im Hotel verabschiedet hat. Von der nahen U-Bahn-Station aus fährt er etwa eine Viertelstunde bis zum großen Umsteigebahnhof Shibuya, von dort auf der Ringbahn Tokyos, der «Yamanote-Linie», in zehn Minuten bis zum nächsten, noch größeren Verkehrsknotenpunkt, Shinjuku, und erreicht dort gerade noch den letzten Zug der Privatbahn, die ihn nach fünfzig Minuten in seinem heimatlichen Wohngebiet ankommen läßt. Vom Bahnhof aus hat er nur noch zehn Minuten Fußweg, die ihm heute, in der milden Frühjahrsnacht, recht angenehm sind. Er ist vom Hotel im Herzen Tokyos aus bis zu seinem Wohnhaus eindreiviertel Stunden unterwegs gewesen, eine weite Strecke. Trotzdem kann er von Glück sagen, daß er als gut verdienender Wissenschaftler so günstig wohnt. Andere haben es noch weiter bei ihrem täglichen Weg zur Arbeit; und er besitzt im Unterschied zu den meisten von ihnen ein eigenes Haus mit einem Gärtchen. An die Fahrt ist er auch gewöhnt. Er kann sie dazu benutzen, die Zeitung oder ein Buch zu lesen, wozu er sonst kaum kommen würde. Einen Sitzplatz findet er allerdings meist nur, wenn es wie heute spätabends ist. Dann entspannt er sich wie die anderen Passagiere, die um diese Zeit alle im Halbschlaf dem Zuhause entgegenschaukeln.

Die Wohnbedingungen in Tokyo und anderen Großstädten Japans sind in der Tat nicht ideal. Allein im Bereich der Hauptstadt lebt etwa ein Viertel aller Japaner. Doch die meisten dieser Menschen haben ihre Wurzeln irgendwo in den ländlichen Gebieten, wo sie wohl auch zum «O-Bon»-Fest ihre Verwandten und die Gräber der Familie besuchen – und deren Lebensgewohnheiten sie keineswegs aufgeben wollen. So kommt es, daß das eigene Haus mit dem Gärtchen nach wie vor ihr Ideal ist, auch wenn es wegen der Raumnot und der Bodenpreise in der Großstadt nur in Miniaturmaßen gebaut werden kann. Und so erklärt sich auch, daß in den neu erschlossenen Wohngebieten selbst in Tokyo ganz deutlich eher dörfliche, jedenfalls nicht städtische Gemeindestrukturen entstehen – und die Entfernungen immer größer werden. Jeder Wohnbezirk ist in sich geschlossen und hinsichtlich des Alltagslebens gewissermaßen autark. Das Leben kann in seiner traditionellen Konzentration auf den Herrschaftsbereich der Hausfrau ablaufen, die für ihre Einkäufe – mehrmals täglich – nahe gelegene Einzelhandelsgeschäfte aufzusuchen gewohnt ist, wo sie sich auch mit den Nachbarinnen zum Plausch trifft. Die Einkaufsstraße, «Shotengai», ist der Mittelpunkt der Gemeinde – vielleicht ergänzt durch das Badehaus, «Sento», das nach wie vor vielen als Ort der Kommunikation dient. Daß der Hausvater außerhalb tätig ist und die Kinder nach der Grundschulzeit entfernter liegende Schulen besuchen müssen, ändert nichts an dieser Struktur. Die Häuserlandschaft Tokyo-Yokohama-Kawasaki-Chiba usw. besteht in Wirklichkeit fast nur aus solchen «Dörfern», in deren Mitte einige Zentren wie auskristallisiert hervorstechen.

Tokyo war, wie alle japanischen Städte, die bis zum Beginn des 17. Jahrhunderts entstanden, ursprünglich eine Burgstadt, «Jokamachi», und dementsprechend in seiner ganzen Anlage

20

auf die Burg konzentriert. Allerdings hatte die Stadtplanung, anders als in Europa, in Burgnähe keine «Bürger»-Wohnungen und vor allem keine Kaufläden, Gasthäuser und dergleichen zugelassen, so daß mit der Auflösung der städtischen Rangordnung im 19. Jahrhundert am Ende der Edozeit gerade hier, im traditionellen Kerngebiet der Stadt, die Voraussetzungen für die Bildung eines Stadtzentrums im modernen Sinne ungünstig waren. Statt dessen wurden zunächst die alten Kaufmannsviertel, wie die Ginza (d. h. die «Silbermünzstätte»), dann die neu entstehenden Bahnhöfe zu Schwerpunkten des Lebens. Heute erkennt man diese Ballungsbereiche beim Blick von einem Aussichtspunkt (wie z. B. dem Dach von Herrn Schmidts Hotel) von weitem ziemlich leicht an ihren Hochhäusern – vor allem die neuesten Zentren Shinjuku und Ikebukuro. Das Großstädtische an den traditionellen Zentren sind vor allem die Warenhäuser, die außer der wirtschaftlichen Aufgabe auch eine soziale und kulturelle Funktion übernommen haben, z. B. eigene Theater zu unterhalten und regelmäßig Kunstausstellungen auch größeren Umfangs zu veranstalten. Sie sind den ganzen Tag über sehr belebt, besonders aber in den späten Nachmittagsstunden, wenn der Rückkehrerstrom der in der Stadtmitte Beschäftigten in die Wohndörfer einsetzt. Die Welt eines «durchschnittlichen japanischen Städters» – wenn eine solche vereinfachende Sicht erlaubt ist – besteht aus diesen beiden Bereichen: der eigenen nachbarschaftsbezogenen Wohnung im «Dorf» und den großen Warenhäusern in der «Stadt».[5] *

Auf diese Weise entsteht freilich nicht mehr als die Momentaufnahme einer extrem grauen Alltagskonstellation, der vor allem die Farbelemente der kulturellen wie der gesellschaftli-

---

* Die Zahlenhinweise beziehen sich auf das Literaturverzeichnis, das Anregungen zu weiterer Lektüre enthält.

chen Welt fehlen, die dieser äußerlich einfachen Szene eine dem Ausländer zumeist verborgene Lebensqualität verleihen, worüber noch ausführlicher zu sprechen sein wird.

Herr Schmidt jedenfalls hat von alledem noch wenig bemerkt. Aus dem Kongreßplan hat er sich kaum befreien können; dazu war dieser auch zu perfekt durchdacht. Und so hat er auf dem engen Raum des Hotels zwar zahllose Wissenschaftler seines Fachgebiets getroffen, hat einige Spaziergänge in die Umgebung gemacht und an der gemeinsamen Stadtrundfahrt mit Besichtigungen teilgenommen, doch «Japan» hat er bis zum Ende des Kongresses nur in Andeutungen kennengelernt.

Wir wollen zunächst aber die Szene wechseln und die Eindrücke des Herrn Tanaka schildern, dem wir auf dem Flughafen von Anchorage kurz begegnet sind. Inzwischen ist er natürlich längst in Deutschland angekommen. Auch er möchte einen wissenschaftlichen Kongreß besuchen. Da dieser in der Bundeshauptstadt Bonn stattfindet, hat er seinen Flug bis Köln/Bonn gebucht und lernt den großen Frankfurter Flughafen nur als einen etwas verwirrenden und zu weitläufigen Umsteigeplatz kennen. Außerdem ist er nach der langen Reise müde und freut sich darauf, bald am Ziel zu sein. Leider gibt es dann aber Komplikationen: Herr Tanaka wird nicht, wie er erwartet hatte, abgeholt; an der einsamen Haltestelle, zu der er sein Gepäck mit einiger Anstrengung geschafft hat, entnimmt er dem Fahrplan, daß es bis zum nächsten Bus noch ziemlich lange dauern wird; ein Taxi bringt ihn schließlich für viel Geld zu seinem Bonner Hotel; das Hotel ist für Herrn Tanakas Begriffe recht bescheiden. Als er erschöpft ins Bett sinkt, ist er enttäuscht und deprimiert. Dies ändert sich auch am nächsten Tag nur wenig; denn seine Gastgeber, denen er sich von einem früheren Kongreß in den USA her freundschaftlich verbunden glaubte, bekommt er nicht eher zu Gesicht, als bis sie auf dem Podium im Saal der Kongreßhalle offizielle Begrüßungsworte an die Teilnehmer richten. Erst beim gemeinsamen Mittagessen im Restaurant am Rhein löst sich die Beklemmung allmählich, als einer von ihnen die Zeit zu einem kurzen persönlichen Gespräch findet, sich für die – offensichtliche – starke Arbeitsbelastung entschuldigt und Herrn Tanaka einen weiteren Kollegen vorstellt, der sich seiner annehmen werde.

Für die deutsche Realität ist diese Situation sicher nicht untypisch, und sie würde von den Gastgebern Herrn Tanakas sicher nicht in den Bereich wirklichen Fehlverhaltens eingestuft werden. Man hat alles korrekt organisiert (z. B. das Zimmer im Hotel gebucht, den Kongreß pünktlich beginnen lassen), sich selbst voll für diese Sache eingesetzt – und sich im übrigen auf die Selbständigkeit der anreisenden Teilnehmer verlassen. Nur einen Faktor hat man vernachlässigt: daß es sich bei den ausländischen Gästen in erster Linie um *Menschen* handelt, die bei dem Eintritt in die für sie fremde Umgebung persönliche Hilfe benötigen, bevor sie in der erwarteten Funktion – z. B. als Wissenschaftler – auftreten können. Bei Herrn Tanaka, dem in dieser Hinsicht ganz entgegengesetzt «programmierten» Angehörigen eines extrem gastfreundlichen Landes, ist die Enttäuschung zunächst fast so stark, daß sie ihn wie eine Wand von der Realität des Kongresses, zugleich aber auch von seiner Umgebung trennt. Er hat die Stadt Bonn als einen Teil des «mit der Seele gesuchten» Landes an diesem Morgen noch nicht wahrgenommen.

Dies ändert sich nun glücklicherweise durch die Bekanntschaft mit dem nicht so eingespannten Fachkollegen, der sich des aus der Sicht der geschäftigen Veranstalter vielleicht etwas unbeholfen wirkenden Herrn Tanaka annimmt; es ist, als ob die Szenenbeleuchtung eingeschaltet würde. Da vor den Nachmittagsvorträgen noch etwas Zeit ist, spazieren die beiden Herren zum «Alten Zoll» und genießen den Blick über den Rhein und die Stadt Bonn. Was sie hier von einer einzigen Stelle aus sehen können, ist in der Tat fast das gesamte Areal der Bundeshauptstadt, selbst in deren erweiterten Ausmaßen nach den neueren

Eingemeindungen: die Bonner Altstadt, die moderneren Außenbezirke, die Orte Beuel und Bad Godesberg und schließlich – schon außerhalb der Grenzen – die Stadt Königswinter vor der malerischen Silhouette des Siebengebirges. Mit einem Blick erfassen sie auch die historischen Dimensionen: die Reste des römischen Kastells am Rheinufer, das ehrwürdige Münster und die Schwarzrheindorfer Doppelkirche als Zeugen des Mittelalters, das barocke Schloß des Erzbischofs und schließlich die modernen Bauten des Regierungsviertels der Bundeshauptstadt. Herr Tanaka stellt überrascht fest, daß die eigentliche Stadtfläche, die seit nunmehr zweitausend Jahren hier existiert, kleiner ist als einer der kleinsten Stadtteile Tokyos.

Am Abend lädt der freundliche Kollege Herrn Tanaka zum Essen in seine Wohnung ein. Mit dem Wagen dauert es nur zehn Minuten vom Parkplatz an der Kongreßhalle bis zu dem geräumigen Haus mit großem Garten in den Hügeln auf der anderen Seite des Rheins. Bei einem Glas Wein sitzt man später am Kamin, auf den der Gastgeber sichtlich stolz ist, und spricht über Herrn Tanakas erste Eindrücke, vor allem über die Hauptstädte Bonn und Tokyo.

Bonn, das im Vergleich zu dem riesigen Tokyo eigentlich ein Dorf sein müßte, offenbart ungeachtet seiner Ausdehnung und Einwohnerzahl eine Menge «städtischer» Züge. Es verfügt über eine Reihe von kulturellen Einrichtungen – mehrere Theater, eigene Schauspiel- und Opernensembles, ein großes Orchester, viele Schulen, eine Universität –, die überwiegend seit langer Zeit bestehen und in das Leben dieser Stadt voll integriert sind. Die enge Verbindung dieser Einrichtungen mit der Alltagsrealität des Großteils der Bürger ist es offenbar, die das «Städtische» hier ausmacht. Vor der Ernennung Bonns zur Bundeshauptstadt, ein Zustand, der von den Bonnern zum Teil immer noch als künstlich empfunden wird, war es vor allem die Universität gewesen, die dieses Gefühl erzeugt hatte. Die verehrten Herren Professoren einerseits, das Studentenleben andererseits hatten bis 1945 dominiert. Die Grundlage hierfür war der prächtige Hofstaat des Erzbischofs gewesen, der im 18. Jahrhundert all das in seine Residenz geholt hatte, was z. B. auch in der Weltstadt Paris zur geistigen Moderne gehörte.

Der Fürstenhof als Basis für die Entstehung der modernen Gesellschaft – diesen gemeinsamen Nenner, erfährt Herr Tanaka, hätten viele deutsche Städte. In der entscheidenden Phase am Anfang des Zeitabschnitts, der die Gegenwart zu prägen begann, habe es keine Reichseinigung – wie in Japan –, sondern eine Reichsaufteilung in mehr als zweihundert unabhängige Fürstentümer gegeben, die vor allem während des 18. Jahrhunderts wirtschaftlich gesund waren und sich geistig eigenständig und in fruchtbarer Konkurrenz zueinander entwickelten, jedes von ihnen ein kleines Abbild der großen Zentralstaaten Frankreich oder England, jedes mit eigener Beamtenschaft und eigenem Kulturleben. Auch wenn sich die Staatsform Deutschlands im 19. Jahrhundert geändert habe und durch die technische Revolution andere Maßstäbe gesetzt worden seien, bleibe die innere Struktur der deutschen Städte noch von der Fürstenzeit geprägt. Unter dem befreienden Wirken der Demokratisierung sei sie keineswegs zerstört worden, sondern habe im Gegenteil an Kraft und Verbindlichkeit gewonnen. Das Bewußtsein, «Städter» zu sein, unterscheide die Bewohner selbst kleinerer Städte wie Bonn sehr deutlich von den «Dörflern», die nur wenige Kilometer von der Stadt entfernt wohnten.

Wie steht es im Vergleich zu diesen vom Gastgeber entworfenen Bildern mit Tokyo – oder mit Hagi, der Geburtsstadt Herrn Tanakas? Herr Tanaka versucht, sich die Verhältnisse in der Heimat mit der gleichen inneren Distanz zu vergegenwärtigen, mit der er auf der imaginären Landkarte die deutschen Fürstenstädte aus der dunkleren Tönung der ländlichen Umgebung hervorleuchten sieht.

Hagi, das Herr Tanaka trotz der großen Entfernung von Tokyo jährlich zum «O-Bon»-Fest besucht, um das Grab der Familie zu pflegen, ist für ihn selbst eigentlich nur der außerordentlich ruhige kleine Ort, an dem er sich im Kreise der Verwandten so leicht von der Hektik Tokyos erholt: die Spaziergänge durch das regelmäßige Raster der alten Straßen der Burgstadt, vorbei an den Werkstätten der Töpfer, zum Strand und zum Fischerhafen, oder natürlich zum Friedhof am Fuß der Hügel auf der anderen Stadtseite – eine ungestörte Idylle. So stolz seine Verwandten und er selbst auf diese Stadt seien, die so viele berühmte Staatsmänner hervorgebracht habe, er müsse sich doch eingestehen, daß «Städtisches» im Sinne der deutschen Deutung dieses Begriffs nur wenig vorhanden sei. Ganz sicher seien die Bürger von Hagi aber keine Bauern und unterschieden sich in ihren Gewohnheiten sehr von denen der Bewohner der Dörfer in der Umgebung. Ihre Interessen seien deutlich intellektuell gefärbt und von den traditionellen kulturellen Idealen Japans und des Westens geleitet. Dennoch finde sich bei ihnen nicht der vom Gastgeber geschilderte Drang der Städter zu «gemeinsamer Intellektualität» – es gebe auch keine Konzerthalle, kein Theater, nicht einmal Straßencafés oder abendliche Treffpunkte für die allgemeine Diskussion von Zeitgeschehen und Politik. Das Leben spiele sich in den Häusern der einzelnen Familien ab, deren alte Lehmmauern den Bereich der Privatwelt nach wie vor auch äußerlich gut abgrenzten. «Miteinander» lebe man eigentlich nur bei den Festen der Shinto-Schreine und eben beim «O-Bon»-Fest, das ihm, Tanaka, alljährlich Gelegenheit gebe, die Jugendfreunde wiederzusehen.

Was an diesem Abend über Herrn Tanakas Heimatstadt gesagt wird, gilt seiner Ansicht nach für fast alle japanischen Städte, jedenfalls auch für die Großstädte Hiroshima, Okayama und Nagoya, die er auf der Fahrt zwischen Hagi und Tokyo mit dem «Superexpreß» der «Shinkansen»-Linie berührt. Hinsichtlich Osakas, Kyotos und besonders Tokyos hat er seine Zweifel. Sicherlich sei der Lebensbereich des durchschnittlichen Bewohners dieser drei Städte ebenso begrenzt, überschaubar und auf die Privatsphäre der Familie bezogen, doch komme jeweils wohl noch etwas Besonderes hinzu: in Osaka die alle verbindende Kaufmannsmentalität (die dort zu der ernstgemeinten oder scherzhaften Begrüßungsformel *«mokarimakka?»* – «Haben Sie gut verdient?» geführt habe), in Kyoto das noch lebendige Bewußtsein der alten Hauptstadt mit ihren Adels- und Mönchstraditionen und in Tokyo schließlich der «Geist der neuen Zeit».

Diesen Tokyoter «Geist» zu definieren sei wohl am schwersten. Man habe schon in der Zeit der Tokugawa-Herrschaft, also in den 250 Jahren der Abgeschlossenheit, die Hauptstadt Edo im Bewußtsein aller Japaner, um so mehr der Hauptstädter, der «Edokko» selbst, hochstilisiert. Nach Tokyo zu reisen bedeute noch heute, «hinaufzufahren», gleich, ob man von Nordosten oder von Südwesten komme. Die frühere Tributpflicht der Provinzfürsten und ihre jährliche Anwesenheit bei Hofe seien zwar seit hundert Jahren Vergangenheit, steckten aber doch noch in den Köpfen aller Japaner. Auch habe die Größe der Stadt Tokyo mit ihren natürlichen Problemen sicherlich den Lebensrhythmus ihrer Bewohner beschleunigt. Die Tokyoter seien wirklich in allem schneller, selbst beim Sprechen. Er könne sich vorstellen, daß sie darin den Menschen von Berlin, Paris und New York ähnelten ...

Da es spät geworden ist, begleitet der Gastgeber Herrn Tanaka zu seinem Bonner Hotel.

Für Herrn Tanaka hat der Aufenthalt in Deutschland in der Kürze der Zeit zwei Überraschungen gebracht. Einmal waren das die enttäuschende Tatsache, am Flughafen nicht abgeholt worden zu sein, und der insgesamt eher kühle und geschäftsmäßige Empfang auf dem Kongreß. Andererseits aber hatte ihn dann die herzliche Gastfreundschaft des ihm vorher noch gar nicht näher bekannten deutschen Fachkollegen, d. h. die Einladung in dessen Haus und die beim Wein geführte lange Unter-

27

haltung, äußerst erfreut. Hier hatte er etwas von dem Land entdeckt, das er «mit der Seele gesucht» hatte.

Vergleichen wir einmal die ersten Eindrücke der Reisenden Schmidt und Tanaka miteinander.

Das Abholen vom Flughafen ist in Japan Bestandteil der Veranstaltung selbst und in der Organisation fest verankert. Der Rahmen des Kongresses reicht damit über den Bereich dessen hinaus, was die deutschen Veranstalter als ihre Pflicht ansehen. Die japanische Auffassung von Gastfreundschaft Fremden gegenüber ist also zunächst eher formal; sie bietet den Gästen eine «Wärmezone» in der schwierigen Situation der ersten Begegnung, ohne daß damit allzu viele Verpflichtungen verbunden wären. Diese Zone fehlt bei den sachlicheren Deutschen meist oder ist weniger ausgeprägt. Dafür setzt dann oft eine eher spontane Gastfreundschaft einzelner Personen ein, die über den organisierten Teil der Veranstaltung hinaus bis in den privaten Bereich führt. Die Einladung in die Wohnung, das persönliche Gespräch, das – für Japaner sprichwörtlich – «bis tief in die Nacht» geht, all dies schafft wiederum eine unerwartete Intimität, die als Grundlage lebenslanger Verbundenheit, ja Freundschaft dienen kann. Zweifellos verläuft auch diese Form der Gastfreundschaft in traditionellen Bahnen, doch wirkt sie auf den japanischen Gast vor dem Hintergrund seiner eigenen Gewohnheiten und Möglichkeiten deutlich stärker, als dies den Gastgebern bewußt ist.

Umgekehrt sind ausländische Gäste in Japan gelegentlich enttäuscht, *nicht* in den Wohnbereich ihrer Gastgeber eingeladen zu werden. Sie erwarten noch eine Steigerung der wohltuenden «formalisierten Gastlichkeit», ohne zu verstehen, daß sie es hier lediglich mit einer anderen Organisationsform der Situation des ersten Zusammentreffens zu tun haben, daß eigentlich nur die Grenze zwischen dem «organisierten» (äußeren) und dem «spontanen» (inneren) Begegnungsbereich anders gezogen wird. Und natürlich, das haben wir schon erfahren, gibt es

28

noch einen anderen Grund für das Ausbleiben von Einladungen in die Wohnung des japanischen Gastgebers: Er wohnt zu weit entfernt von der Kongreßstätte, und seine Wohnung ist nicht groß genug für die zwanglose Bewirtung von Gästen. Nur in besonderen Fällen, die dann in der Tat intimeren Charakter gewinnen, würde er den ausländischen Gast zu sich bitten und dafür dann all die aufwendigen Vorkehrungen treffen (d. h. durch seine Frau treffen lassen), die einem solchen Ereignis angemessen sind. Der Aufwand für Gäste, auch für japanische, ihm nahestehende, ist hoch, und er würde diesen Standard keinesfalls unterschreiten wollen.

Rheinfahrten

Herr Tanaka an der Lorelei · Eine exotische Familie wird zunehmend menschlich · Herr Schmidt auf dem «Japanischen Rhein» · Vom «Besucher» zum «Gast»

Herrn Tanaka bleibt nach dem Abschluß des Kongresses noch ein freies Wochenende, bevor er nach Japan zurückfliegen muß. Er widmet es dem Deutschland seiner Sehnsucht. Am Samstag vormittag besucht er natürlich zuerst Beethovens Geburtshaus. Dann nimmt er, wie man ihm schon in Japan vorgeschlagen hat, den Zug bis Koblenz und besteigt dort eines der großen Passagierschiffe zu einer Rheinfahrt. Auf dieses Ereignis hat er sich gefreut, seit feststand, daß er nach Deutschland fliegen würde. Langsam sieht er Burg um Burg auftauchen, bemerkt, wie das Flußbett schmaler wird, bis schließlich der berühmte steile Felsen der Lorelei auftaucht. Nicht ohne Rührung erkennt er, daß der Name am Ufer in riesigen japanischen Silbenzeichen angebracht ist: □ – V ⇒ l; und leise summt er die ihm wie jedem Japaner so vertraute Melodie des Lorelei-Liedes mit, die aus dem Schiffslautsprecher erklingt. Aus dem lange zurückliegenden zweijährigen Deutschkurs an der Allgemeinbildenden Fakultät seiner Universität kennt er noch immer alle Strophen auswendig – auch wenn er sonst viel von seinem Deutsch vergessen hat und die Abendunterhaltung bei seinem Gastgeber vorwiegend auf englisch bestreiten mußte.

«Ich weiß nicht, was soll es bedeuten, daß ich so traurig bin; ein Märchen aus uralten Zeiten . . .» Deutschland, ein Märchen, uralte Zeiten, eine Zauberin, der Rhein – diese Begriffe haben für seine Vorstellung wohl vom gesamten Abendland zentrale Bedeutung bekommen, sowohl durch die große Mühe des Deutschlernens als auch durch den Gedanken- und Gefühlshintergrund, den er von seiner Bildungswelt ohnehin mitbekommen, den er unbewußt aufgenommen hat. Sein Rheinbild ist das der Großvätergeneration, die in der Umbruchphase der «Meiji»-Zeit, also um die Jahrhundertwende, nach Deutschland gegangen war, um dort die westliche Medizin, das Rechtssystem und vor allem auch die Kantsche Philosophie zu studieren; eine Generation, die dort in heute nicht mehr vorstellbarem Maße die Beschäftigung mit dem Rhein als nationalem Symbol erlebte, der «Deutschlands Strom, nicht Deutschlands Grenze» sein sollte. Und in der Tat ist auch für den nur recht kurzen Blick, den Herr Tanaka auf die Szenerie werfen kann, noch viel Historisches vorhanden, das die «uralten Zeiten» ganz real auferstehen läßt: das Raubrittermittelalter mit den vielen Zwangsmautburgen und der malerischen Pfalz in Kaub, die deutsch-französischen Auseinandersetzungen mit der fast modernen Festung von Ehrenbreitstein und dem «Deutschen Eck» in Koblenz, und schließlich auch die römische Kolonialzeit, in der die schönen Weinberge entstanden sind.

In Rüdesheim steigt Herr Tanaka aus, um vom Wein zu kosten. In dem Hotel an der Drosselgasse, in dem er ein Zimmer gebucht hat, ist viel Betrieb. Allerdings stammen die fröhlichen Zecher aus Holland; es wird trotzdem ein schöner Abend. Am anderen Morgen fährt Herr Tanaka nach Frankfurt, besichtigt das Goethe-Haus und fliegt nachmittags nach Tokyo ab.

Er ist erschöpft und zufrieden zugleich. Seine Erwartungen haben sich erfüllt, auch wenn der Aufenthalt eigentlich sehr kurz war und keine tiefen Einblicke in das wirkliche Leben zugelassen hat. Für Herrn Tanaka war es wichtig, überhaupt einmal in dem Land gewesen zu sein, das ihn innerlich bereits lange beschäftigt hatte, und es genügte, die bekannten Bilder zu berühren, sie lebendig vorzufinden und in sie «eintreten» zu können. Wenn er nun in der Heimat von ihnen spricht, wird er ein

Teil von ihnen sein, sich selbst in ihnen sehen können. Dieses Bewußtsein erfüllt ihn mit Genugtuung, und als die japanische Stewardeß ihm ein heißes Tuch zur Erfrischung reicht, lehnt er sich glücklich in seinem Sitz zurück.

Herrn Tanakas Deutschlandeindrücke entsprechen, ungeachtet der vereinfachten Darstellung, in ihren Grundzügen sicherlich einer Vielzahl wirklicher Erlebnisse ähnlicher Art. Bestimmte Muster sind erlernt worden, werden wiedererkannt und gern in Besitz genommen. Erst nach Ablauf dieses Prozesses erfolgt möglicherweise die Variation und die eigene Entdeckungsreise. Wir werden später wieder mit Herrn Tanaka zusammentreffen und sehen, welche Fortschritte er inzwischen gemacht hat.

Zunächst wollen wir uns auf eine zweite «Rheinfahrt» begeben. Diesmal begleiten wir Herrn Schmidt, der der Einladung der Familie eines japanischen Doktoranden aus der Präfektur Gifu Folge leistet.

Mit dem Superexpreß «Shinkansen-Hikari», d. h. dem «Lichtschnellen Zug auf der neuen Hauptstrecke», der bis zu Herrn Schmidts Zielort Nagoya, 360 km von Tokyo entfernt, nicht hält, wird das bebaute Gebiet der Großstadt rasch verlassen. Der Zug folgt der Küste auf der Strecke des alten Tokaido, der staatlich kontrollierten «Straße am Ostmeer», die Herr Schmidt schon von den Farbholzschnitten des Hiroshigo kennt. Es ist eine herrliche Landschaft. Von den Bergen, durch die der Zug eilt, hat man immer wieder Ausblicke auf den blauen Pazifik. Orangenhaine wechseln mit Teeplantagen, die mit ihren merkwürdig geschnittenen Hecken den Hügeln eine ganz künstlerische Gestalt geben. In der Nähe der großen Lagune des Hamana-Sees bemerkt Herr Schmidt die im Reiseführer erwähnten zahllosen Wasserbecken für die Aalzucht, die mit Reisfeldern abwechseln. Nur der Berg Fuji, der Fuji-san, den er unbedingt sehen wollte, ist hinter einer dichten Wolke versteckt. Die vorbeirauschenden Städte und Industrieanlagen kommen ihm wider Erwarten klein und überschaubar vor – von einer «nicht enden wollenden Megalopolis» in diesem am dichtesten besiedelten Gebiet Japans kann entgegen den journalistischen Berichten, die er oft gelesen hat, doch wohl nicht die Rede sein.

Nach genau zwei Stunden nähert man sich dann aber einem zweiten Häusermeer, das fast wie das von Tokyo aussieht: der Stadt Nagoya, die mit «nur» zwei Millionen Einwohnern allerdings viel kleiner ist. Auf dem Bahnhof wird Herr Schmidt mit höflicher Herzlichkeit begrüßt. Die ganze Familie seines Schülers hat ihn – mit seinem vervielfältigten Foto in der Hand – erwartet, um ihn zu ihrem Wohnort zu begleiten. Bis dorthin, einer kleinen Stadt mit dem Namen Mino, braucht man noch eine gute Stunde mit einer Privatbahn.

Hier dominieren die Reisfelder in dem Talbecken eines Flußlaufs; vom Zug aus sieht man dazwischen kleine Dörfer entlang der Landstraße. Bei dem Städtchen Mino selbst gibt es einige Industriebetriebe: Eisenwaren, wie die Gastgeber erklären; nicht weit liege auch das «japanische Solingen», das Zentrum der Stahlwarenindustrie. Die Unterhaltung führt zunächst der Vater, der sich als Englischlehrer an einem Gymnasium mit Herrn Schmidt am leichtesten verständigen kann. Allmählich werden auch die beiden jüngeren Söhne, Studenten an Universitäten in Nagoya, mutiger und wagen sich an die ungewohnte Fremdsprache heran. Die Mutter beschränkt sich zunächst auf freundliches Lächeln.

Das Lehrerhaus ist geräumig. Es gehörte eigentlich den Großeltern, die von hier aus eine Landwirtschaft betrieben. Auch heute noch habe man einige Reisfelder. Die alte, gebeugte Großmutter, die bei der Familie lebt, begrüßt die Ankommenden kniend im Eingangsraum. Man zieht die Schuhe aus, stellt das Gepäck ab und «steigt hinauf» in den Wohnbereich – auf die einen Schritt höher gelegenen «Tatami»-Strohmatten.

Für Herrn Schmidt beginnt hier so etwas wie eine neue Welt: zunächst die offizielle, nun beiderseits kniend vollzogene Begrüßung im Wohnzimmer, vor der Nische mit Bildrolle und Blumengesteck, das ungewohnte Sitzen auf dem Boden, der schaumige, bittere Tee in einer großen Teeschale; dann das Bad in einem großen Holzzuber; dann wieder im Wohnzimmer das Festessen zu Ehren des Gastes mit einer Fülle gänzlich unbekannter Speisen; und der Reiswein, «Sake», der Herrn Schmidt so angenehm zu Kopf steigt, daß er sich schließlich sehr gern auf das in einem ihm zugewiesenen Zimmer vorbereitete Matratzen-und-Decken-Bett sinken läßt.

Als er am nächsten Morgen erwacht und den Blick durch das Zimmer mit seinen Papiertüren und duftenden Strohmatten, dann neugierig durch einen Spalt der Schiebefenster hinaus auf Bambusbüsche in der Morgensonne schweifen läßt, hat er das Gefühl, in einem Paradies angekommen zu sein. Die so überaus herzliche, vollendete Gastfreundschaft, die er von ihm bisher fast unbekannten Menschen erfahren hat, beeindruckt ihn zutiefst. Den Worten des Familienvaters bei der Begrüßungsrede hat er entnommen, daß die Einladung vor allem als Dank für seine Betreuung des älteren Sohnes in Deutschland zu betrachten ist, als Ehrung für den «großen Lehrer». Er hat diese Bezeichnung in seiner kurzen Entgegnung natürlich zurückgewiesen, doch klingen die Worte, die er zum ersten Mal in seinem Leben gehört hat, noch nach. Es ist ihm, als seien sie nicht als oberflächliche Schmeichelei gemeint gewesen, sondern enthielten ein in seiner Heimat weniger oder nicht mehr bekanntes Bewußtsein von Beziehungen.

Beim Frühstück – Herr Schmidt erhält außer den etwas beängstigenden Speisen der anderen (wie Bohnenpastensuppe, rohe Eier, gesalzener Fisch, Reis und Seetang) zu seiner Beruhigung auch Toast und Kaffee – bespricht man den Tagesplan: Es soll ein Ausflug zum «Japanischen Rhein» unternommen werden, wie der Lehrer mit einem Lächeln erklärt.

Der Fluß, der gestern schon vom Zug aus zu sehen war, ist wegen seines teilweise felsigen Verlaufs durch ein enges Tal

35

weithin unter diesem Namen bekannt. Sicherlich sei dieser Vergleich mit dem deutschen Strom zum ersten Mal vor hundert Jahren, als so viele junge Gelehrte zum Studium in Deutschland gewesen seien, gebraucht worden, als der Fluß noch als Verkehrsstraße gedient habe und die Bootsfahrer oft an den Schnellen verunglückt seien. Heute, nach dem Bau von Eisenbahnen und Landstraßen, sei diese Gefahr nur noch romantische Erinnerung. Aber man könne mit Booten den interessantesten Teil befahren, wenn Herr Schmidt nicht zu ängstlich sei. Er ist es nicht, und so bricht man bald auf.

An der Anlegestelle ist großer Betrieb. Ein gutes Dutzend Flachboote wird für die Fahrt vorbereitet. Jedes nimmt etwa zwanzig der mit Bussen herbeigekommenen Touristen auf, ausschließlich Japaner, wie Herr Schmidt bemerkt. Man sitzt auf dem Boden der schlanken Boote jeweils zu zweit oder dritt nebeneinander. Die Bootsführer postieren sich im Bug und im Heck und legen im Abstand von einigen Minuten ab. In der Bootsmitte erläutert eine junge Frau den Fahrtweg, während man durch das noch ruhige Wasser oberhalb der Stromschnellen gleitet. Außer ihren Worten hört man nur das Knarren der langen Ruder in ihren Seilhalterungen und das allmählich intensiver werdende Rauschen des Flusses. Dann geht es wirklich aufregend schnell zwischen Felsblöcken hindurch, das Boot berührt ein paarmal den Grund, die Passagiere werden sogar naßgespritzt. Als man wieder in ruhigem Wasser ist, singt die Bootsmaid ein Lied; zwar nicht das von der Lorelei, aber Herr Schmidt denkt nun doch an die Heimat, die weit entfernt auf der anderen Seite der Erde liegt und auf einmal in all der Fremdheit doch so nah heranrückt, daß er im Boot den «Rhein hinunterfährt». All die netten Leute um ihn herum, gebräunte, faltenreiche Gesichter zumeist, vielleicht Bauern oder Arbeiter, die noch niemals Japan verlassen haben, sie alle wissen, daß sie den «Rhein hinunterfahren»!

Auf diesem ersten Abschnitt der Flußfahrt haben sie etwas

schüchtern Abstand von dem Ausländer gehalten. Als ihnen aber nun gesagt wird, daß Herr Schmidt aus Deutschland kommt, gibt es eine herzliche, lautstarke Begrüßung. Jeder bietet ihm von seinem Sake an. Schon bei den nächsten Stromschnellen herrscht im Boot ausgelassene Stimmung. Herr Schmidt hat für den Rest der wohl zweistündigen Fahrt das Gefühl, Mittelpunkt eines Familienfestes auf dem Lande zu sein. Von der höflichen Distanz der Kongreßveranstalter in Tokyo ist hier nichts zu bemerken. Bei der Ankunft am Zielanleger möchte man ihn am liebsten mitnehmen, um irgendwo mit ihm weiterzufeiern.

Als man sich schließlich getrennt hat, folgt Herr Schmidt seinen Gastgebern nachdenklich auf dem Weg zu der Stelle, wo man mit dem mitgebrachten Picknick Mittagsrast halten möchte. Die Rolle, die er zu spielen hat, ist zugleich leicht und schwer – wie soll er auf die ungewohnte Herzlichkeit reagieren? Er ist ein Fremder, besitzt keine Sprach- und Landeskenntnisse, und außerdem war ihm selbst bisher Deutschland durchaus nicht als besonders hervorragend erschienen – im Gegenteil! Er wäre vielleicht darauf gefaßt gewesen, von Musikliebhabern als Landsmann von Bach und Beethoven angesprochen zu werden; aber diese einfachen Leute waren doch wohl nicht aus diesem Grunde so herzlich. Und der «Rhein»? Was mochte der in diesem Zusammenhang bewirken? Der Gastgeber, den er vorsichtig fragt, ob dieses Wort gerade in dieser Gegend eine besondere Bedeutung habe, erklärt ihm, solche Analogiebildungen finde man in ganz Japan – er selbst kenne noch zwei oder drei andere «Rheine», felsige Flußstrecken mit Bootsbetrieb; und auch die Bezeichnung «Alpen» für die hohen Gebirge in Mitteljapan sei natürlich vom europäischen Original übernommen. Während der langen Phase der Öffnung Japans in der «Meiji»-Zeit von 1868 bis 1912 habe das mächtige Deutschland Bismarcks eine überragende Rolle gespielt. Vor allem im Bewußtsein der einfachen Leute sei der Begriff «deutsch» bis heute wohl noch fester verankert als Dinge, die sich auf Frankreich oder England bezögen. Natürlich habe der amerikanische Einfluß seit dem Zweiten Weltkrieg sehr stark zugenommen, aber er berühre nicht dieselben tiefen Gemütsgründe. Die Herzlichkeit der Leute im Boot, so fügt er hinzu, da er den Anlaß der Frage halb erraten hat, sei übrigens sicher auch ein wenig darauf zurückzuführen. Einen Ausländer hier zu treffen sei schon selten, und daß es dann nicht, wie erwartet, ein Amerikaner gewesen sei, sondern ein Europäer, und noch dazu ein Deutscher, das sei Erklärung genug für die freudige Überraschung, die Herr Schmidt erlebt habe. Es sei aber auch selbstverständlich, daß einem Gast in Japan stets große Aufmerksamkeit zuteil werde. Das gehöre zur japanischen Tradition.

Unter diesen Erklärungen ist vor den Wanderern eine malerische Burg mit geschwungenen Dächern – wie eine etwas breit geratene, wehrhafte Pagode – auf einer Anhöhe aufgetaucht: Inuyama. In deren Garten wird nun Mittagsrast gehalten.

Natürlich, eine Burg hatte dem «Rhein» noch gefehlt, nun ist das Bild vollkommen, auch wenn die äußere Erscheinung ganz verschieden ist. Der Wehrturm auf einem Steinsockel ist ganz aus mächtigen Holzstämmen gefügt. Über eine steile, verwinkelte Treppe kann man bis in die Spitze hinaufsteigen, wo man aus dem mit «Tatami»-Matten ausgelegten Zimmer der Burgwächter und von einem balkonähnlichen Umgang einen weiten Blick über den Fluß und die sich zu Füßen der Burganlage ausbreitende Stadt Inuyama hat. Diese Burg ist nicht ganz so alt wie die Burgen am «echten» Rhein, aber sie stammt immerhin aus dem 15. Jahrhundert und ist, wie der Lehrer erklärt, die älteste erhaltene Burg Japans; fast alle anderen seien schon zur Zeit der Reichseinigung unter Ieyasu Tokugawa um 1600 geschleift oder später durch Erdbeben und Feuersbrünste zerstört worden. Auch wenn sie ihr Überleben dem Umstand verdanke, daß sie gewissermaßen im toten Winkel der öffentlichen Aufmerksamkeit gestanden habe, könne man doch gerade von hier aus einen zentralen Einblick in die japanische Geschichte gewinnen. Aus diesem Teil Mitteljapans seien auch die bedeutenden Heerführer und Politiker gekommen, die dann dort – der Lehrer deutet mit großer Geste über die vor ihnen beginnende Ebene – die Entscheidungsschlachten geschlagen, dort in der alten Hauptstadt Kyoto, vor allem aber auf der entgegengesetzten Seite in Edo, also Tokyo, residiert und das moderne Japan aufgebaut hätten. Es ist wie eine Mauerschau der japanischen Geschichte, und Herr Schmidt ist dankbar für diese so einprägsame Einführung.

Die Lehrersfamilie hat aber noch eine weitere Lektion vorbereitet: Nach dem Picknick fahren alle mit dem Bus zu einem Freilichtmuseum am anderen Ende der Stadt, zum «Meijimura», in dem Häuser der Herrn Schmidt nun schon geläufigen «Meiji»-Zeit aus ganz Japan zusammengetragen sind. Das Interesse, das seine Freunde für dieses Museumsdorf aufbringen, kann Herr Schmidt zwar nicht ganz teilen, weil ihm vieles so bekannt, so wenig exotisch vorkommt: Die Wohnhäuser, Geschäfte, die Schule und die Post sind für ihn wie der eigenen Heimat entnommen, nur mit leicht japanischem Einschlag. Aber das ist es ja gerade, was die staunenden und kichernden Schulklassen, die die Häuser und besonders auch Herrn Schmidt umringen, so fasziniert: Es ist die Exotik der anderen Seite, die hier auch für ihn auf einmal anschaulich wird. So läßt er sich gern vom Besucherstrom durch das Japan der Jahrhundertwende treiben, bis es am späten Nachmittag wieder zurück in das Haus des Lehrers in Mino geht.

Durch diese Erlebnisse und die Spaziergänge, die Herr Schmidt, mutiger geworden, nun mehrfach allein macht, hat er das Gefühl, Japan schrittweise näherzukommen. Über die schmalen Pfade zwischen den Reisfeldern erreicht er den etwas höher gelegenen Shinto-Schrein, dessen rotes Eingangstor von steinernen Füchsen bewacht wird. Von dort oben erblickt er ein weites Tempeldach unten am Ortsrand, in dessen Nähe ihn die altertümlichen Läden der zum Tempel führenden Straße faszinieren. Es gibt so viel zu entdecken; alles wirkt so lebendig und kraftvoll, daß Herrn Schmidts Begeisterung täglich wächst.

Als er sich von der reizenden Gastgeberfamilie verabschiedet, um zu seinem Hauptreiseziel, nach Kyoto, zu fahren, ist er vorbehaltlos von Japan eingenommen. Hätte er jetzt Gelegenheit, mit Landsleuten über seine Eindrücke zu sprechen, würde er dieses Land wenn nicht als Paradies auf Erden, so doch verglichen mit der eigenen Heimat als «besser, von höherer Lebensqualität» loben. Für ihn ist das alles überwältigend: die Gastfreundschaft, die herzliche Aufgeschlossenheit auch fremder Menschen, die Anlage der Reisfelder und Ortschaften, die Schreine und Tempel, und schließlich natürlich auch die allgemeine offenkundige Zuneigung zu seiner deutschen Heimat. Er verläßt die Gegend des «japanischen Solingen» am «japanischen Rhein» mit dem festen Vorsatz, bald wieder hierher zurückzukommen. Die Trennung von den neugewonnenen Freunden fällt schwer.

Nach Kyoto lassen wir Herrn Schmidt allein reisen. Seine positiven Eindrücke werden dort vertieft und gefestigt werden, es wird sich ihm vielleicht eine weitere Dimension Japans erschließen. Aber es kann sich in einem Punkt nicht mehr viel ändern: Unser Herr Schmidt ist von seinen bisherigen Erlebnissen schon so sehr beeindruckt, daß seine Neugierde nicht so rasch vergehen wird. Mit anderen Worten, er ist motiviert, sich mit dem im Detail noch weitgehend fremden Land weiter zu beschäftigen.

Wir haben damit den ersten Schritt auf dem Wege zu einer Begegnung der beiden Welten getan. Unsere beiden Freunde, Herr Schmidt, der Deutsche, und Herr Tanaka, der Japaner, sind auf einem vergleichbaren Ausgangsniveau angekommen. Für den einen bedeutete dies ein Emporsteigen – wie man im japanischen Haus zum Wohnbereich «hinaufsteigt». Japan ist dem Deutschen sehr entgegengekommen und hat ihm nicht nur seine Gastfreundschaft, sondern ganz unerwartet auch einen «Rhein» geschenkt, so daß ihm das reichlich vorhandene Fremde in einem freundlichen, reizvollen Licht erschien. Für Herrn Tanaka wiederum war die erste Begegnung mit dem wirklichen Deutschland wohl eher ein Hinabsteigen. Der in seinem Herzen bereits vorhandene «Rhein» erwies sich als ein Fluß, den Herr Tanaka zwar in schönem Sonnenlicht erleben konnte, der jedoch dem Vorstellungsbild nur teilweise entsprochen hatte. Eine Enttäuschung war der Deutschlandaufenthalt für Herrn Tanaka andererseits aber auch nicht – eher ein sanftes Erwachen aus einem Traum, verbunden mit der Erkenntnis, daß die Realität des hellen Tages immerhin in ihren äußeren Zügen mit seiner Traumwelt übereinstimmte.

Beiden Reisenden haben wir das Fremde in erträglicher Dosierung verabreicht; unangenehme Erlebnisse blieben ihnen erspart. Es mußte uns daran gelegen sein, im Rahmen des Wahrscheinlichen günstige Voraussetzungen für den heiklen Augenblick der ersten Annäherung an die neue Welt zu schaffen, Negatives auszulassen, das sich wie eine Sichtblende vor den Kern der Dinge hätte schieben können. Die sogenannte «nüchterne Betrachtung» ist ja eigentlich unnatürlich, wenn sie die Gefühle der Beteiligten nicht mit einbezieht. Wir haben als Beispielfiguren deshalb Menschen gewählt, die zwar als Gebildete, als qualifizierte Fachwissenschaftler anzusehen sind, die aber an die neue Welt nicht mit dem kritischen Seziermesser herangehen. Wir geben ihnen Zeit, in den Lebensrhythmus des anderen Landes hineinzufinden; und wir bauen auf die Gastfreundschaft beider Seiten, darauf, daß sie während der schwierigen Phase des ersten Ankopplungsmanövers Schutz vor den Gefahren der Irreleitung und des rationalen Mißverständnisses bieten möge.

Fuji und Blocksberg

Vorurteile · Aufstieg zum Fuji-san: nicht Bergsteigen, sondern inneres Erlebnis · Gruppengefühl und Ritual · Ein nationales Symbol · Der Brocken · Goethe, Heine und die Deutschen · Nützliche Täler, feindliches Bergland: zur japanischen Naturauffassung · Der japanische Garten · Von der Walpurgisnacht zum Dorffest bei Kyoto · Reflexionen über deutsche Lebensgewohnheiten

Mißverständnisse sind meist auf unzureichende «Teilkenntnis» zurückzuführen. Man kann sie korrigieren und aus der Welt schaffen; aber das setzt voraus, daß man sie überhaupt bemerkt.

Kürzlich war in einer führenden deutschen Wochenzeitschrift der Bericht eines ihrer Redakteure über seine erste Japanreise zu lesen, der eine Reihe der üblichen Klischees und Vorurteile enthielt. Besonders hatte es dem Japanneuling anscheinend das berühmte heiße Bad, «Ofuro», angetan. Seine Erfahrungen damit beschränkten sich freilich auf bloße Lektüre. Er hatte es nämlich während seines Aufenthalts doch lieber nicht ausprobiert, da er – wie er schrieb – nicht wußte, wie er die «80° Wassertemperatur» hätte aushalten sollen. Man kann sich fragen, wie er auf diese falsche Temperaturangabe gekommen ist. Schlimm ist, daß er sie ungeprüft übernommen und «natürlich» zugunsten der in seinem Hotel verfügbaren Dusche auf das Bad verzichtet hat. Nach dem Ton des Zeitungsartikels zu urteilen, kann man sich so recht ausmalen, wie er in geselliger Runde von seinen Abenteuern im fernen Japan berichtet haben mag: «Stellt euch vor: 80 Grad!»

Dieser Mann ist – wie viele von uns Deutschen (und wie umgekehrt wohl auch viele, aber vielleicht doch nicht ganz so viele Japaner) – in eine Falle getappt, hineingefallen in die Grube der Klischees, die das Bild der Fremde bestimmen und deren Auflösung während des üblichen touristischen Kurzbesuchs im anderen Bereich nicht gelingen will. So bleibt die vorgefaßte Meinung bestehen; und in der Heimat stellt sich ihr kein Korrektiv entgegen – im Gegenteil, dort verlangt man eher noch nach verstärkt klischeehafter Darstellung.

Einem anderen beispielhaften journalistischen Mißverständnis folgend, wollen wir versuchen, uns einem zentralen Punkt der japanischen Kultur so weit zu nähern, wie es die schriftliche Darstellung erlaubt: Es handelt sich um den Aufstieg zum Fujisan (in Deutschland vielleicht besser bekannt als Fujiyama), dem majestätischen Vulkankegel an der Bahnstrecke zwischen Tokyo und Nagoya.

Der Bericht, von dem wir ausgehen, erschien vor nicht allzu langer Zeit in der *Neuen Zürcher Zeitung*. Er stammt, sorgfältig und liebevoll geschrieben, wohl von einem Ehepaar und umfaßt zusammen mit schönen, großformatigen Aufnahmen zwei volle Seiten.* Leider ist der Kern seiner Darstellung falsch; bei einem durchschnittlichen japanischen Leser würde sich wohl ein Gefühl des Bedauerns oder auch Mitleid mit diesen so sympathischen Japanfahrern einstellen, die, außergewöhnlich genug, von den normalen Touristenpfaden abgewichen und auf «seinen» Berg gestiegen sind und dabei so ganz anders als «normal» reagiert haben.

Schon der Titel des Aufsatzes ist aufschlußreich. Er lautet: «Fastbesteigung eines heiligen Berges». Die beiden netten

---

* Die Schweizer, die in unserer Betrachtung der deutschen und der japanischen Kultur so oft zitiert werden, bitten wir um Verständnis; ihre Haltung ist offensichtlich so sehr von Unabhängigkeit gekennzeichnet, daß man nicht umhin kann, ihre Äußerungen aufmerksam zu registrieren.

44

Schweizer hatten aus ihrem bergreichen Land die Vorstellung mitgebracht, diesen Berg, den höchsten Japans, in einer Weise «besteigen» zu können, wie sie vielleicht ihr Matterhorn besteigen würden. Dieses Vorhaben setzten sie nicht ganz in die Tat um, weil die Zeit nicht reichte und der sportliche Anreiz wohl auch zu gering war. Sie sind an der 8. Station, der letzten Hütte vor dem Gipfel, umgekehrt, auch verwundert und verunsichert, weil man am Tag ihres Aufstiegs, dem 31. August, damit beschäftigt war, die Hütten zu schließen. Es handelt sich hier um ein recht vordergründiges Geschehen (mit einem bezeichnenden Mißverständnis aus Mangel an Sachinformation: die «Saison» endet eben am 31. August) und um eine ebenso vordergründige Enttäuschung: Man war nicht auf dem Gipfel des höchsten Berges Japans. Die Naturstimmung hat man genossen; das «Heilige», das im Titel des Berichts angesprochen wird, ist jedoch nur Zitat; die Bedeutung, die der Fuji-san für die Menschen Japans hat, bleibt ausgespart – diese Menschen selbst scheinen zu fehlen. Im übrigen: «Lavageröll und Aluminiumbüchsen.»

Man könnte sagen, daß die beiden Schweizer vom Gipfel des Fuji nicht nur das Erklettern der restlichen Meter trennte, sozusagen die letzten zehn Prozent; was ihnen fehlte, war weit mehr, es war das ganze Erlebnis.

Das Besteigen des Fuji vermag in der Tat zu verdeutlichen, was ein Erlebnis ist: etwas, was man er-lebt, in einem eindrucksvollen Lebensabschnitt, der begrenzt, definiert ist und später in seinem Kern, dem Eindruck, nicht mehr vergessen wird und der womöglich das weitere Leben beeinflußt, verändert.

Sicher war auch der unbefangene Aufstieg der beiden Ausländer zur 8. Station ein «Erlebnis», aber es war eben kein besonderes, vor allem keins, das ihnen hätte sagen können, warum sich in der «Saison» täglich über 3000 Menschen dieser Mühe unterziehen.

Das wirkliche Fuji-Erlebnis besitzt mehrere Dimensionen.

Um sie zu verstehen, braucht man kein gläubiger Shintoist zu sein oder ein Anhänger der neuen Religionen, die um den Fuji herum entstanden sind.

Erstens geht es darum, daß das Erlebnis einen festgelegten Anfang, einen deutlichen Höhepunkt und ein klares Ende hat. Lag der Beginn des Aufstiegs zum Fuji früher weit unten im dichten Zedernwald bei einem der beiden großen Shinto-Schreine, so befindet er sich heute für die meisten auf dem Parkplatz der 5. Station in 2500 Meter Höhe, etwa an der Baumgrenze. Neben dem Auto zieht man sich um und verläßt, einen kleinen Rucksack auf dem Rücken, für kurze Zeit die ebenso zivilisierte wie anonyme Großstadtwelt. (Der Parkplatz liegt sozusagen noch in Tokyo.) Der Aufstieg ist für alle, ob Sportsleute, Kinder oder Greise, eine ziemliche Strapaze, auch wenn es sich dabei nicht um Bergsteigen im engeren Sinn handelt. Da die meisten am Vormittag angereist sind, beginnen sie mit ihrem Unternehmen erst nachmittags, nach der größten Hitze, und erreichen die 8. Station gegen Abend. Dort erwarten sie in einer der Hütten bei einer kleinen Mahlzeit die Nacht, die auch im Sommer sehr früh, etwa um acht Uhr, beginnt.

Für die Hüttengäste kommt das Wecken schon um ein Uhr nachts. Der weitere Aufstieg vollzieht sich rasch, im Dunkeln, mit Taschenlampen, so daß man den Gipfel rechtzeitig vor Sonnenaufgang erreicht. Denn dies ist der Höhepunkt: die Sonne bald nach vier Uhr über den fernen Bergen aus dem ersten Morgenrot auftauchen zu sehen und ihren Aufstieg so lange zu verfolgen, bis sie sich tief unten in den Fuji-Seen spiegelt, bis das Land und die Meeresküste allmählich dem lichterglitzernden Dunkel entsteigen und Wirklichkeit werden.

Es folgt dann eine Erholungspause auf dem rasch sich erwärmenden Berggipfel, ehe man sich (vielleicht nach einem kurzen Besuch des Gipfelschreins) zum Abstieg anschickt – besser zum «Abgleiten», denn hierfür wählt man ein Aschenbett, in dem zumindest die «Skifahrer» in großen Schwüngen abwärts gleitend den Parkplatz in weniger als einer Stunde erreichen. Die Reinigung in einem Waschhaus beschließt die ganze Prozedur; dann steigt man ins Auto und fährt wieder nach Tokyo oder sonstwohin. Zwischen Beginn und Ende liegt weniger als ein Tag; aber doch eine ganze Welt ...

Die zweite Dimension ist die Strapaze, der man sich unterzogen hat. Für die meisten wird die Besteigung ja für lange Zeit die einzige körperliche Anstrengung vergleichbaren Umfangs sein. Entsprechend stark sind Herz und Kreislauf während des stundenlangen steilen Aufstiegs im Lavafeld belastet. Sonne und Staub tun ein übriges. Auch die Übernachtung der durchgeschwitzten Menschen in der Hütte ohne Wasch- oder Umkleidemöglichkeit, zu Hunderten in einem Raum, auf Pritschen Schulter an Schulter ist alles andere als eine Erholung. Dies gilt nicht minder für den restlichen Aufstieg und das Erwarten des Sonnenaufgangs im eisigen Gipfelwind. Das abschließende Hinuntergleiten macht zwar Spaß, aber unten schmerzen sämtliche Knochen, die Schuhe sind zerfetzt, und der Lavastaub ist durch alle Kleidungsstücke gedrungen. Da die Nacht in der Hütte für die meisten schlaflos war, ist die Überanstrengung so groß, daß das Denkvermögen eingeschränkt und das Bewußtsein wie verändert wirkt.

Die dritte Dimension ist der geistige Hintergrund, den alle japanischen Fuji-Besteiger natürlich kennen. Der Berg, wie viele andere, aber doch noch deutlich stärker, «heilig» im Sinne des Shinto, ist Sitz, ja Verkörperung eines «Kami», einer Gottheit, die man verehrt. Die Schreine am Fuß und auf dem Gipfel sind die Kultstätten, die jeder, der in ihre Nähe kommt, ganz selbstverständlich zu einem kurzen Gebet aufsucht, ohne hierüber auch nur nachdenken zu müssen.

Stellt der Fuji an sich schon ein nationales Symbol und Heiligtum Japans dar, so tritt mit dem Aufgang der Sonne das zweite, noch bedeutendere, bewegend hinzu. Die Sonne anzubeten, was manche laut und mit «Banzai»-Rufen, mit deutlicher Verehrungshaltung, die meisten jedoch nur leise, innerlich tun, ist das eigentliche Ziel der Fuji-Besteigung.

Viele der auf dem Gipfel Versammelten tragen Pilgergewänder und besondere Pilgerstäbe, vor allem die alten Leute, die «einmal noch» auf ihrem Berg beten wollen. Nach dem Sonnenaufgang kommt man übrigens auch – ja gerade – als Ausländer leicht ins Gespräch.

Die vierte und wichtigste Dimension ist die Erfahrung des in Japan so ernstgenommenen Gruppengefühls. Das Besondere des gemeinsamen Fuji-Erlebnisses liegt vielleicht darin, daß hier nicht die Familie, eine Dorfgemeinschaft oder eine Firma ein Fest feiert, sondern daß einander fremde Menschen zusammentreffen und für einen Tag so etwas wie eine Schicksalsgemeinschaft bilden. Die Strapazen gemeinsam ertragen zu haben, sich während des nächtlichen Aufstiegs als Glied einer unendlich langen Taschenlampen-Lichterkette gefühlt, gemeinsam zum Gipfel hinaufgeschaut, dort dann gemeinsam die aufgehende Sonne erwartet zu haben, dies verbindet die dreitausend Menschen des einen Tages oder die Hunderttausende einer «Saison» oder auch die Millionen einer ganzen Generation in einer Weise, die sich selbst dem Fremden, dem Ausländer mitteilt, wenn er sich dem «Mitschwingen» nicht verschließt.

Es mag sein, daß die Fuji-Besteigung – wie die vielen Tempel- und Schreinfeste, von denen wir später noch sprechen werden – eines der Momente darstellt, auf denen das Geheimnis des japanischen ökonomischen Erfolges beruht. Die Kraft zu gemeinsamer Leistung schöpfen Japaner in hohem Maß aus den Bräuchen, an denen ihr Leben so reich ist.

Der von den beiden Schweizern «fast bestiegene» Berg war im Grunde gar nicht bestiegen. Sie haben den die gesamte Aktion zusammenfassenden Ritus nicht erkannt. Das Leben braucht solche Riten, um einen erkennbaren Sinn zu bekommen. Die Bergbesteigung als solche nützt gar nichts; auch der erreichte Gipfel wäre ohne die zusätzlichen Dimensionen nur ein bestimmter Punkt in einigem Abstand vom Nullniveau des Meeresspiegels gewesen.

Im Fuji-Erlebnis als einer abgeschlossenen, rituellen Handlungseinheit haben wir ein Beispiel dafür, wie in Japan über die vordergründigen Phänomene hinausgehend tiefere Assoziationsschichten aktiviert und in einem psychosozialen Prozeß im Unterbewußtsein der Menschen eingegraben werden.

Daß der Fuji-san zum nationalen Symbol werden konnte, dafür gibt es eine Reihe ganz handgreiflicher, naheliegender Gründe. So ist er mit seiner Höhe von fast 4000 Metern von der Hauptstadt aus gut zu sehen, noch besser von der alten Staatsstraße nach Kyoto: Er schaut sozusagen auf ganz Japan herab und wacht über die Menschen, die an seinem Fuße leben. Die ebenmäßige Form, die Schneekappe, die er im Winterhalbjahr trägt, machen es zu einer Freude, ihn anzuschauen; in seiner Schönheit erahnt man das Göttliche. Zugleich aber herrscht auch die Angst, er könnte sich wieder so zeigen, wie er es zuletzt vor zweihundert Jahren getan hat, als er die ganze Stadt Tokyo/Edo mit einer dicken Aschenschicht bedeckte. Sein Anblick erinnert daran, daß die Erde, auf der die japanischen Menschen siedeln, überall – mehr oder weniger erkennbar – «lebt», daß man auf ihr zu Gast ist und dankbar zu sein hat für die Gastfreundschaft, die sie einem gewährt.

Wenn man die äußeren Merkmale des so persönlichen Verhältnisses der Menschen zu ihrem Berg sieht, die unendlich vielen Darstellungen des Vulkankegels auf Keramiken, Gemälden und Farbholzschnitten, das Wetteifern der Künstler um das Erhaschen der besten Ansicht, dann kann man verstehen, warum der Fuji zum nationalen Wahrzeichen geworden ist.

Man könnte eifersüchtig auf diesen Besitz werden. Welches Naturwunder hätten die Deutschen, dem sie sich auf vergleichbare Art zuwenden, mit dem sie sich identifizieren könnten? Ist es vielleicht der Rhein? Die Zugspitze, Deutschlands höchster Berg, ist es jedenfalls nicht, sie nimmt sich neben ihren österreichischen und Schweizer Nachbarn eher bescheiden aus und hat wenig Auffälliges. Dem heutigen Deutschen fällt nichts Entsprechendes ein, obwohl es ja eigentlich einen Berg gibt, der der Aufgabe und dem Ruf, ein nationales Symbol zu sein, zumindest früher einmal nahegekommen ist: den Brocken im Harz.

Leider ist der Brocken für uns Deutsche sozusagen ein Opfer der Teilung unseres Landes geworden, da er nun im Grenzgebiet der DDR liegt, militärische Sperrzone ist und selbst die Bewohner der Orte zu seinen Füßen ihn nicht mehr betreten dürfen. Besonders die Jüngeren gewinnen ein Verhältnis zu ihm erst, wenn sie in der Schule den *Faust* durchgenommen haben und nun wissen, wo sich Faust und Mephisto mit den Hexen treffen: im «Harzgebirg», in der «Gegend von Schierke und Elend». Gemeint ist eben der Brocken, mit 1142 Meter Höhe eine für ein deutsches Mittelgebirge ansehnliche Erhebung im Schierker Forst; im Volksmund aber heißt er «Blocksberg». In der «Walpurgisnacht» treffen sich hier, auf dem «Hexentanzplatz», die Hexen, die von fern und nah auf ihren Besenstielen angeritten kommen, eine Vorstellung, die uns Deutschen als Bewohner dieser rauhen, nebeldurchzogenen Landschaft nicht unpassend erscheint. Geister, Irrlichter im Moor und Zauberei haben ja seit dem Mittelalter die deutsche Phantasie besonders beschäftigt, so daß ein solcher zentraler Treffpunkt durchaus eine Art nationales Symbol sein könnte.

Heinrich Heine, dieser ebenso deutsche wie selbstironische Romantiker, schildert in der *Harzreise* seinen Aufstieg zum Brocken. Zu Fuß von der Universitätsstadt Göttingen gekommen, übernachtet er in der Brockenhütte gemeinsam mit anderen Wanderern und genießt den Sonnenuntergang; dann, nach einer lebhaften Nacht, auch den Sonnenaufgang. Zufälliger- oder bezeichnenderweise läßt Heine ausgerechnet einen trockenen Schweizer von dem «erhabenen Anblick des reinen, ruhigen Lichts der Sonne, Sinnbild der Wahrheit, ... im Kampf mit den nächtlichen Nebelmassen» schwärmen, während er selbst sich bei einer Tasse Kaffee aufwärmt. Ungeachtet aller erkennbaren Distanz nennt Heine beim Namen, was für viele den Kern des Brocken-Erlebnisses ausmacht: Es ist die Auseinandersetzung der finsteren Mächte des Walpurgisnacht-Blocksbergs mit dem Licht der Vernunft, in der diese den Sieg davonträgt; der Kampf zwischen dem dunklen Mittelalter und dem Zeitalter der Aufklärung. Ohne eine endgültige Lösung anzubieten, verkörpert der Brocken die gleichzeitige Wirksamkeit beider Gedankenrichtungen in den zu seinen Füßen lebenden Menschen. «Der Brocken ist ein Deutscher», faßt Heine zusammen. Einerseits zeigt er «wie eine scharf gezeichnete Spezialkarte die vielen hundert Städte, Städtchen und Dörfer, und ringsum alle Berge, Wälder, Flüsse, Flächen» und «hat auch so etwas Deutschruhiges, Verständiges, Tolerantes»; andererseits jedoch gibt es da die «erste Mainacht, in der er seine Nebelkappe jubelnd in die Lüfte wirft und recht echt deutsch romantisch verrückt wird».

Diese kurze Passage ist geeignet, nicht nur ihren eigentlichen Gegenstand zu charakterisieren, sondern auch die deutschen Studenten, Kaufleute, Bankiers, all die kleinen Leute, die Käse und Kaffee lieben und Autoren wie Arndt (den großen Patrioten) und Clauren (den Bestsellerautor der Goethezeit) oder Komponisten wie Methfessel (wegen seiner gefühlvollen Choräle) schätzen; zugleich deutet sich die Spannweite einer Bildungswelt an, die Goethe, Byron und Dante, Theophrast und eine Reihe lateinischer Schriftsteller umfaßt, auch die Kirchenväter, den Orient mit dem Koran und den Huris und natürlich Italien – Rom, Florenz, Venedig. Und schließlich führt uns der «Geist des Gebirges» durch Tannen und Granitblöcke zu Moospolstern und klaren Bächen, bei denen die Tiere des Waldes mit den Feen, Wassernixen und der Elfenkönigin und natürlich mit den Hexen, mit Mephisto und Faust persönlich in der Walpurgisnacht zusammentreffen. Deutschland – ein Land des Kaufmanns- wie des Märchengeistes, eine Mischung, aus der einige «große Männer» hervorgegangen sind und viele Philister ...

Zu Japan hat sich Heine in der *Harzreise* nicht geäußert. Ob ihn die Besteigung des Fuji gereizt hätte? Man kann seine Zweifel daran haben. Abgesehen davon, daß es zu seiner Zeit noch nicht üblich war, den «heiligen Berg» zu erklimmen – Heine hätte, Individualist, der er war, wohl eher eine ablehnende Haltung einem solchen Unternehmen gegenüber eingenommen. Obwohl er in der deutschen Märchen- und Feenwelt aufwuchs, stand er doch nicht *in* ihr, als Teil des Ganzen, sondern eher ihr gegenüber, mit deutlicher Distanz. Wir hätten ihn kaum – und erst recht nicht unseren noch «tumben» Herrn Schmidt – mit auf den Fuji nehmen können.

Die japanische Grundeinstellung Bergen gegenüber ist, allen pilgernden Fuji-Besteigern zum Trotz, eher ablehnend, feindlich. Weder für den Fuji, bei dem eine solche Haltung ja verständlich sein mag, da er ein Vulkan ist und durchaus bedrohlich wirkt, noch für sanftere Berge gibt es eine gefühlsmäßige Zuneigung. Bevor sich in unserem Jahrhundert unter europäischem, vor allem österreichischem Einfluß in Japan das Bergsteigen und der Wintersport (beides zuerst als militärische Übung) entwickelten, war der Bereich der Berge von dem der Siedlungen und Reisfelder klar getrennt. Sobald man die Reisfelder verließ, begab man sich sozusagen in Feindesland, «in die Berge» – und erstaunlicherweise nicht, wie bei uns, «in die Wälder», die zwar Japan überall dort, wo keine Reisfelder sind, bedecken, aber in der Sprache und im Bewußtsein der Menschen praktisch nicht existieren, nicht zur geistigen Wirklichkeit werden. «Die Berge» waren besonders in früheren Zeiten gefährliche Gebiete, nicht zuletzt wegen der wilden Tiere (Bären, Wildschweine, Affen und Schlangen, die heute jedoch nicht mehr so häufig sind, als daß man die Berge meiden müßte); man setzte in ihnen Säuglinge und Greise aus, wenn sie den notleidenden Dorfbewohnern eine zu große Last wurden. Die einzigen, die sich «in die Berge» wagten, waren außer Räubern und Verbannten die asketischen Bergmönche («Yamabushi»), die auf den Höhen in Einsiedeleien und Klöstern lebten.

Aus der Ferne ließ sich für Japaner mit der schneebedeckten Majestät des Fuji-san oder der «Alpen»-Ketten aber schon immer recht gut umgehen; sie wurden Gegenstand zahlloser künstlerischer Darstellungen, freilich auf bezeichnende Weise. Man übertrug sie in den eigenen überschaubaren und ungefährlichen Lebensbereich, indem man sie miniaturisierte, Landschaften in den Hausgärten nachbildete und für den verkleinerten Fuji-san – z. B. im Suizenji-Park in Kumamoto – die passenden Bäume in Bonsaitechnik bereitstellte. Die wirkliche Landschaft spielt in dieser Garten-Kultur nur eine untergeordnete Rolle; sie wird günstigstenfalls als «Shakkei», als «geborgte Landschaft», d. h. als Szenenhintergrund, mit einbezogen.

Man kann noch eine weitere Stufe der Entfernung von der realen Natur beobachten. Viele der in den Gärten komponierten Miniaturlandschaften sind nämlich nicht einmal nach einem wirklichen Vorbild gestaltet, sondern folgen literarischen oder idealisierten Stereotypen – etwa den berühmten Ansichten des chinesischen Westsees (bei Hangzhou) –, die wohl kaum einer der japanischen Gartenbauer oder -benutzer je mit eigenen Augen gesehen hat. Japaner lieben die Natur vor allem, so könnte man sagen, wenn sie lyrisch kondensiert und den geistigen Traditionen entsprechend in einen Rahmen gefaßt präsentiert wird.[18]

Sicherlich läßt sich auch die deutsche Naturauffassung mit dichterischen Kategorien umschreiben, doch ist sie im Ansatz weiter, offener. Auch ist es nicht erst eine Erscheinung unseres Jahrhunderts, der nichtzivilisierten Umwelt aufgeschlossen zu begegnen. Schon vor Rousseau war das Verhältnis gerade der im Mittelgebirge lebenden Deutschen zu Wald und Bergen durchaus positiv. Vielleicht hat die klassische Literatur mit ihrer Beschwörung grüner Haine in elysischen Gefilden dazu beigetragen – jedenfalls haben die romantischen Waldwanderer über die zu fürchtenden Räuber und wilden Tiere einen deutlichen Sieg davongetragen. Die literarische Form, die die Natur dabei angenommen hat, ist nicht mehr die einer sachlich-neutralen Beschreibung, auch nicht ausschließlich die der lyrischen Verdichtung; im Vordergrund steht die episch-breite Gesamtdarstellung mit gelegentlichen Liedeinblendungen. Der etwas törichte Ausruf von Heines jungem Kaufmann auf dem Brocken: «Wie ist die Natur doch im allgemeinen so schön!» darf wohl als typisch deutsch gelten. Ein japanischer Sonnenbetrachter auf dem Gipfel des Fuji hätte so etwas nicht gesagt. Die «Natur im allgemeinen» gibt es für ihn nicht.

Heinrich Heine hat den Brocken immerhin bestiegen, genau wie es der Kaufmann, die Studenten und alle jene, mit denen er auf dem deutschen Bergesgipfel zusammentrifft, getan haben. Es war dies auch kein einmaliges Ereignis, sondern wiederholte sich in den warmen Monaten des Jahres immer wieder; man hatte eine Hütte gebaut, obwohl zu einer eigentlichen Verkehrsstraße über den Berg keine Notwendigkeit bestand. Der Zeitablauf war hier nicht nur durch Tag und Nacht gegliedert, sondern auch durch Ankunft und Abreise der Wanderer, durch abendliches Feiern und frühmorgendliche Sonnenaufgangsbetrachtung. Die Menschen folgten einem gemeinsamen Rhythmus, wurden durch ihn verbunden.

Denken wir noch einmal an die Extreme des Fuji-Aufstiegs der beiden Schweizer auf der einen und der «3000 Japaner» auf der anderen Seite zurück, um uns die Diskrepanz zwischen spontanem Bergsteigererlebnis und rituellem Gruppenaufstieg zu vergegenwärtigen. Heines Schilderung wäre wohl in der Mitte dieser beiden einzuordnen. Rituelle Elemente sind in allen Fällen vorhanden. Allerdings hängt das Ausmaß des Rituellen stark vom Grad seiner Anerkennung durch die Beteiligten ab. Intellektuelle Distanz wirkt da zerstörerisch. Um die Idee ritueller Gemeinschaftserlebnisse besser erfassen zu können, müssen wir einen Schritt weitergehen, das Gebiet des bloßen Bergsteigens verlassen und die Modelle im Vorstellungsbereich des Jenseitigen, des Mythischen oder Religiösen, betrachten.

Für den deutschen Brocken-Wanderer ist der reale Berg ohne Zweifel zugleich der mythische Blocksberg; die Übernachtung auf dem Gipfel ist seine eigene Walpurgisnacht. Hexen- und Zaubererwesen, das Zwanghafte der Teilnahme und des Ablaufs der Ereignisse sind assoziativ auch für ihn vorhanden.

Der japanische Fuji ist in dieser Beziehung auf den ersten Blick ärmer. Sein Geisterleben ist sozusagen sublimer. Doch hat das Erscheinen der göttlichen Sonne eine vergleichbare Wirkung, da für die sie begrüßenden Japaner ebenfalls ein ritueller Bewußtseinshintergrund existiert. Es mag sein, daß Einzelheiten der Überlieferung der Shinto-Mythen und der entscheidenden Bedeutung, die der Göttin Amaterasu-o-mikami darin zukommt, nicht jedem gegenwärtig sind – Götter- (wir würden vielleicht sagen «Geister»-)Versammlungen, die dem Hexensabbat auf dem Blocksberg nahekommen, spielen da auch eine Rolle; woran aber zu denken ist, das sind die Feste, «Matsuri», die vor jedem Shinto-Schrein mindestens einmal im Jahr veranstaltet werden und das Leben der dörflichen oder städtischen Wohngemeinschaft wesentlich bestimmen. Sie sind im Bewußtsein jedes einzelnen tief eingegraben und tragen dazu bei, sein Verhalten zu prägen.

Wir wollen einmal den äußeren Ablauf eines solchen «Matsuri» betrachten, wie er sich dem passiven, d. h. nicht an der Organisation beteiligten Zuschauer darstellt. Unser Herr Schmidt, den wir ja für einige Tage in Kyoto allein gelassen haben, könnte dieser Zuschauer sein. Folgen wir ihm ein wenig bei einem seiner Spaziergänge. Er hat die wichtigsten Sehenswürdigkeiten der alten Hauptstadt bereits besichtigt und macht sich nun, kurz vor der Abreise, voll von Eindrücken und etwas erschöpft, mit der Wanderkarte in der Hand daran, einen etwas abseits gelegenen Bergtempel im Norden Kyotos zu suchen; dabei gerät er unvermittelt in ein Dorf, das offenbar ganz von einem solchen

Fest erfaßt ist. Schon beim Herabsteigen durch einen dichten Bambushain hat er vom Tal her rhythmisches Trommeln und ungewohnte Flötenmelodien gehört. Am Dorfeingang trifft er auf die langsam voranschreitende Prozession von, wie ihm scheint, mittelalterlich gekleideten Menschen, teils in hochgeschürzten Kimonos, teils in Priestergewändern; in der Mitte schwanken reichgeschnitzte vergoldete Schreine auf den Schultern junger Burschen, die, nur mit Lendentüchern bekleidet, mit ihrer kostbaren Last zu tanzen scheinen. Die Trommeln und Flöten, die den Anfang machen, werden von den Rufen der Tanzenden noch übertönt. Herr Schmidt mischt sich unter die Zuschauer und läßt die eigenartig gegensätzlichen Eindrücke der ruhig vorbeiziehenden Priesterprozession und der von Tanzen und Trommeln begleiteten Trageschreine auf sich wirken. Unter den nicht allzu zahlreichen Zuschauern sieht er keine weiteren Ausländer; sicherlich ist dieses Fest keines der berühmten, von denen er im Reiseführer gelesen hat; im Veranstaltungsplan dieses Monats, den er im Hotel bekommen hat, war von einem Fest in den Tagen seines Aufenthalts auch nicht die Rede gewesen. Aber die Stimmung berührt ihn, und er läßt sich mit den anderen Schaulustigen dem Festzug nachtreiben, der sich allmählich in das Dorf hinein und bis zu dessen etwas seitlich gelegenem Shinto-Tempel bewegt (den er, wie Herr Schmidt eigentlich schon weiß, zur besseren Unterscheidung von buddhistischen «Tempeln» als «Shinto-*Schrein*» bezeichnen sollte). Hier, auf dem weiten Vorplatz des bescheidenen Schreingebäudes, der von einigen hohen, schattenspendenden Bäumen umstanden ist, durch das schlanke Eingangstor und frische Reisstrohseile vom Außenbereich abgetrennt, versammeln sich alle Festteilnehmer und viele der Gäste, um dabeizusein, wie die Priester die auf Podesten vor dem Gebäude abgesetzten Trageschreine ehrerbietig betreuen und dann im Eingangsbereich des eigentlichen Schreins mit grünen Zweigen Opfer darbringen und unter feierlichen Verneigungen beten.

Als Herr Schmidt sich teils aus dem Gefühl, nicht recht zu den Feiernden zu passen, teils auch, um sich nun wieder auf die Wanderung zu seinem Bergtempel zu machen, gerade zum Gehen wendet, wird er von seinen Nachbarn auf englisch angesprochen. Was folgt, ist ein ähnliches Erlebnis wie auf dem «japanischen Rhein». Das alte Ehepaar, das zusammen mit einigen Freunden seinem aktiv an der Zeremonie beteiligten Sohn zuschaut, erklärt ihm den Sinn des Geschehens; daß dort in den Trageschreinen, den «Mikoshi», die Götter, «Kami», des Dorfes herbeigeholt würden vom äußeren Schrein, daß das Tanzenlassen der «Mikoshi» den «Kami» Freude mache; und daß nun, nach dem Einbringen in den Hauptschrein, bis zum Abend erst einmal Pause sei; und ob er nicht bei ihnen etwas Sake trinken wolle?

Diese Einladung nimmt Herr Schmidt gerne an. Aus dem Trinken des Sake wird ein ganzer Nachmittag und ein Festessen mit den Freunden und Verwandten des netten Ehepaares. Auch der Sohn, durchgeschwitzt und erschöpft und mit großen Schwellungen auf den Schultern vom «Mikoshi»-Tragen, gesellt sich kurz zu ihnen, um sich dann aber rasch wieder zu verabschieden, da neue Pflichten rufen. Herr Schmidt erfährt nach und nach einiges mehr über das, was er gesehen hat und was noch weiter vor sich geht.

Er ist in das Jahresfest des Dorfes hineingeraten, das, wie er hört, schon «ewig» auf diese Weise gefeiert wird. Alle jungen Leute würden Mitglieder des Festvereins und seien bis zu ihrer Heirat, oft auch noch länger, darin aktiv. Das ganze Dorf nehme an dem Fest teil, auch wenn dies den in der Stadt Beschäftigten heutzutage oft nicht mehr so leicht möglich sei. Es beginne hier morgens mit der Reinigungszeremonie der Priester, dem «O-harai». Dann hole man gemeinsam die «Kami» ins Dorf, feiere hier mit ihnen bis in die Nacht und geleite sie schließlich unter Fackelschein wieder heim.[2]

Es fällt Herrn Schmidt nicht leicht, sich von dieser so mensch-

lichen Götterfeier und seinen neuen Freunden endlich loszu-
reißen und mit dem telefonisch herbeigerufenen Taxi zur
Vorbereitung des Rückflugs ins Hotel zurückzukehren.

Aber er versteht Japan nun schon besser. Vor allem das
Erlebnis dieses Tages hat ihn viel über die Menschen und
ihre Lebenseinstellung gelehrt; genauer gesagt, es hat ihn viel
von dem wirklich *verstehen* lassen, was er zuvor gesehen und
in Büchern gelesen hatte: Ein Mensch, der von klein auf als
Mitglied des Festvereins seines Dorfes oder seiner kleinen
Wohngemeinde innerhalb der Großstadt in den allgemein ak-
zeptierten Rhythmus des «Matsuri» eingebunden war, mußte
von diesen Gemeinschaftserlebnissen geprägt sein; seine Ju-
genderinnerungen würden ihn auch im fortschreitenden Alter
in diesem Sinne leiten. Dabei war dieses Fest ja nur eines von
vielen ähnlich strukturierten Ereignissen im jährlichen Le-
bensablauf. Nicht nur, daß man an den «Matsuri» einiger
Nachbardörfer oder den besonders berühmten der nahen
Stadt Kyoto ebenfalls mehr oder weniger aktiv teilnahm, es
gab ja auch das für alle Japaner gleichermaßen wichtige Neujahrsfest und das «O-Bon»-Allerseelenfest im Sommer, dann
die Festtage für die Neugeborenen, die drei-, fünf- und sie-
benjährigen Kinder sowie für die Zwanzigjährigen, bei denen
ein Besuch des Schreins in festlicher Kleidung üblich war;
und schließlich das «Hanami»-Kirschblütenfest, bei dem sich
alle Japaner, wie Herr Schmidt wußte, unter den blühenden
Kirschbäumen beim Sake trafen. Alle diese Ereignisse brachten die Menschen des ganzen Landes, einer ganzen Alters-
gruppe oder aber einer örtlichen Lebensgemeinschaft zu
einem bestimmten Zeitpunkt zusammen, nahmen ihren Anfang und fanden ihr Ende nach allseitigem Einverständnis
und liefen nach einem einheitlichen Schema ab. Es mußte
wohl so sein, daß sich Menschen, die gewohnt waren, ihr
Leben in einer Abfolge solcher Rituale verlaufen zu sehen, in
ihrer Einstellung zu Dingen, die nicht Teil der Gemein-

58

schaftsüberlieferung waren, ja zur modernen Welt insgesamt anders verhielten als Menschen ohne eine solche Prägung.

Im Flugzeug geht Herrn Schmidt diese neue Erkenntnis wieder und wieder durch den Kopf. Er spürt, daß er hier nicht nur eine Antwort auf die Frage bekommen hat, warum Japan sich so sehr unterscheidet von den Ländern in Afrika und Südamerika, in denen die Traditionen der eigenen Kultur von den Kolonisatoren zerstört wurden, oder von den USA, wo eine solche Tradition nur sehr begrenzt hatte entstehen können. Er begreift nun auch, daß die japanischen Erfahrungen vielleicht gerade für die Situation Europas wichtig sein könnten. Denn hier wie dort bestand ja für den einzelnen und für die gesamte Gesellschaft die Aufgabe, sich damit auseinanderzusetzen, daß zum einen im heutigen technischen Zeitalter reichlich Konsumgüter vorhanden waren, zum anderen aber die Menschen durch die neuen Möglichkeiten der physischen und geistigen Kommunikation ihren traditionellen Kreisen und Bindungen zunehmend entfremdet wurden. Herr Schmidt hat das Gefühl, daß dieser Prozeß in seiner Heimat wesentlich weiter fortgeschritten ist.

Vielleicht war ihm der Unterschied auch nur so deutlich erschienen, weil dieser durch die fremde japanische Umgebung verstärkt wurde. Herr Schmidt versucht, sich sein eigenes Leben so vorzustellen, wie ein japanischer Besucher es vielleicht sehen würde. Natürlich gab es eine ganze Menge aufzuzählen an einzelnen «Lebensriten»; aber schon der Gedanke daran verursachte ihm eher Unbehagen. Wenn er an die eigenen Erlebnisse denkt, kommt ihm das meiste recht entfernt vor, künstlich und aufgesetzt. Gewiß, Weihnachten, im Kreis der Familie, mit den Eltern und Geschwistern, war etwas anderes. Das Gefühl, das beim ungestörten Beisammensein im gut geheizten Wohnzimmer, beim Singen der Weihnachtslieder und der Klavierbegleitung durch den Vater alljährlich entstanden war, stellte wohl eine Ausnahme dar. Auch äußerlich war die Weihnachtszeit herausgehoben aus dem Alltagsleben: das Zählen der Tage bis zum Heiligen Abend mit Adventskalender und Adventskranz, die Adventssonntage, der Kauf des Tannenbaums, das gemeinsame Schmücken und schließlich die Bescherung und der Kirchgang... Und mit Weihnachten war diese Zeit ja keineswegs zu Ende; es kam noch Silvester mit seiner «Party», bei der man die Freunde zu Feuerzangenbowle und Krapfen einlud, um dann das neue Jahr mit Sekt und Feuerwerk zu beginnen. Die vielen Details, die Herrn Schmidt hierzu einfallen, verbinden sich in der Erinnerung zu einem großen Glücksgefühl und einem Anflug von Sehnsucht. In der Tat, auch in seinem eigenen Leben hatte er ein prägendes Ritual erfahren, mitgestaltet und erworben und war nun ohne Zweifel bereit, es auch seiner Familie und den Freunden weiterzugeben.

Aber war das alles nicht eher ein Geschenk seiner Eltern, die einer anderen Zeit entstammten; und war es daher nicht auch recht unsicher, ob er selbst wirklich die Kraft besitzen würde, das Geschenk weiterzureichen? Wenn er seine Eindrücke in Deutschland prüfte, war selbst beim Weihnachtsfest vielleicht doch eine Ernüchterung zu spüren, die den Feiern in den jungen Familien heutzutage einen etwas anderen Charakter gab. Zumindest wußte er aus eigener Beobachtung und aus den Statistiken, daß die anderen religiös begründeten Feste – wie Ostern, Himmelfahrt, Pfingsten, Fronleichnam, Erntedank, Allerheiligen – für viele eigentlich nur noch Namen waren und vorwiegend als zusätzliche freie Tage und Ferienmöglichkeiten betrachtet wurden. Er dachte auch daran, daß die Zahl der Taufen und kirchlichen Hochzeiten stark rückläufig war und der sonntägliche Kirchgang im Landesdurchschnitt nur noch für etwa zehn Prozent der Menschen als «Lebensritual» gelten konnte. Das Tischgebet, das in seinem Elternhaus für die versammelte Familie das Zeichen zum Beginn der gemeinsamen Mahlzeiten gewesen war (obwohl die Eltern selbst sich eigentlich nicht für religiöse Menschen hielten), war als Brauch wohl längst untergegangen, und Familien, die gemeinsam zu Tisch gingen, stellten vermutlich kaum mehr die Regel dar.

In der kleinen westdeutschen Universitätsstadt, in der Herr Schmidt aufgewachsen war, gab es auch keine ausgeprägte Tradition von Volksfesten. Der Karneval, der dem eben erlebten «Matsuri» hätte entsprechen können, wurde in benachbarten ländlichen Gemeinden stärker gefeiert, und natürlich in den rheinischen Hauptstädten, wo er in Vereinen ernsthaft und vielleicht ein wenig künstlich organisiert wurde. Doch wollte er nicht vergessen, daß der Unterschied zwischen Stadt und Land in Deutschland doch recht groß war. Karneval, die «Kirmes», Fronleichnamsprozessionen, all die kleinen Feste, von denen Herr Schmidt zwar wußte, die er selber aber fast nie wahrgenommen hatte, waren auf dem Lande sicherlich noch lebendiger und wurden von den meisten der dort lebenden Menschen – so wie in Japan – gefeiert. Aber welche Rolle spielte denn «das Land», spielten die Dörfer im modernen Deutschland? Anders als in Japan, wo er, angeleitet von seinen Gastgebern, die Fortsetzung der dörflichen Strukturen in den städtischen Wohneinheiten entdeckt hatte, blickten die Städter auf die dörfliche Kultur verständnislos und etwas verächtlich herab. In den letzten zehn Jahren hatte es zwar so etwas wie eine Gegenbewegung gegeben, d. h., es hatte manche Städter aufs Land gezogen, wo sie der Leere der Zivilisation entgehen wollten; und man hatte auch in Herrn Schmidts Wohnsiedlung durch «Straßenfeste» und Flohmärkte versucht, Anstöße zu mehr Kontakten zwischen den Menschen zu geben, aber bisher ohne erkennbaren Erfolg. Bei ihm zu Hause, so kommt es Herrn Schmidt vor, erschöpften sich die das Leben regelnden und verbindenden Rituale im sonntäglichen Spaziergang in den Stadtpark; und der fand auch nur bei gutem Wetter statt.

Wie konnte es nur geschehen, daß zwei so hochentwickelte Länder wie Deutschland und Japan in ihrer «Sozialkultur» derart unterschiedliche Wege eingeschlagen hatten, obwohl sie nach allem, was er wußte, über vergleichbare Grundlagen verfügten? Warum war in Deutschland alles so nüchtern, so diesseitig und auf die Organisation der vordergründigen Lebensinteressen ausgerichtet? Hing es mit der Wirtschaftsform der Bundesrepublik zusammen? Dann müßte es in der DDR ja anders sein. Herr Schmidt hatte zwar von manchen menschlich recht positiven Erlebnissen dort gehört, daraus aber keineswegs den Eindruck gewonnen, daß damit eine wirkliche Alternative für die Bundesdeutschen gegeben wäre.

Nein, die Antwort schien eher in der allen Deutschen gemeinsamen historischen Entwicklung zu liegen. Noch die Generation der Eltern, die ihm das Weihnachtsgefühl vermittelt hatten, mußte einen anderen Blick gehabt haben. Was aber hatte die Perspektive verändert, wenn es nicht der Krieg mit seinen Folgen und die Phase des Wiederaufbaus waren? Da Japan ja dasselbe Schicksal gehabt hatte, mußte es ein anderes Moment geben, das ausreichend stark war, die Traditionen so zu erschüttern, daß sie heute in vielen Fällen verschwunden oder doch nicht mehr erkennbar waren. Herr Schmidt kann es sich nicht anders vorstellen, als daß die schreckliche Periode des Nationalsozialismus hierbei eine entscheidende Rolle gespielt hat. Das Erwachen aus dem Wahnsinnstraum dieser zwölf Jahre mußte für seine Eltern und ihre Altersgenossen ein solcher Schock gewesen, als so heftige Erkenntnis der eigenen Schuld empfunden worden sein, daß sie die Erinnerung an diese Phase möglichst rasch hatten auslöschen, das gesamte Geschehen – und mit ihm das Kulturelle jener Zeit – hatten verdrängen wollen.

Das Geistesleben, die «Sitten und Bräuche» der damaligen Gegenwart beruhten sicherlich auf ähnlichen Grundlagen wie die Politik – aber waren sie deshalb gleich sämtlich nationalsozialistisch? Schon in der Schule hatte Herr Schmidt über das Leben im «Dritten Reich» gelernt, daß es an Feiern besonders

62

reich gewesen war, die zur Stützung der politischen «Bewegung» entweder älteren Vorbildern entlehnt und weiterentwickelt oder aber sogar neu erfunden worden waren. Weihnachten, Ostern, Erntedank, Sonnenwende gehörten zu den traditionellen Festen, die damals propagiert worden waren und deren «germanischen» – im Gegensatz zum christlichen – Charakter man betonte. Sie waren ein Teil jenes allgemeinen Versuchs gewesen, das Leben der Menschen in Deutschland *einem* Rhythmus zu unterwerfen, es zu ritualisieren. Und das war bekanntlich in kurzer Zeit recht weitgehend gelungen; nicht zuletzt deshalb, weil auch und gerade dieser kulturelle Aspekt im Sinne einer Erneuerungsbewegung schon vorher angelegt gewesen war, wenn auch nicht mit derselben politischen Ausrichtung. Man hatte sich seit der Jahrhundertwende mit den Kulturformen des 19. Jahrhunderts auseinanderzusetzen begonnen, die nun als Vermischung unterschiedlicher Stilrichtungen abgelehnt wurden. Die Erneuerung hatte wohl in erster Linie die Reinheit der Formen wiederherstellen wollen – mittelalterliches sollte wieder im Gewande des Mittelalters gesehen, Musik alter Zeiten mit dem Klang der alten Instrumente gehört werden, und die Berge wollte man nicht mehr in Gehrock und Vatermördern, sondern in leichter Wanderkluft besteigen.

So war die eine Bewegung, die kulturelle, von der anderen, der politischen, mißbraucht und vereinnahmt worden, war zur «Bewegung» in neugeprägtem Sinne geworden und schließlich als solche untergegangen. Was 1945 zurückblieb, war ein Haufen Trümmer, auf dem man mit ausländischer Hilfe den Wiederaufbau begann. Intellektuelle Experimente waren willkommen – soweit man Zeit dafür hatte; die Feiern, die Rituale der Epoche vor der nun allgemein als Stunde Null apostrophierten Marke dagegen waren tabu, gehörten wegen ihres Mißbrauchs durch die nationalsozialistische Politik zu dem, was man bewußt oder unbewußt mied.

Herr Schmidt hegt zumindest den starken Verdacht, daß der

geistesgeschichtliche Prozeß so abgelaufen sein könnte. Die Begeisterungsarmut, die anscheinende Ziellosigkeit, der Mangel an Motivation bei den jüngeren Leuten, der sogenannten «Null-Bock-Generation» – das alles kann er sich nicht anders vorstellen denn als Folge einer geistigen Katastrophe. Japan, so sein Eindruck, ist wohl von dieser Katastrophe verschont geblieben. Es verfügt offenbar über andere psychische Grundlagen. Doch das ist ein weites Feld. Herr Schmidt will darüber noch nachdenken. Erschöpft lehnt er sich in seinem Sitz zurück. Bald wird er wieder in Deutschland sein, zu Hause.

Die Reise:
Ritual, Märchenwanderung
und geistiger Eroberungszug

Über das Reisen heute · Deutsche und japanische
Traditionen · Götterreisen · Präsenzpflicht in der Hauptstadt ·
Pilgerfahrten · Auslandskontakte und Auslandsstudium ·
Japan, China und Deutschland · Begegnung der Herren
Tanaka und Schmidt

Auf dem Weg ins andere Land haben wir nun schon ein gutes
Stück zurückgelegt. Wir sind aufgebrochen, haben schon Bekanntes vorgefunden, Vorurteile bestätigen, vielleicht auch korrigieren können. Das «Leben selbst» hat uns an die Hand genommen und auf vorstellbaren Pfaden in eine vertraute Fremde
geführt – an den «Rhein» und in ein feierndes Dorf, mit etwas
Nachhilfe selbst auf die Bergeshöhe seines eigenen Herzens,
und hat uns von dort das japanische Volk gezeigt. Es mag sein,
daß wir mit unserem noch matten Blick nur wenige Einzelheiten
haben erkennen können. Aber eine Ahnung ist entstanden von
der Art der Andersartigkeit des neuentdeckten Landes und des
eigenen Verhältnisses zu dem Fremden. Auch unser Herr
Schmidt ist «auf dem Wege»; seine Seele hat sich dem gesetzten
Ziel zugewendet.

Sein imaginäres Gegenüber, der Herr Tanaka, wird bald zu
einer zweiten Deutschlandfahrt aufbrechen; eine Regierungsverhandlung, zu der man ihn als wissenschaftlichen Experten
gebeten hat, gibt ihm Gelegenheit dazu. Bevor wir ihn in
Deutschland eintreffen lassen, wollen wir aber noch einmal darüber nachdenken, was für uns und unsere beiden Herren eine
Reise eigentlich bedeutet.

Wenn wir davon sprechen, meinen wir weniger die Art und

Weise, wie man heutzutage die große Entfernung zwischen Deutschland und Japan überwindet; der eintägige Flug gehört weniger in diese Kategorie als vielmehr in das Gebiet jener subtilen Foltern, die wir uns im Zuge der Modernisierung selbst auferlegt haben; er wird durch allerhand Zukost (hübsche Stewardessen, Gaumenfreuden, vielleicht einen Film) nur notdürftig erträglich gemacht; und der *timelag* (oder *jisaboke*) verdirbt einem die Freude, das Ziel endlich erreicht zu haben, noch für eine Weile. Nein, der Flug auf einer solchen Strecke kommt spätestens vom zweiten Mal an allenfalls dem Märchenbild des Breibergs nahe, durch den man hindurchmuß, wenn man ins Schlaraffenland will.

Eine Reise ist in unserer Vorstellung nicht die bloße Fortbewegung von einem Ort zum andern, sondern das reale und psychisch erlebte Geschehen während dieser Ortsveränderung. Sie ist ein zugleich äußerer und innerer Veränderungsprozeß, wie wir ihn andeutungsweise auch schon bei der japanischen Feier und der rituellen Bergbesteigung beobachten konnten, und setzt daher eine gewisse Zeitspanne voraus.

Kurze Reisen, auch Interkontinentalflüge, können natürlich als Schockerlebnisse im negativen wie im positiven Sinn wirken und die Persönlichkeit des Reisenden beeinflussen, vor allem durch das Reise-«Erleben», die Ortsveränderung und das für diese Zeit erfahrene Ungewöhnliche. Wenn sie sich in ähnlicher Form wiederholen, ein gemeinsames Muster zeigen, mögen sie sich vielleicht sogar als eines der für den Betroffenen wichtigen Lebensrituale erweisen.

Längere Reisen mit einer Dauer von, sagen wir, mehr als drei Monaten jedoch enthalten darüber hinaus noch eine weitere Dimension, weil sie sozusagen dem «Geist» des besuchten Gebiets die Möglichkeit geben, auf den Reisenden einzuwirken, bzw. weil erst nach einer solchen längeren Phase der Entfernung vom gewohnten heimatlichen Milieu dessen Bande sich so zu lockern beginnen, daß der Reisende sich dem Neuen psychisch öffnet.

Vielleicht kommen wir dieser Vorstellung noch etwas näher und schaffen es, die Bedeutung der beiden Reisearten für den einzelnen zu erfassen, wenn wir die Reisegewohnheiten der Deutschen und der Japaner etwas genauer betrachten. Es gibt, um es gleich vorweg zu sagen, erhebliche Unterschiede, obwohl beide Völker als gleichermaßen reisefreudig bekannt sind und der Augenschein wie auch die Statistiken der Touristikunternehmen dies auch bestätigen.

Beginnen wir mit uns selbst, den Deutschen. In unserer schnellebigen Zeit, in der zudem fast alles von Gesetzen und Arbeitsvorschriften geregelt ist und sich die materiellen Bedingungen vieler Menschen einander angeglichen haben, ist auch das Ideal des Reisens entsprechend umgeformt worden. Man verreist möglichst lange, aber natürlich nur so lange, wie es der Tarifurlaub erlaubt; man reist auch möglichst weit, aber natürlich auch, um sich von der Arbeit zu erholen; und man reist am liebsten in ein kulturell ergiebiges Gebiet, ohne sich jedoch allzusehr mit dessen Schätzen zu befassen. Das Ergebnis dieses Kompromisses ist der dreiwöchige Erholungsurlaub in einem Hotel an der italienischen Riviera oder in vergleichbaren Gegenden.

Diese Lösung ist jedoch keineswegs so stark von rein rationalen Überlegungen geprägt, wie es auf den ersten Blick scheinen mag. Es gibt in ihr Elemente, die «typisch deutsch» (bzw. typisch mitteleuropäisch) sind. So ist es ja, wenn man mit den Gewohnheiten anderer Länder, z. B. Japan, vergleicht, keineswegs selbstverständlich, für mehrere Wochen irgendwohin in eine «Pension» zu fahren, sich am selben Ort von dienstbaren Geistern bedienen und verköstigen zu lassen und dabei außer kleinen Ausflügen und Spaziergängen nichts zu unternehmen. Wir haben es hier mit der modernen Form der «Sommerfrische» zu tun, die im 19. Jahrhundert entstanden ist und lange Zeit das Ideal aller Bürger darstellte, die sie als Errungenschaft der Demokratie feierten. Frei von der Arbeit zu sein, weit (oder weniger weit, wenn es nicht anders ging) fortzufahren, das war davor das Privileg des Adels und der oberen Schichten des Bürgertums gewesen. Einmal im Jahr leben wie Fürsten ...

Neben die der Sommerfrische tritt die Vorstellung der «Bildungsreise», über die wir eingangs bereits gesprochen haben. Wir vergegenwärtigen uns noch einmal: Sie führt – wie bei Goethe – in fremdländische Gebiete des eigenen Kulturbereichs, also meist nach Italien oder Griechenland, auch nach Frankreich oder in andere europäische Länder; sie dauert lange genug, daß man mit der dort vorgefundenen Kultur, vielleicht auch mit den Menschen, ein Stück Weges gemeinsam gehen und dies als Erlebnis mit heimnehmen kann. Wir alle kennen den einen oder anderen, der nicht nur im nebligen Germanien, sondern im Geist zugleich in der Toskana, in Burgund oder einem anderen Arkadien lebt und alljährlich am ersten Urlaubstag dorthin entschwindet. Seine Bildungsreise wird in Häppchen genossen und dauert deshalb ein Leben lang.

Zur deutschen Reisetradition gehört noch eine weitere Hintergrundschicht, die dafür sorgt, daß die Gefühle auch der Pauschaltouristen romantisch gefärbt sind: die Erinnerung an die Wanderjahre der Handwerksgesellen – und damit verbunden auch der fahrenden Scholaren. Während die Handwerker überwiegend in deutschsprachigen Gebieten umherzogen, um sich bei wechselnden Meistern zu verdingen und Erfahrungen zu sammeln, war das Wandergebiet der Studenten seit dem Mittelalter bis zum 19. Jahrhundert die gesamte (europäische) Welt der Universitäten, an denen ja überall Lateinisch gesprochen wurde. Handwerker und Studenten kannten Hunger und Entbehrungen und die Gefahren des Weges; aber sie kannten auch das Gefühl der Sehnsucht nach fremden Ländern und wie das «Fernweh» auch das «Heimweh». Diese Gefühlskategorien haben sich ohne Zweifel bis heute erhalten und bestimmen für uns Deutsche zu einem guten Teil den Begriffsinhalt von «Reisen».

68

«Das Wandern ist des Müllers Lust», singen auch moderne junge Leute, wenn sie im entsprechenden Milieu sind und nicht um ihr Ansehen als Vertreter der Beat- und Rock-Generation fürchten müssen. Der Paradebeleg für die deutschen Gefühlskategorien des Reisens ist das Meisterwerk des Romantikers Eichendorff, der *Taugenichts*: Mit dem Frühling erwacht im Sohn des Müllers das Fernweh; er zieht ohne festen Plan los, gerät in allerlei Abenteuer und gelangt nach Wien, über die Alpen bis nach Italien, nach Rom; er trifft unterwegs wandernde Studenten und Künstler und auch bildungsreisende Adlige, die ihn in ihre Welt einführen. Die äußere Reise ist hier zugleich auch eine innere durch die Kunst des Rokoko und des frühen Biedermeier. Es entsteht eine zauberhafte Synthese, ein Idealbild der Harmonie von Gesellschaft, Natur und Poesie. Die Reise ist das Medium, das diese Öffnung der Grenzen ermöglicht. Sie ist es für den Bereich der deutschen Kultur. Wie aber verhält es sich mit «dem Reisen» in Japan?

Wir haben bereits gesehen, daß das Verhältnis des deutschen Menschen zur unberührten Natur grundsätzlich von dem des japanischen abweicht. Neutral und utilitaristisch betrachtet, müßte man dem japanischen Standpunkt den größeren Realitätssinn zuerkennen: Wälder und Berge behindern die Fortbewegung und die Entfaltung des Menschen in der Tat; wilde Tiere und Räuber, fehlender Schutz vor ungünstiger Witterung, mangelnde Nahrungsmittel, die allgemeine Unbequemlichkeit – alles legt nahe, möglichst nicht zu reisen oder doch nur in einem auf das Notwendigste begrenzten Umfang. In der deutschen Reisevorstellung muß demnach etwas hinzugekommen sein, was die unwirtlichen Wälder und Berge mit einer eigenen «Seele» erfüllt, sie zum Partner des Wanderers gemacht hat, ob vertraut oder furchterregend – etwas, was das Wirtshaus im Spessart vom gewinnorientierten Restaurationsbetrieb mit etwas anrüchiger Kundschaft zur «Räuberhöhle» und die Tiere des Waldes je nachdem zu sanften Freunden oder grimmigen

Feinden werden ließ. Sicher genügt es nicht, darauf hinzuweisen, daß seit alten Zeiten die Wälder in Mitteleuropa eben eine große Rolle gespielt haben, daß die deutsche Siedlungsgeschichte in erster Linie auch eine Geschichte der Rodungen gewesen ist – all das trifft auch für Japan zu, wo das Ergebnis jedoch ein ganz anderes ist. Die deutsche Naturauffassung muß mit den Wander- und Reisetraditionen enger verbunden sein, als weithin angenommen wird.

Die japanische Vorstellung vom Reisen ist keineswegs, wie es scheinen könnte, utilitaristisch bestimmt. Auch sie hat ihre zusätzlichen Dimensionen. Schon im *Kojiki*, dem halb historischen, halb mythologischen Werk aus dem frühen 8. Jahrhundert, das für Japan fast die Funktion einer Bibel hat, spielt das Reisen eine große Rolle.[14] Es sind die Götter selbst, die im Zusammenhang mit der Schöpfung der Welt und dann vor allem in der ersten Zeit danach häufig als Reisende dargestellt werden, vor allem wohl auch, weil sie ja nach der hier festgehaltenen Überlieferung in verschiedenen Teilen des Landes wohnen. Die Ur-Eltern Japans, Izanagi und Izanami (die sehr an das Paar Adam und Eva erinnern), haben selbst schon einige Wege zurückgelegt, und die von ihnen gezeugten Abkömmlinge ziehen alsbald in ihre eigenen Provinzen. Bei Bedarf müssen sie sich allerdings gelegentlich wieder versammeln; zum Beispiel aus Anlaß der jedem Japaner bekannten allgemeinen Krisensituation, als die Sonnengöttin Amaterasu sich schmollend in eine Höhle zurückgezogen hatte, so daß es draußen dunkel blieb. Die «Myriaden von Göttern», die eilig herbeikamen, schafften es mit einem Trick, auf den wir später noch zurückkommen werden, das Problem zu lösen. Der Versammlungsort – eigentlich am Ufer des «Stillen Himmlischen Flusses» (d. h. der Milchstraße) – wird durch die Legende ins Irdische verlegt; er ist den Menschen ganz konkret gegenwärtig im Tale Takachiho im Süden der Insel Kyushu. Die mythische Reise läßt sich also nachvollziehen.

70

Ein anderer wichtiger «Göttertreffpunkt» ist der Izumo-Schrein in Südwest-Honshu, eines der wichtigsten Shinto-Heiligtümer. Als Reverenz an das von dort stammende Adelsgeschlecht war es erforderlich, zumindest im übertragenen Sinne einmal im Jahr Gesicht zu zeigen: d. h., die regionalen Gottheiten und insbesondere die des dominierenden Ise-Kults dort zu versammeln. Dies geschah und geschieht zu einem festgesetzten Zeitpunkt im Monat Oktober, der dort «Kamiarizuki», d. h. «Monat mit Göttern», im ganzen übrigen Japan hingegen «Kannazuki», «Monat ohne Götter», genannt wird. Rechts und links von den eigentlichen Schreingebäuden gibt es eine lange Reihe kleiner «Göttergästehäuser» im gleichen alten Baustil, die nur dann, im Oktober, bewohnt sind.

Anders als der überregionale christliche Gott und auch die buddhistischen Gottheiten, selbst in der etwas abgewandelten japanischen Form, sind die shintoistischen «Kami» im Prinzip also zugleich örtlich gebunden und beweglich; d. h., sie reisen zwischen bestimmten Punkten (Bergen, Wasserfällen u. ä.) und den Schreinen bei den menschlichen Ansiedlungen hin und her, wie wir es beim Besuch des «Matsuri» im Dorf bei Kyoto schon kennengelernt haben, und benutzen dazu mit den «Mikoshi», den Tragsänften, recht menschliche Verkehrsmittel. Heute ist die Reiseart der Götter im Ritus der Feste in traditioneller Form fixiert; man hat – glücklicherweise – die Fortbewegungsmittel nicht denen des täglichen Lebens angepaßt. Bis zum Ende der Edozeit, also bis über die Mitte des 19. Jahrhunderts hinaus, jedoch waren Götterreise und die Menschenreise formal fast identisch. Gerade die zentralistische Edozeit hatte ja eines der Merkmale der Shinto-Mythologie zum Mittel der Staatsgewalt gemacht: Wie die Provinzgötter mußten ihre menschlichen Statthalter, die Provinzfürsten oder «Daimyo», regelmäßig in der Hauptstadt präsent sein und dort sogar einen zweiten Hof unterhalten, was eine komplizierte und sehr teure Reisetätigkeit bedingte.

Diese staatlich vorgeschriebenen weltlichen Pendelbewegungen waren über Jahrhunderte hinweg ein prägendes Merkmal Japans. Sie waren auf das genaueste geregelt; die Reiseteilnehmer, deren Ausstattung, die Routen, Übernachtungsstätten, Träger- und Pferdewechsel sowie die Kontrollpunkte standen fest. Die Stationen des Tokaido, der Staatsstraße zwischen Kyoto und Edo, sind durch die Farbholzschnitte Hiroshiges berühmt geworden. Ihre Reiseherbergen, «Ryokan», und das Unterhaltungsgewerbe in ihrem Umkreis sind heute zwar kaum mehr dort zu finden, aber verlagert zu anderen Orten, vor allem bei den «Onsen», den heißen Quellen, durchaus noch lebendig.

Bei der strengen Reglementierung des Reisens jener Zeiten gab es für Menschen, die nicht an den Daimyo-Zügen und der Versorgung der Hauptstadt beteiligt waren, in vielen Fällen nur eine Möglichkeit, sich über die Grenzen der Heimatprovinz hinaus zu bewegen. Das war die Pilgerfahrt zu Tempeln und Schreinen, die teilweise aus religiösen, überwiegend aber wohl aus eher diesseitigen Gründen recht populär wurde und gelegentlich überdimensionale Ausmaße annahm – wie etwa mehrere Ise-Pilgerbewegungen des 18. Jahrhunderts, die jeweils Millionen von Japanern auf die Beine brachten. Vor allem die buddhistischen Pilgerfahrten haben sich bis in unsere Tage erhalten. Ähnlich wie auf einem christlichen Kreuzweg pilgert man in einer festgesetzten Reihenfolge von einem Tempel zum anderen und läßt sich den Besuch in einem Pilgerpaß oder auf einer Bildrolle quittieren, bis die volle Zahl erreicht ist – bei der berühmtesten Pilgerfahrt in der Umgebung Kyotos sind es dreiunddreißig, auf der Insel Shikoku sogar achtundachtzig Tempel. Man braucht Zeit dafür, gewinnt aber – außer dem erhofften Seelenheil – viele vergnüglich und gesund verbrachte Wanderstunden in landschaftlich reizvollen Gegenden. Und man sammelt Erfahrungen mit dem rituellen Ablauf der Reise- und Lebensstrecke: die Tageswanderung, die Einkehr im Tempel, das Gebet, die vielleicht vegetarische Mahlzeit, die Übernachtung im Pilger-

72

saal, die Morgenandacht, das Frühstück und die erneute Wanderung. Wenn auch viele Pilger heute aus Zeit- und Bequemlichkeitsgründen für die eigentlichen Wanderstrecken das Auto oder öffentliche Verkehrsmittel benutzen, ein Teil des Reiserituals teilt sich ihnen doch mit und bleibt unvergeßlich. Man sieht sie oft in ihren weißen Gewändern, wie sie die Stufen eines Tempels erklimmen. Herr Schmidt ist ihnen in Kyoto, am Kiyomizu-Tempel, der zu den dreiunddreißig «Saigoku»-Pilgerzielen gehört, vielleicht auch begegnet.

Die Ziele dieser Pilgerfahrten und Routen waren und sind ebenfalls festgelegt, und Gegenden ohne solche Attraktionen mußten bis in unsere Generation touristisch unberührt bleiben.

Wer sich in den Geist des traditionellen Reisens im gar nicht so alten Japan hineinversetzen möchte, kann dies mit dem bis heute sehr populären dichterischen Tagebuch Matsuo Bashos von einer Reise in den Norden Honshus aus dem 17. oder dem deftigen Schelmenroman *Hizakurige* von Ikku Jippensha aus dem frühen 19. Jahrhundert leicht tun.[14]

Berichte wie der Philipp Franz von Siebolds oder von den Kaufleuten in Yokohama, die Deutschland gegen Ende der Isolation Japans oder danach erreichten, zeichneten mit ihrer Schilderung großer Reisefreudigkeit ein einseitiges Bild, da sie nicht berücksichtigten, daß in den vorhergegangenen Jahrhunderten ein wesentlicher Teil der japanischen Bevölkerung den Heimatort praktisch niemals verlassen hatte, weil er nicht zu den hierzu berechtigten Gruppen gehörte. Und sie verdeutlichten ebensowenig, daß über -zig Generationen, also seit Menschengedenken, Auslandsreisen unter Todesstrafe verboten waren und einfach nicht vorkamen.

Uns an die deutschen Vaganten und den *Taugenichts*, an Goethe und seine berühmte Italienreise erinnernd, sollten wir deshalb noch einen Augenblick bei den Auslandsbeziehungen Japans verweilen. Die Frage ist, wieweit eine Vorstellung von anderen Weltgegenden überhaupt Eingang in das Bewußtsein dieses Landes finden konnte, wenn Auslandskontakte nur durch ein enges Fenster im Südwesten des Landes, d. h. über die den Chinesen und Holländern zugewiesenen Teile des Hafens von Nagasaki, möglich waren.

Insgesamt gesehen beschränkt sich das Wahrgenommene denn auch auf diese beiden Gebiete: die mit großer Bewußtheit rezipierte chinesische Denkweise, die chinesische Schrift und Kultur – und, viel geringfügiger, die «holländische Wissenschaft». Das chinesische Kulturgut ist, wie schon gesagt, nicht als Folge einer physischen Invasion nach Japan gelangt, sondern mußte überwiegend in mühevollsten Expeditionen eingeholt werden, in aktiven geistigen Prozessen; und nicht, wie es immer wieder in Deutschland passiert ist, in Gestalt von mehr oder weniger katastrophalen Einbrüchen, die die Kraft hätten haben können, tiefer zu dringen und die Substanz selbst zu verändern. Auch der Kontakt zu Korea bis zum Ende des 16. Jahrhunderts muß relativ distanziert gewesen sein. Jedenfalls hat das Ausland im japanischen Bewußtsein auch nicht annähernd jene Rolle spielen können, wie dies in Deutschland, in der Mitte des stets heftig bewegten und frei kommunizierenden europäischen Kontinents stets der Fall gewesen ist.

Man muß sich einmal vorstellen, welche Auswirkungen die unterschiedlichen Reisetraditionen und die Politik der beiden Länder vor dem Beginn der modernen Zeit auf das Weltbild der Bewohner mittlerer Städte gehabt haben. Während in Japan normalerweise kein einziger mit auch nur der geringsten Auslandserfahrung zu finden gewesen wäre und selbst gelehrte Mönche mit der ausländischen Welt, d. h. den Schriften chinesischer Philosophen, nur indirekt, über ihre «Kangaku» (d. h. «Chinastudien») Kontakt hatten, war die Kenntnis des Auslands in Deutschland eine Selbstverständlichkeit. Abgesehen davon, daß durch die Kleinstaaterei allmählich jede Stadt zur «Landeshauptstadt» geworden war, die sich bemühte, auf den Gebieten der Kunst und der Gelehrsamkeit international zu

sein, gab es eben überall «studierte Leute», die im Ausland gewesen waren und zumindest eine Fremdsprache beherrschten;
und jeder Handwerksmeister war ja weit herumgekommen und
wußte, was draußen vorging und wie man Ausländer einzu-
schätzen und zu behandeln hatte, wenn sie zu Besuch kamen.
Die internationale Sichtweise ist uns seit Jahrhunderten so sehr
zur Selbstverständlichkeit geworden, daß sie uns nur bewußt
wird, wenn wir die Verhältnisse eines vollkommen entgegengesetzt entwickelten Landes wie Japan zum Vergleich heranzie-
hen.

Man könnte vielleicht meinen, daß in unserer schnellebigen
Zeit auch derartige Traditionen rasch vergingen. In der Tat hat
die beginnende Moderne im 19. Jahrhundert beiden Ländern in
dieser Hinsicht deutliche Änderungen beschert: Deutschland
fing mit der Reichseinigung an, sich gegen andere Staaten abzu-
schließen; der hier wie auch in den Nachbarländern aufblühen-
de Nationalismus beendete die europäische Internationale der
abendländischen Geschichte. Japan dagegen wurde fast zur selben Zeit zur Öffnung und internationalen Kommunikation gezwungen, und dies veränderte sein Erscheinungsbild auf geradezu frappierende Weise. Trotzdem ist in beiden Ländern *innerlich* vieles beim alten geblieben.

Nach wie vor besteht in Japan nicht der Wunsch nach langer
Urlaubsdauer, und selbst der relativ kurze Tarifurlaub wird von
der Mehrheit der Menschen nur zu einem kleinen Teil (stati-
stisch gesehen etwa vier Tage) genutzt, wenn auch von jüngeren
Leuten, die noch nicht in verantwortlichen Positionen stehen,
etwas mehr. Und diese knappe Urlaubszeit wird zur Teilnahme
an Familienfeiern oder zur Hochzeitsreise und nur in bestimmten Fällen zur Erholung verwendet. Die auffälligen Reisebewe-
gungen in Japan sind dementsprechend auch heute noch auf die
allgemeinen Feiertage und den Mai (in dem üblicherweise die
Hochzeiten stattfinden) konzentriert. Man fährt zu den her-
kömmlichen Zielen, den Pilgertempeln und ins Thermalbad

oder aber zur Familie, eine in diesem Umfang neuere Entwicklung im Zuge der Land-Stadt-Bevölkerungsverschiebung, die aber inhaltlich den alten Traditionen nicht widerspricht.

Neue Traditionen zu schaffen ist offenbar – vielleicht vom Bergsteigen und Skilaufen abgesehen – recht schwierig, obwohl die Tourismusindustrie daran interessiert gewesen wäre. So sind bis heute viele landschaftlich reizvolle Gebiete Japans weitgehend unerschlossen, auch wenn sich der Staat Mühe gegeben hat, den privaten Unternehmen durch Gründung von «Volkshotels» («Kokuminshukusha») und Jugendherbergen in den ebenfalls neugeschaffenen Nationalparks Mut zu machen. «Der Staat» tritt dabei nicht – wie in Deutschland – als eher abstraktes Gebilde in Erscheinung, sondern wirkt weitgehend sehr konkret durch seine obersten Repräsentanten, die zugleich Identifikationsobjekte und Führungssymbole für jeden Japaner sind, vor allem durch den Kaiser und die kaiserliche Familie. In manchem neuen Hotel an den noch nicht so populären Reisezielen werben großformatige Fotos von prominenten Besuchern um allgemeine «Akzeptanz». Ein gutes Beispiel für den Erfolg dieses Verfahrens ist die Perlenfabrik des Erfinders der Perlenzucht, Kokichi Mikimoto, in Toba, nicht weit von Ise, dem höchsten Shinto-Heiligtum. Heute besuchen die Kinder bei ihrer Klassenfahrt nach Ise auch dieses kommerziell erfolgreiche Unternehmen, und zwar nicht zuletzt deshalb, weil der Kaiser selbst dem Gründer Mikimoto vor Jahrzehnten die Ehre seines Besuchs erwiesen hat. Das Lebenswerk des Traditionalisten Mikimoto ist ein Muß im Kanon der kurzen Bildungsreisen der Japaner, Toba eine Art zweites Heiligtum neben Ise geworden.

Reisen ins Ausland verlaufen nach einem ähnlichen Muster. Ob Ise und Toba oder aber Paris und London, das scheint für viele japanische Reisende und auch für die Touristikunternehmen prinzipiell kaum ein Unterschied zu sein. Auch die Reisedauer ist kaum anders, nur der Komfort der Hotels steigt natürlich mit dem Preis. Bei den vielen japanischen Touristen, die mit Herrn Tanaka am japanisch beschrifteten Lorelei-Felsen vorbeigefahren sind, handelt es sich fast ausnahmslos um solche Blitzreisenden. Für sie bleibt das Auslandserlebnis Kuriosum, bestenfalls Bestätigung der – positiven – Vorurteile, die sie aus der Überlieferung und den Medien bezogen haben.

Wenn wir hier ein abschließendes Urteil fällen müßten, wären allein bei der Analyse der Reisegewohnheiten in beiden Ländern so viele Unterschiede zu erkennen, daß von Gemeinsamkeiten kaum die Rede sein könnte. Japan – das introvertierte Inselreich mit den rituellen Tempelbesuchen homogener Pilgergruppen, das alles Fremde nur als Kuriosum wahrnimmt; Deutschland – das sich am warmen Kachelofen wohl fühlt, aber zugleich stets die Sehnsucht nach den südlichen Gefilden des klassischen Abendlandes verspürt ... Wo könnte es einen Treffpunkt für beide geben, wenn es nicht zusätzlich zu den Elementen der Überlieferung und der Gewohnheiten noch einige weitere gäbe – die Neugier der Wissenschaftler, das Abenteurertum der Eroberer, die Zielgerichtetheit der Kaufleute und Politiker?

Ein äußerst wichtiges Moment, auf das wir bei der Betrachtung der Reisegewohnheiten noch eingehen müssen, ist der Austausch von Studenten und Wissenschaftlern, oder genauer gesagt: der längerfristige Studienaufenthalt im anderen Lande. Es könnte sein, daß dies ein wesentliches, vielleicht sogar das einzige Element ist, mittels dessen die Grenzen der regionalen Traditionen zu überwinden wären. Auch wenn wir in Mitteleuropa angesichts der vielen freiwilligen und unfreiwilligen Kontakte zu unseren Nachbarn dieser speziellen Form der «Bildungsreise» keine so große Bedeutung beimessen mögen – in Japan liegen die Dinge anders; viele entscheidende Entwicklungen im Laufe seiner Geschichte sind durch Studenten eingeleitet und getragen worden. Allerdings ist es für die Japaner aufgrund der geographischen Lage ihres Landes und der politischen Zwänge

(vor allem der ständig drohenden Gefahr, von Kolonial-
mächten vereinnahmt zu werden) nicht leicht gewesen, einen
Austausch zu pflegen, auch wenn sie einen solchen wünschten.

Die Entsendung von Studenten nach China in den Jahrhunderten der Hochblüte der Nara- bzw. Tang-Zeit war vor allem
wegen der damit verbundenen Seereise äußerst gefährlich und
kostete ein Vermögen. Dennoch ist sie immer wieder erfolgt,
und etliche der Chinastudenten sind nach Jahren des Aufenthalts in den Hauptstädten Changan (Xian) und Loyang in ihrer
Heimat zu hohen Ämtern aufgestiegen. Das Bewußtsein der
geistigen Überlegenheit des großen Festlandreichs war stets,
auch in späteren Jahrhunderten, ja eigentlich bis zum Ende der
Edo-Zeit und dem gleichzeitigen Niedergang der Qing-Herr-
schaft und der chinesischen Feudalzeit überhaupt, außerordentlich stark.

In dem Roman *Das Tempeldach* von Yasushi Inoue wird der
Aufenthalt der Mönche Fusho und Yoei in China in den Jahren
732 bis 754 geschildert. Diese beiden wurden zwar nicht so berühmt wie ihre Zeitgenossen Saicho und Kukai (die Religions-
gründer bzw. -reformatoren waren), wie Ennin (durch sein Tagebuch) oder wie Kibi no Makibi (der einer der großen Staatsmänner Japans wurde), aber sie brachten unter großen Mühen –
es war fast eine Entführung – den bedeutendsten buddhistischen Philosophen jener Zeit mit, den aus Yangzhou stammen-
den Mönch Chien-Chen, in japanischer Sprechweise Ganjin,
den jeder gebildete Japaner kennt. Er wurde der Begründer des
Toshodaiji-Tempels in Nara und trug – zusammen mit seinen
japanischen Schülern – in der erhofften Weise zur Festigung der
buddhistischen Lehre wie des Staatsgefüges bei. Ganjin ist ein
Symbol der japanisch-chinesischen Verbundenheit geworden.
Seine aus Holz geschnitzte Statue, der die Besucher einmal im
Jahr in einer Halle seines Tempels die Ehre erweisen, ist vor einiger Zeit wie ein Staatsgast zu einem kurzen Besuch in die chinesische Heimat gereist, als sichtbares Zeichen dafür, daß trotz

aller dazwischenliegenden Ereignisse zumindest auf geistigem Gebiet weiterhin enge Beziehungen zwischen beiden Ländern bestehen.

Europa und Amerika sind erst nach der Mitte des 19. Jahrhunderts zu Zielen akademischer Studienaufenthalte geworden, von da an allerdings in großem Umfang und mit viel Erfolg. Tausende junger Japaner haben dort die modernen Wissenschaften studiert. Umgekehrt wurden viele europäische und amerikanische Gelehrte an die neuen Universitäten Japans berufen. Deutschland galt nach seinem Sieg über Frankreich im Jahr 1871 als führende Militärmacht, so daß das japanische Heer bald nach preußischem Vorbild exerzierte. Aber man entdeckte auch die deutsche Philosophie, Medizin, Rechtswissenschaft und Musik, so daß die deutsche Sprache und Kultur auf breitem Raum Fuß fassen konnte. Amerika gewann damals Vorbildcharakter für die Landwirtschaft, Frankreich für die Malerei.

Das traditionelle Weltbild wurde durch all dies sicherlich auch verändert. Aber die Veränderungen waren und sind bis heute nicht so tiefgreifend, wie man vermuten könnte und wie es damals von manchen japanischen Politikern und Pädagogen wohl auch beabsichtigt war. Das Eigene erwies sich als so stark, daß dem Neuen in dem bestehenden Gebäude nur wenig Platz zugebilligt wurde – wohl aber, so könnte man sagen, wurde ihm gewissermaßen ein geräumiger Anbau mit bequemer Zugangsmöglichkeit errichtet. Diese Trennung von Japanischem und Westlichem hat lange bestanden und ist auch heute noch nicht gänzlich aufgehoben, wenngleich sich seit einigen Jahren die Anzeichen mehren, daß es zu einer Synthese (und nicht, wie von vielen vermutet, zu einer Überfremdung durch die westliche, sprich: amerikanische Seite) kommen könnte.

Der weise und ehrwürdige Ganjin hat im Jahre 1975 in seiner Tempelhalle eine neue Umgebung erhalten: Auf den Schiebetüren, die ihn von den umgebenden Räumen trennen, tost das

Meer, es brandet gegen die Felsen, die ihm einst den Weg von China nach Japan so gefahrvoll hatten werden lassen. Der Maler, von dem diese Darstellungen stammen, Kaii Higashiyama, hat wie die Mönche Fusho und Yoei im Ausland studiert – als erster Stipendiat eines neuzeitlichen Austauschprogramms, im Berlin der dreißiger Jahre. Er hat die Reise Ganjins selbst nachvollzogen und in seinem Stil den chinesischen und japanischen Geist, die alte und die neue Zeit, die traditionelle Maltechnik und die neue Komposition zu einer Einheit verschmolzen. Mancher Besucher wird hier, am Ziel einer modernen Pilgerfahrt, mehr über das heutige Japan lernen als an den Produktionsstätten der neuen Technologien.

Für uns Deutsche ist der akademische Austausch mit Japan, verglichen mit der Bewegung in umgekehrter Richtung, ein wenig erfreuliches Kapitel. Wir haben dem Gebäude unserer Kultur mit seinen vielen Anbauten nach der wissenschaftlichen Entdeckung Japans durch die frühen Japanreisenden Engelbert Kaempfer und Philipp Franz von Siebold[3] nur einen bescheidenen Erker hinzugefügt. Allein schon die Zahl deutscher Studenten in Japan ist gering. Japan ist kaum in unser Bewußtsein getreten, es spielt im geistigen Weltbild der Deutschen fast keine Rolle. Einzelnen Spuren und Wegzeichen, einsamen Rufern (wie etwa Eugen Herrigel mit seiner Zen-Botschaft)[12] oder gar der Fülle des Belanglosen oder rein politisch Motivierten (in der umfangreichen Japanliteratur der Nazizeit) nachzugehen, hätte wenig Sinn. Vielleicht kann der ökonomische Schock, den die japanische Industrie bei uns ausgelöst hat, dazu beitragen, daß die akademische Japanreise in zunehmendem Maße gewagt wird. Ein Trost: Herr Schmidt ist auf dem Wege . . .

Unseren Herrn Tanaka wollen wir nun nicht mehr warten lassen. Die Regierungsverhandlung, an der er als wissenschaftlicher Berater teilnehmen soll, beginnt in wenigen Tagen. Herr Tanaka hat es sich ausbedungen, getrennt von seiner Delegation nach Deutschland fliegen zu dürfen, um sich, die «Goldene

80

Woche», eine Ballung japanischer Feiertage Anfang Mai, nutzend, ein wenig umzuschauen. Einen Teil des Gepäcks und die dienstlichen Papiere läßt er in Frankfurt, wo auch die Verhandlungen stattfinden werden, und begibt sich so schnell wie möglich nach Nürnberg. Diesmal möchte er das mittelalterliche Deutschland in aller Ruhe durchstreifen – zumindest stellt er sich seinen fünftägigen Besuch so vor. Und er hat Glück; er gewinnt Eindrücke, die seine Fragen beantworten und seine Erwartungen zum Teil übertreffen: Nürnberg zeigt sich als die Stadt der deutschen Kaiser und Könige, des «Heiligen Römischen Reichs Deutscher Nation», von Albrecht Dürer und Veit Stoß und auch von Bratwürsten und Bier; die «Romantische Straße» bietet ihm das reale Rothenburg, das er bisher nur als Filmkulisse gekannt hat; in der Würzburger Residenz steht er staunend vor Balthasar Neumanns deutschem Barock. Und da er diese Rundreise mutig mit einem Mietwagen unternimmt, gehören auch Erlebnisse prosaischeren Inhalts dazu: das geradezu beängstigende Tempo auf der Autobahn und eine unfreiwillige Begegnung mit dem tiefen Gesetzesbewußtsein der Deutschen – eine Erfahrung, die er auch aus der Distanz kaum positiv zu werten vermag. Doch in einem schon vorher insgeheim gehegten Wunsch fühlt er sich bestärkt: Es wäre gut, einmal längere Zeit hier zu leben...

Über die Verhandlungen der beiden Regierungsdelegationen, die in einem großen Frankfurter Hotel stattfinden, wollen wir nicht viele Worte verlieren. Es geht um die Abstimmung von Projekten auf dem Gebiet bestimmter Technologien, die in beiden Ländern bisher unabhängig voneinander vorangetrieben wurden. Es stellt sich freilich bald heraus, daß beide Partner einen gemeinsamen Orientierungspunkt haben: die Forschung und Technologie der USA; einige der begleitenden Wissenschaftler sind einander dort und bei Kongressen schon begegnet. Es wird deutlich, daß für beide Länder eine direkte Zusammenarbeit als Ergänzung der bisherigen einseitigen Ausrichtung auf den «Großen Bruder» von Vorteil wäre.

Die grundsätzliche Übereinstimmung in dieser Frage bleibt leider fast das einzige positive Ergebnis. Zur Absprache konkreter Projekte kommt es – mit der einen oder anderen Ausnahme – nicht, weil sich die japanische Delegation darauf ohne ausreichende Abstimmung mit den Stellen in der Heimat nicht einlassen möchte. Die Deutschen lassen ob dieses Verhaltens deutlich Unmut erkennen, erscheint ihnen die Situation doch weit weniger kompliziert.

Während einer Verhandlungspause beobachtet Herr Tanaka von der Kaffeebar aus einen Kreis erregt diskutierender deutscher Ministerialbeamter und Wissenschaftler. Dabei fällt ihm ein jüngerer Mann auf, der offenbar versucht, beruhigend auf die Runde einzuwirken. Allerdings kann Herr Tanaka nicht verstehen, was gesprochen wird.

Beim gemeinsamen Abendessen der beiden Delegationen ergibt es sich, daß Herr Tanaka den deutschen Kollegen als Tischnachbarn erhält. Man stellt sich einander vor; der andere ist unser Herr Schmidt. Beide Herren sind ihrer Delegation nicht nur wegen ihrer fachlichen Kompetenz zugeteilt worden, sondern auch, weil sie als Experten für das Land des Partners gelten. Wie sie sich gegenseitig etwas verlegen und zugleich erheitert gestehen, kann von «Expertentum» nur in Relation zu dem noch geringeren Informationsstand der übrigen Teilnehmer die Rede sein, und sie bedauern es beide, auf den Verhandlungsverlauf nicht wirkungsvoller Einfluß nehmen zu können. Schließlich vereinbaren sie, vor der letzten Gesprächsrunde noch einmal mit ihren Delegationen zu sprechen, um wenigstens für atmosphärische Verbesserungen zu sorgen: Den Worten Herrn Schmidts zufolge wurden deutscherseits das wiederholte Bestehen der japanischen Seite auf der Tagesordnung und die Weigerung, von festgelegten Positionen abzurücken, als überheblich empfunden; umgekehrt wirkten die deutschen Reaktionen auf die japanischen Partner aggressiv. An sich selbst merken Herr Tanaka und Herr Schmidt, daß weder für Arroganz noch für Aggressivität irgendein Anlaß besteht, solches Verhalten muß mit tiefsitzenden Vorurteilen, vor allem aber auch mit dem offenkundigen Mangel an Hintergrundwissen bei allen Teilnehmern zusammenhängen.

Im Anschluß an das offizielle Essen setzen die beiden Herren das Gespräch in einem Weinlokal unweit des Hotels fort. Herr Tanaka zeigt Fotos seiner Frau und seiner kleinen Tochter, der unverheiratete Herr Schmidt erzählt von seiner Forschungsarbeit und den schönen Erfahrungen während seiner Japanreise. Man entdeckt viel Gemeinsames – jedenfalls soll der Kontakt aufrechterhalten werden und möglichst bald ein weiteres Treffen stattfinden.

Nachdem wir mit den Herren Schmidt und Tanaka die ersten Stadien der Annäherung hinter uns gebracht haben, tut es gut, den Blick ein wenig schweifen zu lassen. Auf der Basis ihrer persönlichen Erfahrungen wollen wir die Geschichte ihrer beider Länder vorbeiziehen und die lebendige Kultur an uns herantreten lassen.

Gipfelschau und Meeresströmung: Deutsches und japanisches Geschichtsbewußtsein

Historische Perspektiven · Das Hervortreten des
Individuums · Drei trennende Elemente: das Christentum,
das 18. Jahrhundert und «die deutsche Katastrophe»

Der äußere Weg zur anderen Kultur hat uns schon verdeutlicht, daß ein Verständnis des Gegenübers nicht punktuell, auf den Augenblick bezogen möglich ist. Ein Wort, ein Blick, jede Geste vermittelt eine Vorstellung von dem Raum, der sich dahinter auftut, eine Ahnung der psychischen Dimension, die für den einzelnen wie für die Gemeinschaft bestimmend ist.

Ganz wesentlich kommt es somit auf die Geschichtsauffassung der Menschen eines bestimmten Kulturkreises an. Unsere Fragen in diesem Sinne lauten: Was ist für die heutigen Deutschen, was für die heutigen Japaner bedeutungsvoll, gehört zu ihrer Wirklichkeit? Welche historischen Vorstellungen bestimmen ihr Weltbild?

Für einen gebildeten Deutschen gibt es sowohl in der eigenen Vergangenheit als auch beim Blick über die Grenzen eine Menge Fixpunkte, mittels deren sich so etwas wie ein Gesamtbild herstellen läßt.

Gehen wir schrittweise vor: Da erhebt sich vor unserer Gegenwart der Wall des Zweiten Weltkriegs, die große Katastrophe nach der Hybris des «Dritten Reichs»; dahinter liegt die wirre «Weimarer» Zeit, und, noch einigermaßen faßbar, der Komplex der Wilhelminischen Überheblichkeit. Diese hundert Jahre gehören noch – mehr oder weniger direkt – zu uns. Was sich jenseits davon befindet, ist «Geschichte» im Sinne des immer weiter Entfernten. Rückwärts schreitend gelangt man zu

85

Beethoven, Goethe und Friedrich dem Großen; es folgen Bach, kämpfende Bauern und Luther, das «finstere» Mittelalter. Doch ist damit die deutsche Geschichte nicht zu Ende, sondern geht im Gefühl gebildeter Deutscher in die der römischen Antike über. Wir sehen – nun wieder im hellen Sonnenlicht – Römer und Moselfranken im Weinberg und beim Bau der Porta Nigra (ohne allzu deutlich zwischen Herren und Sklaven zu unterscheiden). Caesar und Tacitus gehören fast zu den Unsrigen. Mit ihnen lernen wir bei den Griechen, mit ihnen fahren wir übers Meer zu den ebenfalls noch recht nah verwandten Ägyptern.

Die meisten historischen Abschnitte in der von jenen frühen Zeiten hergeleiteten «Erbfolgelinie» haben für uns relativ deutliche Konturen. Wie von einer erhöhten Warte aus nehmen wir sie als aus einem Wolken- und Nebelmeer herausragende Gipfel wahr, die aus der Entfernung zwar verkleinert erscheinen, aber doch noch in ihrer Form unterschieden und – beim Zurückschauen am Ende einer langen Wanderung – mit einem vertrauten Gefühl begrüßt werden. Ja, dort ist man einmal gewesen...

Zum Zustandekommen einer solchen imaginären Gipfelschau tragen gewiß mehrere Faktoren bei, gespeist aber wird sie jedenfalls durch das Vorhandensein architektonischer Zeugnisse der vergangenen Zeiten, die es uns leicht machen zu unterscheiden: Bauwerke mit Rundbögen sind romanisch, solche mit Spitzbögen gotisch; die waagerechten Linien der Renaissance erinnern an griechisch-römische Klarheit, das Barock kennen wir als das Zeitalter der Verzierungen und des großen Theaters. Vor allem sind diese historischen Belege im europäischen Kulturkreis wirklich erhalten; sie sind bis hin zu den ägyptischen Pyramiden sämtlich aus Stein gefertigt.

Für Japaner hingegen ist die Architektur kein hilfreicher Geschichtsführer[10,20]. Es gibt bis in die neuere Zeit so gut wie keine Steinbauten, und von den hölzernen Zeugnissen ist aus naheliegenden Gründen nicht allzuviel übriggeblieben. Aber auch wenn es anders wäre – ein Stilwandel ließe sich nicht so leicht erkennen. Für den japanischen Pilger oder Touristen sieht der im 7. Jahrhundert erbaute und unverändert erhaltene Horyuji-Tempel in Nara nicht wesentlich anders aus als ein um 1600 errichteter. Bei Shinto-Schreinen gibt es zwar unterschiedliche Bauformen, doch lassen auch sie den Laien nicht auf das Entstehungszeitalter schließen, im Gegenteil, die Ise-Schrein-Tradition beispielsweise verhindert durch die Vorschrift des periodischen Abrisses und Wiederaufbaus ihrer Gebäude jede kontinuierliche Entwicklung.

Als weiteres Hindernis, eine Tiefenstaffelung des Historischen zu erkennen, sich z. B. in der Schule Erlerntes sinnlich vorzustellen, kommt hinzu, daß Japan keine durchgehende Zeitrechnung besitzt, sondern die Jahre der jeweiligen Regierungsperiode zählt. Vor der Meiji-Zeit, also vor 1868, war es noch ein wenig komplizierter; und spätestens mit diesem Datum endet beim Rückblick für viele Japaner denn auch die Gliederung bzw. beginnt ein weitgehend unstrukturiertes Dunkel. So ist etwa die Edo-Zeit, in der die langen Jahre zwischen 1600 und 1868 zusammengefaßt sind, für das Bewußtsein der meisten in sich kaum mehr unterteilt.

Entscheidend ausgewirkt haben sich freilich die – vorwiegend ungeschriebenen – Regelungen eben jener Edo-Zeit, die jede Veränderung und Entwicklung verhinderten und den Status quo bis ins kleinste Detail zu wahren suchten. Wohnort, Gewerbe, Kleidung, die Ausbildung der Kinder – alles war für Bauern, Handwerker, Kaufleute und erst recht für den Adel verbindlich festgelegt. Jeder einzelne hatte seinen bestimmten Platz in der Gesellschaft und war sich dessen bewußt, ist es gefühlsmäßig auch heute noch.

Für die meisten Japaner ist ihre historische Vergangenheit identisch mit dem Bild, das ihnen Filme zeigen, die man unter dem Begriff *jidai-eiga* (Filme aus historischen Zeiten) zusammenfaßt. «Jidai» ist mehr oder weniger auch die Zeit vor «Edo», und fünfhundert oder auch tausend Jahre spielen keine so große Rolle. Das über die deutsche Geschichtsauffassung Festgestellte aufgreifend, könnte man sagen, daß sich dem in die Vergangenheit blickenden Japaner eine sanft hügelige Landschaft darbietet, die nicht durch markante Punkte, geschweige denn hohe Gipfel, untergliedert ist. Auch allgemein bekannte Kennzeichen historischer Abschnitte, z. B. der Horyuji-Tempel oder der Große Buddha von Kamakura, die für das 7. bzw. 13. Jahrhundert stehen könnten, werden ohne Abstandsgefühl wahrgenommen. Alles Sichtbare gehört im Grunde zur Gegenwart.

Und das Unsichtbare, so müßte man wohl fortfahren, existiert nicht. Aber hier ist für Japan eine Unterscheidung zu treffen: nämlich die zwischen dem «realen» und dem «irrealen» Unsichtbaren. Anders als in Deutschland oder in anderen westlichen Ländern wird bzw. wurde zumindest bis zum Ende des Zweiten Weltkriegs in für uns kaum vorstellbarer Weise der Blick über die historische Vergangenheit hinausgelenkt: Um die Überlieferung des *Kojiki* zu schützen, wonach der Kaiser (und wohl die Japaner überhaupt) direkt von den Göttern abstammen, wurde die wissenschaftliche Erforschung der Frühzeit mit den Methoden der Archäologie zurückgestellt, wenn nicht gar verboten. Grabungen an Hügelgräbern aus prähistorischen Jahrhunderten sind in der Tat erst in den letzten Jahrzehnten unternommen worden und haben, wie erwartet und befürchtet, deutliche Verbindungen zum Festland, vor allem zu Korea, aufgezeigt, eine Tatsache, die angesichts der traditionellen Abneigung gegen den Nachbarn von einiger Brisanz ist. Doch spielen, wie gesagt, im Bewußtsein der meisten Japaner solche Fragen eine eher untergeordnete Rolle – im Gegensatz zur eigenen mythischen Schöpfungsgeschichte mit der Sonnengöttin Amaterasu als Zentralfigur. Die Göttergestalten werden in Schreinen verehrt, Reliquien wie Spiegel, Schwert und «Krummjuwelen» sind für die Heiligkeit der Schreine von Ise und Atsuta (in Nagoya) von großer Bedeutung. Auch wenn durch Gesetz Staat und Religion heute offiziell getrennt sind, ist ihre Verbindung für die meisten Japaner doch nach wie vor selbstverständlich. Immer noch ist der Kaiser der oberste Priester des Shinto, und weiterhin gilt der 11. Februar, der fiktive Tag der Reichsgründung durch den ersten Kaiser, Jimmu-Tenno, im Jahre 660 v. Chr. als gesetzlicher Feiertag.

Es mag sein, daß diese quasihistorische, religiöse Perspektive eine Art Panorama erzeugt. Doch dürfte auch die Götterwelt weniger als fernes Gegenüber, sondern eher als zeitnahes Miteinander empfunden werden. Auch hier bestätigt sich die Tendenz zu einem engen Verbundensein in einer einheitlich sich fortbewegenden Strömung.

Die durch die Meerengen des japanischen Archipels mit den Gezeiten ein- und ausströmenden Fluten scheinen dieses Gefühl zu symbolisieren. Es kann daher als glückliche Deutung angesehen werden, wenn der Maler Higashiyama dem chinesischen Lehrmeister Ganjin in Toshodaiji die Strömungen des Meeres zuordnet, die dort am Ort der historischen Erinnerung und der geistigen Kraft den sichtbaren Bewußtseinshorizont darstellen.

«Gipfelschau» und «Meeresströmung» sind freilich Metaphern, die die Geschichtsauffassung der Deutschen und der Japaner nicht vollständig enthalten können (selbst wenn man von der Fiktion *des* Deutschen und *des* Japaners, wie wir es hier leichtfertig tun, ausgeht). Auch die Menschen in Mitteleuropa sind zweifellos Teil einer Strömung, deren Verlauf sie weder für die Zukunft noch auch in der «historischen» Vergangenheit völlig überschauen. Der Unterschied jedoch liegt vor allem darin, daß «die Deutschen» in ihrem Selbstverständnis einen Wesenszug, eine Leitvorstellung haben, die dieser grundlegenden Idee des Strömens entgegensteht und sie als Entwürdigung des freien Menschen bzw. des Individuums betrachtet.

Der Mensch als Individuum ist für uns eine Selbstverständlichkeit, die in Frage zu stellen uns insbesondere mit Blick auf die jüngere Vergangenheit schwerfällt. Der Gedanke, daß man sich bewußt zu einer Gruppe zusammenschließen könnte, die nicht lediglich aus einer Ansammlung von Individuen besteht, liegt uns eher fern. Japan aber konfrontiert uns mit einem solchen Muster. Bevor wir uns jedoch eingehender damit befassen, sollten wir kurz über die Entstehungsgründe und -bedingungen des deutschen Individualismus nachdenken.

Neben einer ganzen Reihe von Ereignissen und Einflüssen von außen dürften drei Elemente wesentlich dazu beigetragen haben, daß die geistig-gesellschaftliche Entwicklung in Deutschland gerade so und nicht anders verlaufen ist. Das erste ist das Christentum. Seine Rolle ist vielschichtig und hat im Lauf der Jahrhunderte in der Auseinandersetzung zwischen der gefühlsbetonten Auslegung seiner Lehre durch das katholische Rom, den Süden, und der rationalistischeren durch den protestantischen Norden Wandlungen erfahren. Aber grundsätzlich ist *ein* Wesenszug bis heute bestimmend geblieben: Das Christentum fordert vom Menschen die Unterordnung unter die kirchliche Autorität, die Heilslehre oder doch zumindest Gott selbst. Man könnte meinen, daß ähnliche Erscheinungen auch in Japan nach der Übernahme des dem Christentum ja in vielem vergleichbaren Buddhismus zu beobachten sein müßten. Dies ist aber eigenartigerweise nicht der Fall, der Buddhismus, zumal in seiner japanischen Form (hier kommt noch die Existenz einer starken bodenständigen Religion, des Shintoismus, hinzu), nimmt eine wesentlich weniger autoritäre Haltung ein. Die Einschränkungen und Zwänge, die das Christentum den Europäern auferlegt hat – man denke nur an Keuschheitsgebote, Bußübungen, die Verfolgung Andersgläubiger, Kreuzzüge und Hexenprozesse –, sind Zeichen von Intoleranz, wie sie in Japan in diesem Zu-

90

sammenhang undenkbar wären, was Restriktionen und Unterdrückung auf anderen Gebieten natürlich nicht ausschließt.

Gerade die schlimmste Phase der religiösen Entwicklung schuf in Deutschland freilich auch die Voraussetzungen für die Gegenbewegung der «Aufklärung», die im weiteren Sinn mit der Reformation Luthers ihren Anfang genommen hat und dann unter französischem Einfluß von den protestantischen Intellektuellen des preußischen Nordens zu einer solchen Blüte gebracht wurde, daß sie ganz Mitteleuropa zu erfassen vermochte. Dabei blieb die Religion selbst weitgehend ausgespart, so daß ihr Bereich weiterhin als Nährboden des Gefühlslebens – und auch der Vorurteile – dienen konnte; aber die Philosophie, die Wissenschaften und die Künste erfuhren entscheidende Veränderungen. Ohne den Wandel im Denken wären die grundlegenden Entwicklungen auf dem Gebiet von Naturwissenschaft und Technik und damit der Durchbruch zum Industriezeitalter kaum möglich gewesen. «Logisch» zu denken, d. h. in allen Überlegungen, Gesprächen, Verhandlungen, im zwischenmenschlichen Verhalten den Regeln der formalen Logik zu folgen, ist seither zur verbindlichen Norm geworden. In Japan gab es eine solche Veränderung nicht; bis heute ist die Logik, die wir als oberstes Prinzip des menschlichen Geistes betrachten, dort nur Hilfsmittel, wenn die weitaus ernster genommenen und viel älteren Regeln der zwischenmenschlichen Harmonie einer Ergänzung bedürfen.

Die politisch-gesellschaftlichen Konsequenzen aus der europäischen Entwicklung haben die Franzosen – mit der ersten großen Revolution der Weltgeschichte – und Deutsche wie Feuerbach und Marx gezogen, die die Auflösung der überkommenen Strukturen forderten und schließlich zumindest teilweise auch bewirkten. In Japan dagegen existieren auch heute noch trotz aller Demokratisierung Gesellschaftsformen und -mechanismen, die dem Land die Züge eines Feudalstaats verleihen.

Es ist nicht nur der Bereich der Produktivkräfte und der sozialphilosophischen Auffassungen, der sich in Deutschland so stürmisch entwickelte, es sind auch die Künste, die andere Wege zu beschreiten begannen und mit dem Alten, mit der Überlieferung brachen. Die geistigen Neuerungen an den Fürstenhöfen und die daran sich anschließende Demokratisierung der Ideale des Adels brachten eine rasche Verdrängung alles dessen mit sich, was urtümlich oder bäurisch erschien. Gesangsstil, Tanz und Kunsthandwerk wurden reformiert. Wenn man bei uns ältere eigenständige Überlieferungen aufspüren möchte, muß man Randgebiete – Alpentäler, abgelegene Provinzen – besuchen und ethnologische Studien betreiben. Man ergötzt sich als Tourist an den «exotischen» Tönen und Rhythmen, Teil der eigenen Welt sind sie nicht. Anders in Japan: Auch und gerade die künstlerischen Traditionen sind trotz westlicher Einflüsse ohne jede Einschränkung lebendig. Es hat in ihrer Überlieferung seit vielen Jahrhunderten kein Bruch stattgefunden.

In Japan fehlt die im europäischen 18. Jahrhundert geborene Idee des «Fortschritts», die für das Leben der westlichen Welt von so großer Bedeutung werden sollte. Bis heute ist die japanische Gesellschaft nicht (oder doch nicht mit der gleichen Unverträglichkeit) wie die unsere in zwei streitende Lager von «Konservativen» und «Progressiven» gespalten. Die politischen Parteien sind sich ähnlicher als anderswo.

Wir können hier nicht abschließend ergründen, was das 18. Jahrhundert zu einer solchen Blütezeit des (mittel)europäischen Geistes gemacht hat und zugleich zu einem derartigen Einschnitt hat werden lassen. Aber wir wissen, daß es eine Kombination der gesellschaftlichen Entwicklungen, der politischen Zerstückelung des deutschsprachigen Gebiets in mehr als 200 «Staaten» und nicht zuletzt der geistigen Auseinandersetzung (zwischen katholischem Süden und protestantischem Norden) gewesen sein muß, wie sie mit solcher Intensität an keiner anderen Stelle der Welt zu verzeichnen gewesen ist – am wenigsten im in sich ruhenden Japan. Mit der geistigen Verwandtschaft, die manche der japanischen Wissenschaftler während ihres Studiums im preußischen Deutschland der wilhelminischen Ära zu verspüren glaubten, kann es insofern nicht sonderlich weit her gewesen sein. Das Trennende war gerade zu jener Zeit denkbar groß.

Und noch auf ein drittes Element, das die Situation in Japan von der deutschen wesentlich unterscheidet, wollen wir zu sprechen kommen: auf die Katastrophe, die die im 18. Jahrhundert eingeleitete Blütezeit, die «deutsche Epoche», beendete: den Nationalsozialismus. Dabei geht es weniger um den von Deutschland begonnenen und dann verlorenen Krieg; denn hier sind beide Länder auf ähnliche Weise betroffen. Vielmehr ist es die allem zugrundeliegende gesellschaftliche Hybris und das Ungeheuerliche der kaltblütigen Ermordung der Juden Europas, von Millionen Menschen, die sich durch einen weitgehend fiktiven Unterschied von dem ebenso fiktiven Ideal des «Deutschtums» abhoben.

Heute, bald ein Menschenalter nach dieser Zeit, muß man sagen, daß der geistige Zusammenbruch Deutschlands wesentlich schwerwiegender und dauerhafter war als der materielle. Und man kann wiederum konstatieren, daß es auf der Seite Japans trotz der äußerlichen Parallelentwicklung einen solchen Einschnitt im geistigen und seelischen Bereich nicht gegeben hat. Das Leben ist dort wieder in seinen alten Raster zurückgeglitten, auch wenn dieser Prozeß Jahrzehnte gebraucht hat. Alle früheren Strömungen sind bis in die historischen Tiefen erkennbar geblieben. Dies ist auch der Grund dafür, daß eine vergleichende Betrachtung so sehr auf die geschichtliche Perspektive angewiesen ist.

Im Ausland (wie auch in oppositionellen Kreisen Japans) erregt man sich immer wieder darüber, daß japanische Regierungsangehörige es sich nicht nehmen lassen, nicht nur religiöse Zentren wie die schon erwähnten Schreine von Ise aufzusuchen, sondern auch dem relativ neuen Yasukuni-Schrein in Tokyo die

Ehre zu erweisen, der der Erinnerung an die Opfer der kaiserlichen Seite in den Wirren nach 1868 und an die Toten der Kriege geweiht ist und der unter anderen auch den als Kriegsverbrecher hingerichteten General Hideki Tojo würdigt. Man möchte und kann nicht einsehen, daß es hier andere Wertmaßstäbe und geschichtliche Auffassungen gibt, die entsprechende Verhaltensweisen mit sich bringen.

Die deutsche Katastrophe hingegen hat nicht nur eine deutliche Ablehnung der Ereignisse, die sie verursacht haben, erzeugt, sie hat darüber hinaus einen Wall errichtet, der die «sensitiven» Bestandteile der gesamten kulturellen Tradition – und auch manches andere – daran hindert, für die Gegenwart wirksam zu werden. Warum sollte man etwas, das jenseits dieses Walles liegt, reaktivieren?

Für das japanische Bewußtsein stellt sich eine solche Frage überhaupt nicht. Das Vergangene muß nicht aktiviert, herbeigeholt werden. Es ist lebendig und trägt die Gegenwart.

Individuum und Großfamilie: Grundlagen und Formen des Zusammenlebens

Als Gastwissenschaftler in Kumamoto · Herrn Schmidts Heirat · Geschriebene und ungeschriebene Gesetze · Eine Freiheitsnische für Männer · Das Kollektiv · Stereotype Verhaltensmuster · Allgemeinbildung und Steckenpferde · Konsum, Kultur und Gesellschaft

Herr Schmidt, den wir inzwischen dem Studium aller erreichbaren Japanliteratur und einem immer intensiveren Briefwechsel mit dem Kollegen Tanaka überlassen haben, wird außer vom «Fernweh» nach dem freundlichen Land im Osten zunehmend von einem neuartigen Gefühl beherrscht: dem Wunsch, aus dem eigenen Lebenskreis mit seiner, wie er meint, etwas gedämpften Stimmung herauszutreten und in der ihm so viel aktiver erscheinenden japanischen Welt zu leben, und sei es auch nur für eine kurze Weile. In einem Brief an Herrn Tanaka äußert er dieses Anliegen beiläufig; mehr als Idee und ohne besonderen Nachdruck; einige Zeit später erhält er zu seiner Überraschung eine Einladung an ein Forschungsinstitut seines Fachgebiets an der staatlichen Universität in Kumamoto im Süden Japans, wohl tausend Kilometer von Tokyo entfernt. Mit der Einladung ist der Hinweis verbunden, Herr Schmidt möge sich wegen der erforderlichen Mittel an eine zentrale Förderstelle in Tokyo wenden, die im übrigen einen deutschen Partner in Bonn habe ... Herr Tanaka hat offensichtlich ausgezeichnete Vermittlungsarbeit geleistet. Bei näherem Hinsehen entdeckt Herr Schmidt nicht nur, daß Kumamoto eine interessante Stadt in schöner Umgebung sein muß, sondern auch, daß die dortige staatliche Universität anscheinend recht gute Forschungsmöglichkeiten in seinem Fach bietet. Eigentlich hatte er ja an Tokyo gedacht, schon um in der Nähe des Kollegen Tanaka zu sein, aber der Weg in die südliche Provinzhauptstadt ist mit einem Mal so gut bereitet, daß Herr Schmidt sich ein halbes Jahr später dort wiederfindet.

Diesmal gleicht die Ankunft in Japan einer Heimkehr und einem unerwarteten Triumphzug. Herr Tanaka begrüßt den Kollegen in Narita und verwöhnt ihn zwei Tage lang, ehe er ihn zum Weiterflug zum Flughafen bringt. In Kumamoto stehen an die zwanzig Mitglieder des Instituts mit einer Wagenkolonne bereit, um ihren neuen Kollegen abzuholen. Es folgt ein Festbankett mit vielen Ansprachen, auch einer etwas aufgeregten Dankesrede von Herrn Schmidt, dann kann er sich der Einrichtung des kleinen Häuschens widmen, das ihm die Universität unweit des Campus zur Verfügung gestellt hat.

Der erste Besuch im Institut ist allerdings mit einem kleinen Schock verbunden. Zumindest auf den ersten Blick scheint Herr Schmidt in ein Chaos geraten zu sein, so sehr türmen sich Bücher und Papiere auf Schreibtischen und Schränken, und so eng ist auch das ihm selbst zugewiesene «Studierzimmer». Aber er ist rasch wieder beruhigt, als er erkennt, daß die Geräte überwiegend modern und die Buchbestände umfangreich sind. Eine weitere Überraschung wartet freilich noch auf ihn: Der Feierabend, auf den er sich in Gedanken an erste Spaziergänge in seiner neuen Heimat freut, will anscheinend überhaupt nicht kommen. Die Kollegen bleiben nach fünf, nach sechs und selbst nach acht Uhr an ihren Plätzen. Auch der Samstag bringt da keine Änderung, und Herr Schmidt, der harten Einsatz von daheim durchaus gewohnt ist, hat einige Mühe mit dieser Zeiteinteilung (oder besser -nichteinteilung, da die Kollegen offenbar nur zu kurzem Schlaf nach Hause fahren, im übrigen aber ihr Leben im Institut verbringen). Glücklicherweise ist der Sonntag frei. Aber Herr Schmidt wird wieder überrascht: Am Samstag abend erklärt ihm der Institutsleiter, daß man ihn am nächsten Morgen abholen werde, um einen Ausflug zum Vulkan Aso zu machen. In der Tat warten am folgenden Tag früh um acht mehrere Wagen vor Herrn Schmidts Tür: Alle Kollegen sind versammelt – ohne ihre Familien.

Natürlich unternimmt man einen solchen Ausflug nicht an jedem freien Sonntag, aber Herr Schmidt erkennt, daß der Rhythmus der Tätigkeit im Institut – einschließlich eines guten Teils der eventuell verbleibenden Freizeit – ganz anders ist als daheim. Das Leben besteht für die Kollegen (und nun auch für ihn selbst) sozusagen aus langen, gleichmäßigen Schwingungen, die keine äußeren Einflüsse kennen oder dulden, selbst aber auch nicht so intensiv sind, daß sie als bedrängend oder belastend empfunden würden. Es gibt vor allem keine Hektik; jeder der Kollegen ist stets zu einem kleinen Plausch bereit; man trinkt reichlich grünen Tee, den die Institutssekretärin regelmäßig in schönem Porzellan serviert. Herr Schmidt beginnt sich bei aller Verwunderung über diese Welt bald wohl zu fühlen. Ein Glück, so sagt er sich, daß er an der Arbeit selbst so interessiert ist und die Außenerkundungen «in aller Ruhe», d. h. sehr langsam, angehen kann.

Nach einigen Wochen wird ihm überdies klar, daß man durchaus bereit ist, ihm einen «Ausländerbonus» in bezug auf Freizeit zu gewähren, und er entschuldigt sich gelegentlich zu «Dienstgängen», die ihm die Stadt und ihre Umgebung näherbringen: sowohl das alte Kumamoto mit seiner Burg und dem wunderbaren Landschaftsgarten als auch die moderne Entwicklung hin zur «Technopolis», die Herrn Schmidt ein wenig futuristisch anmutet. Er braucht lange, ehe er zu verstehen beginnt, daß der Zusammenprall des überall zu beobachtenden Traditionsbewußtseins mit dem scheinbar aufgesetzten Neuen keinen Konflikt hervorruft.

Herrn Schmidts Leben in Kumamoto verläuft im ganzen ruhig. Neben seiner wissenschaftlichen Arbeit erfährt und lernt er viel über seine neue Welt, über den Alltag und das Funktionieren der gesellschaftlichen Ordnung. Allmählich verbessern sich auch seine Sprachkenntnisse, und nach einigen Monaten kann er einfache Unterhaltungen führen. Er unternimmt selbständig Ausflüge mit einem kleinen gebrauchten Wagen, den er preiswert erstanden hat.

Die Kollegen wundern sich zunächst über seine raschen Fortschritte. Aber bald wird bekannt, was ihn sprachlich so beflügelt und seinem ohnehin großen Optimismus die besondere Strahlkraft verleiht: Es ist die Bekanntschaft mit einer jungen Dame, Mitglied der Japanisch-Deutschen Gesellschaft der Stadt – Liebe auf den ersten Blick, Erfüllung einer beiderseitigen Sehnsucht nach dem vorbestimmten deutsch-japanischen «anderen», eine nicht nur für die beiden Betroffenen, sondern auch für den Kollegenkreis, die kleine Welt der Japanisch-Deutschen Gesellschaft und schließlich für die gesamte ausländerarme und daher unbeschränkt Anteil nehmende Bevölkerung Kumamotos romantische Angelegenheit. Nach kaum einem Jahr gibt es eine Heirat, von der in den Zeitungen berichtet wird. Herr Tanaka, der mit seiner Frau von Tokyo herbeieilt, ist Trauzeuge.

Wir wollen das junge Paar ein wenig sich selbst überlassen, obwohl es in mancherlei Hinsicht interessant wäre, ihm bei den ersten Schritten auf dem Weg in das unbekannte Land zwischen den beiden Kulturen zu folgen. Wenn wir dies nicht tun, so geschieht das nicht allein aus Diskretion, auch angesichts vielleicht gelegentlich drohender Vulkanausbrüche beim Zusammenprall der bislang getrennt driftenden tektonischen Schollen; vielmehr scheint uns der Versuch wichtiger, vor dem Hintergrund dieser nun klar definierten sozialen Situation die Perspektive wieder auszuweiten und Einblick in die japanische Gesellschaft zu nehmen.

Wir sind bisher Gäste gewesen; unser Gegenüber waren die Gastgeber beim wissenschaftlichen Kongreß, in der Dorfgemeinschaft, in der Familie. Sie haben uns mit wachen, aufmerksamen Augen betrachtet, ihr Verhalten auf uns eingestellt. Auch wir sind ihnen nicht neutral, sondern mit einer gewissen Distanz begegnet. Selbst für Herrn Schmidt als Austauschwissenschaftler und Ehemann einer Japanerin ist es nicht leicht, «eins zu werden» mit seiner neuen Welt und als gleichberechtigtes Mitglied in ihr zu leben. Der Weg dorthin ist weit, zu weit vielleicht für die ihm verbleibende Lebenszeit. Herr Schmidt ahnt bald, daß es über die erlern- und erfahrbare Annäherung hinaus noch etwas gibt, was Japaner in ihrem Gemeinschaftsgefühl von allen Ausländern, «Gaijin», trennt: Vor den Toren des inneren Bereichs würde er immer noch die unüberwindlichen Wächter des Vorurteils antreffen, die wie die Himmelskönige der Tempel jeden fremden Geist abweisen.

Alles, was wir erreichen können, ist, aus Herrn Schmidts subjektiven deutschen und den hinzukommenden ebenso subjektiven japanischen Beobachtungen eine annähernd objektive Darstellung zu destillieren, oder anders gesagt: durch den Kontrast von sonst als selbstverständlich empfundenen und kaum wahrgenommenen Erscheinungen deren Konturen hervortreten zu lassen.

Wenn sich Herr Schmidt früher mit Japan beschäftigte, auch und gerade, nachdem er das Land bereist hatte, war er von der perfekten Organisation und der Pünktlichkeit, mit der sich alle Abläufe vollzogen, beeindruckt gewesen und hatte sie als Beweis für die Richtigkeit der Bezeichnung der Japaner als «Preußen des Ostens» genommen. Mit dem Leben in ihrer Gesellschaft modifiziert er nun seine Meinung. Er erkennt, daß die beobachtete Ordnung nicht allgemein ist und zudem offenbar andere Grundlagen hat, als er vermutet hatte.

Gehen wir einmal dem deutschen Ordnungsbegriff ein wenig nach. Ohne Zweifel hängt die Definition dessen, was «geordnet» ist, mit Vorstellungen aus den Bereichen der Logik und der Naturwissenschaften zusammen. Als historisches Leitbild kann vor allem auch das römische Recht gelten, das die Zeiten überdauert hat und in dem unsere heutigen Anschauungen wurzeln.

Gesetze, von gründlichen Geistesarbeitern fast ins Unendliche ergänzt und verfeinert, bestimmen die deutsche Lebensform. Das ist ein allgemein akzeptierter Tatbestand; niemand, mit Ausnahme weniger Außenseiter, würde ihn als unnormal empfinden oder gar von einer Diktatur der Gesetze über den einzelnen sprechen. Selbst wenn es im Einzelfall zu Konflikten oder gar Ungerechtigkeiten kommen mag, ändert dies nichts an der Einsicht: «Ordnung muß sein.» Gesetzesübertretungen sind prinzipiell zu ahnden; daß dem Recht als solchem Genüge getan wird, auch unabhängig von Geschädigten und Klägern, dafür steht der «Staatsanwalt».

Anders als die Bundesrepublik Deutschland ist Japan in diesem Sinne kein «Gesetzesstaat». Das ist eigentlich verwunderlich, weil man angesichts der strengen Fixierung aller Lebensformen während der langen Edo-Zeit annehmen sollte, auch im heutigen Japan müßte Gesetzen zumindest eine ähnlich hohe Bedeutung zukommen wie bei uns. Aber ganz offensichtlich trifft das Gegenteil zu. Es gibt sehr viel weniger Gerichte, Richter, Rechtsanwälte und natürlich auch Rechtsfälle als irgendwo in Europa, geschweige denn in Deutschland. Und das kommt nicht etwa daher, daß die Kriminalität geringer wäre, sondern beruht auf der Existenz einer Kraft, die die Anwendung von «Gesetzen» weniger oft erforderlich macht, Verbrechen einschränkt und im Konfliktfall für Ausgleich sorgt: Es ist das Geflecht der Regeln zwischenmenschlicher Beziehungen. Sicherlich existiert ein solches Geflecht auch in unserer Gesellschaft, so daß vielleicht zunächst nicht so leicht vorstellbar ist, wie es in einer anderen wirksamer sein sollte. Aber der Konfliktfall zeigt die Differenz zwischen beiden Auffassungen: Wo – wie bei uns – auf dem Gesetz und seiner Einhaltung bestanden wird, treten die «menschlichen» Aspekte der Angelegenheit ebenso in den Hintergrund wie die lebenspraktischen, wird das Mit-Fühlen eingeschränkt.

Vielleicht können einige Beispiele diesen Unterschied verdeutlichen. Zunächst jene Erfahrung, die wir unseren Herrn Tanaka haben machen lassen, als er mit seinem Mietwagen an einem Samstagvormittag in Würzburg eintraf, um die Residenz zu besichtigen, und kurz vor Ladenschluß selbst in der nahen Tiefgarage keine Parkmöglichkeit fand. In seiner Not, ohne viel nachzudenken, stellt Herr Tanaka den Wagen am Rand eines weiten, leeren Platzes ab, der dem weißen Linienmuster nach zu schließen für etwa zwanzig Omnibusse gedacht ist (wozu es wohl auch einen Hinweis an der Einfahrt gibt). Er ist recht überrascht, als er nach der Besichtigung und einem Mittagessen zu seinem Wagen zurückkommt, der immer noch brav auf dem ansonsten leeren Platz steht, und an der Windschutzscheibe einen Strafzettel über 40 DM findet. Das Gesetz war stärker gewesen, als es die Situation erfordert hätte; und man hatte es auch im Zweifelsfall gnadenlos angewandt. In Tokyo, Herrn Tanakas überfüllter Heimatstadt, wäre so etwas undenkbar. Sicher gibt es auch dort Strafmandate, und ständig werden falsch parkende Wagen von der Polizei abgeschleppt, wie man an den Kreidemitteilungen auf dem Pflaster der Straßen an vielen Stellen oft noch lange sehen kann, aber das geschieht normalerweise nur, wenn der Verkehr tatsächlich behindert worden ist.

Herr Tanaka denkt über das Erlebnis noch nach, als er wieder auf der Autobahn ist, und auch über manche Beobachtungen dieser Tage, die von dem für ihn Gewohnten abweichen. Die Ladenschlußzeiten etwa und das teilweise in den Freitag kräftig hineinreichende lange Wochenende sind aus japanischer Perspektive merkwürdige Erscheinungen. In Japan wäre es undenkbar, einem Einzelhändler zu verbieten, seinen Laden bis in die späten Abendstunden offenzuhalten oder an einem Sonntag zu öffnen, was in der Tat viele, wenn auch nicht alle, tun. Es verstößt nicht gegen die «guten Sitten»; also ist es erlaubt.

Ähnlich verhält es sich beim Hausbau. Herr Schmidt hat sich selbst nach längerem Aufenthalt noch nicht daran gewöhnt, daß stellenweise das äußere Bild sonst angenehmer Wohnviertel von lieblos in Billigbauweise errichteten Mietwohnkästen, sogenannten «Apato», beeinträchtigt wird und daß viele stilvolle ältere Häuser durch moderne Anbauten verunziert sind. Aber er begreift auch, daß dies damit zu tun hat, daß in Japan Bauauflagen nur erteilt werden, wenn sie zum Schutz der Nachbarn unbedingt erforderlich sind (etwa in bezug auf die Schattenwirkung von Hochhäusern). Die gesetzliche Regelung reicht nicht weit.

Um so breiter ist, wie gesagt, der Raum, der den ungeschriebenen Regeln der zwischenmenschlichen Beziehungen gegeben wird. Er beginnt in Japan schon dort, wo man in Deutschland mit Paragraphen, Nachbarschaftsklagen und Anwaltsvermittlung zu arbeiten pflegt. Ein Japaner wird sich wohl sehr wundern, wenn er bei einer dienstlichen Versetzung nach Deutschland feststellen muß, daß er seine Wäsche nicht auf dem Balkon trocknen, das dürre Holz nicht im Garten verbrennen, den Rasen nur zu bestimmten Zeiten mähen, die *Mondscheinsonate* nur bei Tageslicht üben *darf.* Für ihn sind solche und ähnliche Einschränkungen zwar nicht ganz ungewohnt, aber in Japan nimmt er sie eher freiwillig auf sich und wägt das Für und Wider von Fall zu Fall ab. Es gibt gewissermaßen kein Gesetz außer dem, das er in der Kindheit von seinen Eltern und der gesamten Gesellschaft mit auf den Weg bekommen hat und das er im Herzen mit sich trägt.

Dieses – wie man es nennen könnte – Regelbewußtsein beherrscht den durchschnittlichen Japaner, z. B. die Menschen, die das Straßenbild in Tokyos Innenstadt prägen, nahezu unausgesetzt. Seine äußere Erscheinung ist gepflegt, die Kleidung von unauffälliger Eleganz. Die Männer sind rasiert und wirken, als kämen sie soeben vom Friseur. Frauen sieht man ihren Stand von weitem an: Sind sie noch nicht verheiratet, tragen sie das Haar zumindest schulterlang, danach kurz geschnitten. Eine gewisse Uniformität ist unverkennbar; niemand fällt auf, weder durch seinen Anblick noch durch sein Verhalten. Auch die

Lautstärke der Unterhaltung ist den Gegebenheiten angepaßt – je mehr Menschen sich an einer Stelle befinden, desto ruhiger scheint es zu sein. Am deutlichsten ist dies in den öffentlichen Verkehrsmitteln zur Hauptverkehrszeit, wenn die überfüllten Bahnhöfe und Züge – abgesehen von den Ansagen und den Fahrgeräuschen – die Stille von Kathedralen zu besitzen scheinen.

Rücksichtnahme ist in einem so dicht besiedelten Land wie Japan höchstes Gebot. Es geht ständig darum, dem anderen im buchstäblichen wie im übertragenen Sinne nicht zu nahe zu treten und sein ästhetisches Empfinden zu schonen. Die überfüllte U-Bahn ist eine Art Modell der grundsätzlichen Bedingungen dieses Lebens. Die Notwendigkeit, in Gemeinschaft mit sehr vielen anderen Menschen ein Ziel zu erreichen, erzwingt das Zurückstellen der eigenen Persönlichkeit, auch der individuellen Kommunikation. Selbst für verbale, ausdrückliche Höflichkeit ist hier kein Raum, keine Zeit mehr. Man bewegt sich gemeinsam, steht eng aneinandergepreßt, ohne davon «berührt» zu sein. Man verhält sich neutral, vom eigenen Ich losgelöst. Der äußere Anblick, die Sauberkeit, die genormte Kommunikation – all das erhält übergeordnete Bedeutung.

Dieses Zurücknehmen der Individualität ist es wohl, was ausländischen Besuchern am meisten auffällt und zugleich Probleme bereitet. Das Gefühl des Eingeschlossenseins, das ein ausländischer Gast in der Enge einer japanischen Stadt haben mag, wird von der Mehrheit ihrer Bewohner keineswegs geteilt; diese nämlich sind es gewohnt, auf die Gemeinschaft (und nicht auf sich selbst als Einzelwesen) zu schauen.

So sieht man auch vieles von dem, was in Amerika oder in West- und Mitteleuropa als Ausdruck individueller Freiheit betrachtet wird, in der Nähe sozialen Außenseitertums. Ungepflegtes Äußeres, mangelnder Aufwand für Kleidung und Sauberkeit und ungewöhnliches Verhalten werden ebensowenig toleriert wie Einbruch und Diebstahl.

Allerdings gibt es starke Gegenströmungen zu dieser Welt festgelegter gesellschaftlicher Normen, freilich kaum in Form von revolutionären Oppositionsbewegungen gegen ein als veraltet empfundenes System, vielmehr als abgekapselte Sondergesellschaften innerhalb dieses Systems: Da ist einerseits der Freiraum, der den Männern im Familien- und Freundeskreis eingeräumt wird, und andererseits die Welt der in weitverzweigten Verbrecherbanden organisierten «Yakuza». Besonders deren Einfluß ist groß, da ihre Idealbilder denen der Samurai in der Endphase der Edo-Zeit nahestehen, als sich abzeichnete, daß die Mehrzahl der «gebildeten Kämpfer» der Provinzfürstentümer nicht mehr benötigt wurde und immer mehr von ihnen als «Ronin» (heute würde man vielleicht von «arbeitslosen Akademikern» sprechen) ziellos herumzogen. Die Ablehnung staatlicher Obrigkeit und rohe Sitten verbanden sich mit dem starken Selbstbewußtsein und den Kämpferqualitäten dieser Hunderttausende und führten zur Ausbildung einer bis heute nicht zu unterschätzenden «Gegenwelt», die sich von der «Unterwelt» anderer Länder zumindest teilweise durch die Herkunft ihrer Mitglieder unterscheidet. Yakuza haben ihren eigenen Sittenkodex, der vom ansonsten üblichen entschieden abweicht. Alles, was an Beispielen für höflich-«höfisches» Verhalten angeführt werden kann – vor allem Tischsitten und sprachliche Ausdrucksformen –, gilt hier nicht oder nur sehr eingeschränkt. Interessanterweise, so sollten wir hier hinzufügen, existiert in der Welt der Frauen ein derartiger Sonderbereich nicht. Alle Frauen leben nach dem gleichen «höfischen» Ideal. Auch die sogenannte Halbwelt, die weithin mit dem Yakuza-Bereich verbunden ist, bildet hier keine Ausnahme.

Für Herrn Schmidt, der übrigens während seines langen Aufenthalts in Japan – fast zu seinem Bedauern – nie mit den Yakuza zu tun hat und sie nur aus Fernsehfilmen kennt, ist es ein beruhigendes Gefühl, im sichersten Land der Welt zu leben. Allmählich lernt er auch die höfliche Rücksichtnahme seiner Kollegen schätzen und wundert sich schließlich bei der Rückkehr in die Heimat über die rauhen Sitten seiner deutschen Freunde und Verwandten. Aber wir wollen nicht vorgreifen.

Zurücknahme der eigenen Individualität und Rücksichtnahme auf den Mitmenschen sind nur ein Teil dessen, was die gesellschaftliche Harmonie in Japan ausmacht. Auch für das Zusammenleben in der Gemeinschaft gibt es hier Regeln, die weit stärker ausgeprägt sind als in Deutschland. Herr Schmidt hatte dies schon bemerkt, als die Kollegen zum Ausflug auf den Berg Aso angetreten waren. Seither hatten sich noch viele Gelegenheiten zu gemeinsamen Feiern gefunden, bei denen in aller Regel die Kollegen vollzählig versammelt waren. Von daheim kannte Herr Schmidt eine solche «Geschlossenheit», jedenfalls bei vergleichbaren Anlässen, nicht. Es war schon schwierig genug, für dienstliche Gespräche Termine zu vereinbaren.

Was Herr Schmidt hier beobachtete, mochte es im Prinzip früher auch in Deutschland gegeben haben. Aus Erzählungen der Großeltern wußte er vom gemeinsamen Leben aller Bürger in der kleinen Stadt, in der er aufgewachsen war. Alle kannten sich, waren häufig zusammen; in den frühen Abendstunden traf man sich auf dem Marktplatz. Er selbst hatte das nicht mehr erlebt, denn nach dem Krieg war das anders geworden. Man hatte seine eigenen Sorgen, mußte sich um den (Wieder-)Aufbau seines Hauses kümmern und nutzte die Freizeit im übrigen zur Erkundung der weiteren Umgebung (mit dem Auto) und für Auslandsreisen. Sicher gab es noch die übliche Nachbarschaftshilfe, die Frauen liehen einander Zucker oder Mehl, wenn die Geschäfte schon geschlossen hatten, aber der Zusammenhalt war recht locker geworden. In der Kleinstadt bestand er wohl vor allem noch im Klatsch über merkwürdige oder negative Entwicklungen der anderen, so wie man auch nach einer «Party» auf dem Heimweg gern die übrigen Gäste durchhechelte. Das verbliebene Gemeinsame schien die allgemeine Bemühung zu sein, sich zu vergleichen und wenn möglich voneinander abzuheben.

Die Stadt der Großeltern als eine Art große Familie, der Zerfall dieses Systems in der eigenen Zeit – hier in Japan findet Herr Schmidt Antworten auf Fragen, die er unbewußt mit sich herumgetragen hatte. Darum also hatten sich die Studienkollegen zu Wohngemeinschaften zusammengeschlossen; weniger aus Protest gegen die politischen Verhältnisse, gegen Wohnraumspekulation, die leerstehende Häuser mit sich brachte, während Studenten keine Zimmer fanden – als vielmehr, um die Gemeinsamkeit, von der sich die übrige Gesellschaft mehr und mehr entfernte, auf kleinen Inseln zu bewahren oder neu zu schaffen. Gemeinsamkeit nun nicht mehr mit den Abgrenzungen der Familie, sondern mit einer grundsätzlichen Offenheit.

Die Formen des Zusammenlebens, die sich Herrn Schmidt in der konservativen südjapanischen Provinzhauptstadt darbieten, entsprechen seiner Auffassung nach weder dem Muster der «guten alten Zeit» seiner Großeltern noch der gelockerten Gesellschaftsstruktur, in der er selbst aufgewachsen ist. Hier in Japan ist alles fest gefügt und geordnet, ohne freilich zu jener Einheitlichkeit zu verschmelzen, die zu seiner eigenen Idealvorstellung gehört. Einen abendlichen Marktplatztreff gibt es nicht, auch nicht annäherungsweise oder in anderer Form, etwa als kollektiven Theater- oder Tempelbesuch. Die Gemeinsamkeit aller Bürger empfindet man nur zu «Shogatsu», wenn buchstäblich alles auf den Beinen zu sein scheint, um an Schreinen und Tempeln das neue Jahr zu begrüßen. Zwischendurch gibt es lediglich gesellschaftliche Ereignisse, die bestimmte Gruppen betreffen, so z. B. überall in der Stadt – zu verschiedenen Terminen – kleine Schreinfeste, bei denen die Menschen des betreffenden Wohnviertels zusammenkommen. Ansonsten sind viele einzelne Kreise auszumachen, die sich nach unterschiedlichen Gesichtspunkten definieren: der «Wohnblockverein», der sich gelegentlich zu gemeinsamen Busausflügen verabredet und hauptsächlich aus Hausfrauen und älteren Leuten besteht; eine örtliche Kulturgruppe, die zur Zeit einen Kurs für Tuschemalerei, «Sumi-e», veranstaltet; und schließlich sind da natürlich die Familien.

Morgens kann Herr Schmidt auf dem Weg zum Institut regelmäßig die Belegschaft eines kleinen Betriebs bei der Gymnastik beobachten; auch diese Leute zeigen sich gegenseitig, daß sie zusammengehören. Die Welt besteht hier in der Tat durchweg aus Gruppen, innerhalb deren ein sehr starkes, ja absolutes und nach außen hin wenig duldsames Zusammenhängigkeitsgefühl herrscht. In seiner eigenen wissenschaftlichen Arbeitsgruppe hat Herr Schmidt Gelegenheit zu beobachten, wie schwer man sich tut, über den eigenen Kreis hinaus Brücken zu anderen zu schlagen, selbst wenn dies von der Sache her naheläge. Eine rechnergestützte Versuchsreihe ist, so weiß man, in ähnlicher Form an der privaten Technischen Hochschule am selben Ort im Gange; doch die Idee einer Zusammenarbeit wird fast als Tabu behandelt. Auch innerhalb der eigenen Hochschule gibt es überraschende Doppelungen, z. B. bei Ausrüstungsgegenständen – zwei gleichartige Filmprojektoren stehen in benachbarten Räumen, gehören aber verschiedenen Fachbereichen. Eine zentrale, planende Hand scheint selbst innerhalb desselben Verwaltungssystems nicht zu existieren – oder aber sich mit Rücksicht auf die Eigenwelt der einzelnen Fachbereiche zurückzuhalten. Herr Schmidt kann angesichts solcher Zustände nur staunen, erst recht, wenn er sich ausmalt, wie dieses Prinzip in der Gesamtstruktur des Landes wirken muß. Wahrscheinlich, so stellt er sich eine mögliche Rechtfertigung des unkoordinierten Nebeneinanders so vieler ähnlicher Einheiten so vor, wahrscheinlich überwiegt der Nutzen einer Vielzahl gleicher Bemühungen den Nachteil, der entstünde, wenn man ihre Menge durch erzwungene Zusammenarbeit, durch zentrale Lenkung verringern und dabei einander fremde Menschen in neue Bezugsgruppen pressen würde.

Herrn Schmidts frühere Meinung über japanische Effizienz allerdings gerät eine Zeitlang ins Wanken; er meint, an Wunder glauben zu müssen, wenn die Industrie mit solchen unabhängigen Kleingruppen jene Erfolge erzielt haben sollte, die in den Bilanzen zu erkennen sind. Aber die Werksbesichtigung einer großen Motorradfabrik zeigt ihm, daß das japanische gesellschaftliche System auch das Rezept zur Überwindung der bisher beobachteten Aufsplitterung bereithält. In diesem großen Werk ist der einzelne nicht etwa auf seine Berufssparte – z. B. als Elektriker – fixiert; er sieht auch nicht nur die Produktionseinheit – z. B. einen bestimmten Fließbandabschnitt einer Werkshalle –, sondern das gesamte Werk und darüber hinaus die Firma, die überall in Japan präsent ist und von ihrer Tokyoter Hauptverwaltung zentral gelenkt wird. Herr Schmidt entdeckt auch Mechanismen, die dieses Identifikationssystem stützen und mit recht großem Aufwand von dem Unternehmen gepflegt und entwickelt werden: die Bereitstellung sozialer Leistungen (Ferienheime, Kindergärten, Werkswohnungen, Heiratsbeihilfen); die Sicherheit des Arbeitsplatzes für alle festangestellten Arbeitnehmer (im Gegensatz zu den vielen Saisonarbeitern); eine sozusagen werkseigene Gewerkschaft, die ihm wie ein deutscher Betriebsrat vorkommt; und schließlich – als wichtigsten Unterschied gegenüber den deutschen Gegebenheiten – das auf den ersten Blick so unangenehme Rotationsverfahren bei der Beschäftigung. Hier gibt es keine «Facharbeiter», die jahraus, jahrein dieselbe Tätigkeit ausüben und möglicherweise ihr Leben lang in derselben Umgebung tätig sind, sondern «Allround»-Kräfte für jeweils eine größere Zahl verschiedener Aufgaben. Werksangehörige werden im Prinzip von Anfang an turnusmäßig versetzt, von einer Tätigkeit zur anderen, und gewinnen dadurch außer einem gewissen Überblick über die gesamte Produktion zugleich eine Flexibilität, die ihre deutschen Kollegen nicht besitzen können. Was Herrn Schmidt jedoch ebenso wichtig erscheint, sind die üblichen Versetzungen in andere, auch weit entfernte Werke des Unternehmens, für kürzere oder längere Zeit, die von den Betroffenen zwar ohne Begeisterung, aber immerhin hingenommen werden, obwohl es oft nicht möglich zu sein scheint, die Familien mitzunehmen. Über dieses *tanshin funin*-Versetzungssystem informiert sich Herr Schmidt eingehend. Es stellt schließlich eine der größten Härten im japanischen Sozialgefüge dar, gibt aber vielleicht auch die Antwort auf die Frage nach dem inneren Zusammenhalt der großen, weitverzweigten Firmen.

Herr Schmidt beginnt, im sonstigen gesellschaftlichen Bereich nach Erscheinungen ähnlicher Art zu suchen, die die Homogenität und Effizienz der Gemeinschaft trotz der anscheinenden Aufsplitterung in Einzelgruppen möglich machen. In seiner unmittelbaren Nähe, also an der Hochschule, gibt es natürlich auch eine gewisse Mobilität, wenn auch nicht so ausgeprägt wie daheim in Deutschland, wo auch heute noch Studenten die Universität wechseln und man dazu neigt, bei Berufungen neuer Professoren Wissenschaftler aus dem eigenen Haus auszuschließen. Immerhin scheint es, auf die Verhältnisse an der Universität von Kumamoto bezogen, normal zu sein, zum Studium das Elternhaus und den Heimatort zu verlassen, um später nach dem Abschluß entsprechend den verfügbaren Stellen an wieder einen anderen Ort zu wechseln (der allerdings dann oft der endgültige ist). Und der Kreis der akademischen Lehrer ist nicht oder nur zum Teil «provinziell»; die meisten sind in Japan herumgekommen, haben in Tokyo studiert und fühlen sich dem Ganzen, und nicht nur ihrem gegenwärtigen Wohnort, verbunden.

Für die Mehrheit der Menschen einer Stadt wie Kumamoto gilt dies so natürlich nicht; sie sind bodenständig und haben andere Gegenden Japans nur auf Reisen kennengelernt. Auch in Tokyo, der durch ständigen Bevölkerungsaustausch mit den Provinzen verflochtenen Riesenstadt, gibt es einen Stamm dort wirklich beheimateter Menschen, die echten «Edokko», von denen viele freilich auch nur ihre Stadt oder ihr Wohnviertel kennen.

Dennoch existiert in Japan offenkundig eine starke Identifikation mit dem Ganzen, eine Gefühlseinheit zwischen den Kleinstädten des nördlichen Honshu und denen des so weit entfernten Südendes von Kyushu.

Für Herrn Schmidt, dem die eigenen, deutschen Identifikationsprobleme durch seine Beschäftigung mit Japan immer bewußter geworden sind, ist die Antwort auf die Frage, wie dies möglich ist, nicht leicht. Die durch die Insellage vorgezeichnete Isolierung allein kann es nicht sein, sonst müßte sich von Großbritannien etwas Ähnliches sagen lassen, doch die Rivalität zwischen Engländern und Schotten, von den anderen «Briten» ganz zu schweigen, verbietet dies offenbar. Der Grund für die Einheit Japans bis in den innersten gesellschaftlichen Kern ist demnach an einer anderen Stelle zu suchen.

Für Herrn Schmidt bleibt als Ursache schließlich die historische Entwicklung, vor allem während der Edo-Zeit. Die Abschließung des Landes hat – so stellt er es sich vor – auf das kollektive Bewußtsein wie eine Dampfhaube gewirkt und äußerst haltbare Formen geprägt. Wenn er die Struktur der inneren Kommunikationswege Japans betrachtet, kommt er immer wieder auf jene Zeit zurück. Er gewinnt den Eindruck, daß die japanische Gesellschaft nur sehr oberflächlich die Züge einer modernen Demokratie angenommen hat, in Wirklichkeit aber eher eine Fortsetzung des alten Feudalstaates ist. Bei dieser Feststellung zuckt Herr Schmidt als guter deutscher Demokrat ein wenig zusammen, doch rasch beruhigt er sich wieder – schließlich befindet er sich in Japan . . . Oder ist er am Ende vielleicht selbst auf einem gefährlichen Weg?

Sein Bild des modernen Japan zeigt anstelle einer breitgestreuten Schar gleichberechtigter Menschen, deren politischer Wille, sanft nach oben ansteigend, sich in Parteien und Abgeordneten verkörpert und an der Spitze in der Regierung vereinigt, eine Reihe von Strahlennetzen vertikaler Verbindungslinien. Das Ganze ähnelt den langästigen Kirschbäumen im

Stadtgarten, deren einzelne Zweige mit Bindfäden an hohen Stangen befestigt sind, so daß man in einen Wald von Strahlenpyramiden aufzublicken meint. Eine dieser imaginären Pyramiden ist auf den Kaiser ausgerichtet – ausgehend von den einzelnen Menschen und ihren Gemeinschaften; eine andere zeichnet die Verwaltungswege der Präfekturen und der Zentralregierung nach und ist von der ersten durch ihre kräftigeren, freilich auch weniger zahlreichen Striche unterschieden; wieder andere, schon in komplizierteren Fügungen, lassen die Wirtschaftsstrukturen erkennen. Die Szene gleicht, von oben betrachtet, einem systematisch geordneten Gebirge und weckt in Herrn Schmidt ein Gefühl der Sehnsucht: Dort, in der Geborgenheit eines dieser Gebilde zu existieren, sich um den eigenen Standpunkt nicht immer neu definierend sorgen zu müssen, einen engen Kreis von Beziehungen um sich, die Autorität der Pyramidenstufen und des Kaisers über sich – diese Vorstellung erscheint ihm für eine Weile verlockend. Er erkennt, daß es nicht so leicht ist, mit den Selbstzweifeln des aufgeklärten Menschen zu leben. In einer festgefügten Gesellschaft Rückhalt zu finden, das müßte ihm, genau wie den Menschen, deren Gast – und Verwandter – er nun ist, die Kraft verleihen, große Leistungen zu vollbringen, ähnlich denen, deretwegen die Außenwelt zur Zeit auf Japan blickt. In diesem Moment ist Herr Schmidt in seinem Gefühl ganz Japaner. Er hat es leicht, in dieses Gewand zu schlüpfen, kann er doch in die in diesem Augenblick verschmähte Freiheit jederzeit zurückkehren ...

Es ist eine kurze Vision. Sie wird rasch vom Alltag verdrängt, der ihr nicht nur in mancher Hinsicht zu widersprechen scheint, sondern vor allem auch sehr viel prosaischer ist. Mit dem Fortschreiten der Zeit und weiteren Einblicken nimmt bei Herrn Schmidt, sehr zu seinem Leidwesen, das «blauäugige» Staunen ab; dagegen wächst die Gewißheit, daß eine echte Entscheidung für ihn gar nicht möglich wäre. Bei aller Neigung zum «Japanischen» und trotz einer so liebevollen Führerschaft wie der durch seine Frau spürt er das Trennende, das von den gesellschaftlich bedingten Verhaltensweisen ausgeht. Insbesondere ist da ein Faktor, eine Triebkraft, die er im Gegensatz zu den japanischen Kollegen besitzt und früher gar nicht beachtet hatte: die Neugier auf das noch Unbekannte, das Fremde – eben die Kraft, die ihn nach Japan geführt hatte. Die Fälle, in denen er bei anderen Neugier erwartet und nicht antrifft, häufen sich. Es scheint eine Sache der Gewohnheit und wohl auch der Erziehung zu sein, diesen Trieb zu unterdrücken oder zumindest nicht so zu entwickeln, daß er zu einem wertvollen Bestandteil der menschlichen Existenz werden könnte.

Herr Schmidt spürt, daß mit den Menschen hier etwas vorgeht, das sie in Richtung auf eine durchgängige Selbstbeschränkung festlegt: Während ihn die Schulkinder hier in der Provinz umringen und einander aufgeregt zurufen, daß da ein Ausländer, *gaijin*, zu sehen ist, stößt er bei den Erwachsenen nicht nur auf höfliche Zurückhaltung, sondern er muß, weit darüber hinausgehend, sogar eine völlige Abtrennung ihrer und seiner Welt konstatieren – soweit man nicht als Kollege oder Nachbar mit ihm zu tun hat. Und dies betrifft nicht ihn allein, ist nicht etwa Ausländerfeindlichkeit, was bei der sonst so großen Herzlichkeit auch ganz unwahrscheinlich wäre, sondern läßt sich genauso beim Verhalten der Japaner untereinander beobachten. Es scheint, als säße jeder von ihnen in einem Kasten und könnte die in den anderen Kästen lebenden Menschen kaum wahrnehmen, es sei denn durch Fernsprech- oder Fernsehverbindungen, die aber nicht «allgemein», sondern «nach Gruppenzugehörigkeit» geschaltet sind. Und das gleiche gilt offenbar für die von den Menschen zu bewältigenden Aufgaben. An der Universität kann Herr Schmidt keine Beispiele interdisziplinärer Forschung finden; und in Gesprächen mit den Fachkollegen stellt er eine stärkere Konzentration auf einzelne Spezialgebiete fest, als er es von Deutschland her gewohnt ist, eine Fixierung, die einige von ihnen in seinen Augen auf geradezu unwissenschaftliche Weise einschränkt (auch wenn sie vielleicht intensivere Arbeit ermöglicht).

Das gleiche Phänomen meint er auch im «geistigen Privatleben» der Kollegen beobachten zu können. Hier zögert er zwar sehr, ein abschließendes Urteil zu fällen, weil er mit der Möglichkeit rechnet, daß der unterschiedliche kulturelle Hintergrund zu ganz inkongruenten Zielen und Normen geführt hat, so daß er selbst den Kollegen vielleicht einen ähnlichen Eindruck vermittelt; aber offenbar sind deren Interessen im außerfachlichen Bereich tatsächlich ähnlich konzentriert, wie er es im fachlichen täglich miterlebt. Dies betrifft nicht nur das europäische «Bildungsgut», sondern überraschenderweise auch das japanische. Ebenso zeigen einige der sonst sehr aktiven Wissenschaftler wenig Interesse für das Zeitgeschehen. Herr Schmidt hatte anfangs mit, wie er dann erkennt, europäischem Hochmut und in völliger Verkennung der Lage fast mitleidig über ihr Hinterwäldlertum gelächelt, bis ihm aufging, daß das Ideal der «Allgemeinbildung» ganz offensichtlich nicht universell ist und eben der typisch mitteleuropäischen Situation entstammt. Warum soll man auch, so fragt er sich nun, beim Anhören eines Musikstücks sofort den Komponisten, die Tonart und die Nummer im Werkverzeichnis erkennen können? Im nachhinein kommen ihm manche gebildeten Unterhaltungen der Vergangenheit geradezu lächerlich vor. Andererseits aber bleibt ihm auch der für sein Gefühl doch sehr eingeschränkte Blickwinkel der Menschen um ihn herum fremd, und er bemüht sich zunehmend, Gespräche zu vermeiden, die über das Fachliche und allgemein Gesellschaftliches hinausgehen.

Dann, eines Tages, geht ihm auf, daß die anderen offenbar genauso verfahren. Es scheint so etwas zu geben wie ein rücksichtsvolles Verschweigen dessen, was man selbst weiß oder entdeckt hat, wegen seiner «Nebensächlichkeit» dem anderen aber nicht aufzwingen möchte. Könnte demnach die «Zurücknahme der Allgemeinbildung» ein weiteres Phänomen der japanischen Kultur sein?

Eine Ausnahme bilden offenbar die persönlichen Hobbys. Zu seiner Verwunderung wird Herr Schmidt in der ersten Zeit immer wieder von allen möglichen Leuten gefragt, wofür er sich denn außerberuflich am meisten interessiere – was er zunächst nicht recht beantworten kann, weil er eigentlich viele Interessen, jedoch kein ausgesprochenes Steckenpferd hat. Als er merkt, daß fast jeder der Kollegen ein solches Hobby, «Shumi», betreibt, erfindet oder definiert er schließlich auch für sich eines und erklärt die Beschäftigung mit japanischen Farbholzschnitten, «Ukiyo-e», zu seiner besonderen Liebhaberei. Allmählich ist ihm aufgegangen, daß die Kollegen es zum Teil nicht anders machen – der «Fotoamateur» unter ihnen hat z. B. nicht viel mehr aufzuweisen als eine teure Kamera und gelegentliche Schnappschüsse, etwa vom Aso-Ausflug, deren Abzüge er dann freigebig verteilt, die aber in künstlerischer Hinsicht keine höheren Ansprüche erfüllen. Könnte es sein, daß hier ein der zur Schau gestellten Allgemeinbildung korrespondierendes Prinzip das Verhalten bestimmt? Daß man zwar nicht in des Nachbars Haus blicken oder seine Räume den Fremden öffnen, wohl aber selbst am Eingangstor Namen und Gewerbe weithin sichtbar bekanntgeben soll? Sicherlich ist das ein wichtiger Gesichtspunkt, denn seit seiner selbstgewählten Etikettierung wird Herr Schmidt nicht weiter mit neugierigen Fragen bedrängt; er ist nun für alle Zeiten der Deutsche mit der «Ukiyo-e»-Neigung – und erhält vor seiner Rückkehr nach Deutschland als Abschiedsgeschenk ein besonders schönes und wertvolles Bild von Hiroshige.

Die Beschäftigung mit einem Hobby und dessen «Vorzeigen» ist in Japan geradezu eine Manie. Nicht nur im Kollegenkreis, auch weit darüber hinaus, in allen Winkeln und Schichten der Gesellschaft, entdeckt Herr Schmidt Hobbyköche, die eigentlich Richter, Sänger oder Schriftsteller sind, aber in der Öffentlichkeit, z. B. in den großen Zeitschriften, als Köche herausgestellt werden. Besonders seltene oder seltsame Beschäftigungen finden zusätzliche Anerkennung, so die mit Produktion, Verarbeitung und Verzehr der japanischen Buchweizennudeln, *soba*, mit der ein Mathematikprofessor im Nachbarinstitut befaßt ist und die bis zur Veröffentlichung eines Buches über Philosophie und Ästhetik der Soba-Nudel führt.

Herr Schmidt lächelt darüber nur zu Anfang; dann gerät er ins Sinnieren. Woher mag dieser Drang zu einem Steckenpferd in einer Gesellschaft wie der japanischen kommen? Könnte man darin einen Ausdruck von Gefolgschaftstreue sehen, die stellenweise nur so sehr abgewandelt ist, daß man den Gefolgsherrn nicht mehr erkennt? Herr Schmidt kommt zu dieser Hypothese, als er die Hobbys der Menschen um ihn herum vergleicht und feststellt, daß, außerhalb des Kreises der Intellektuellen, viele Anhänger eines der großen Baseballklubs sind – eine Tatsache, die ihn daran erinnert, daß es in Deutschland ähnliches beim Fußball gibt.

Jedenfalls ist ihm klar, daß «Individualismus» in Japan nicht allzu verbreitet ist. Normal schien hier eher die Zurücknahme der Persönlichkeit zu sein – in der äußeren Erscheinung, im Verhalten, selbst im Denken; zumindest dann, wenn andere beteiligt oder auch nur in der Nähe waren. Herr Schmidt erlebt während seines Japanaufenthalts kaum einmal, daß sich Erwachsene in öffentlichen Verkehrsmitteln lebhaft oder gar lärmend unterhalten. Üblich ist vielmehr, sich nach dem Einsteigen und der Suche nach einem Sitz- oder Stehplatz sofort demonstrativ von der Außenwelt zurückzuziehen, die Augen zu schließen und – scheinbar – zu schlafen, bis die Zielstation erreicht ist.

Mit dieser Zurücknahme alles Eigenen hängt wohl auch die weitgehende Gleichförmigkeit in den Konsumnormen zusammen. Die Beherrschung des Weltmarktes durch japanische Produkte in den Bereichen von Kameras, Transistorradios, Fernsehgeräten, Videorecordern, Computern wie auch von Autos und Motorrädern ist in erster Linie die Folgeerscheinung eines rasch entstandenen, riesigen innerjapanischen Bedarfs. Neue Errungenschaften der Unterhaltungstechnik etwa passen eben gut in die japanische Szene, werden von der Werbung umgehend zum «normalen» Bedarfsartikel erklärt und dann ohne Konflikte vermarktet. Dabei fällt auf, daß es sich bei fast allen Erfolgsprodukten um «männliche» Bedarfsgüter handelt. Die Käufer sind überwiegend Männer, auch wenn die Kameras, Videogeräte und Heimcomputer dann von den Kindern und zu einem gewissen Teil auch von den Ehefrauen mitbenutzt werden. Waschmaschinen, elektrische Küchengeräte und ähnliches, Dinge also, die zur Erleichterung der Haushaltsarbeit dienen und in Deutschland relativ hoch im Kurs stehen, sind weniger gefragt. Die modernen Sportarten, vor allem Baseball und Golf, sowie die Unterhaltungsindustrie mit ihren Pachinko-Spielhallen und Bars gehören ebenfalls zur dezidiert männlichen Konsumsphäre.

Die bereits beschriebenen Feste («Matsuri») hingegen sind, wie vieles, was in traditionellen Bahnen verläuft, beiden Geschlechtern zugänglich. Wenn auch mit Abstufungen, so werden doch grundsätzlich Sumo, die Teekunst, das Blumenstekken, No und Kabuki von Männern und Frauen gleichermaßen akzeptiert. Dabei spielt es keine so große Rolle, daß Sumo nur von Männern ausgeführt wird, im Kabuki-Theater aus historischen Gründen auch die Frauenrollen mit Männern besetzt sind und umgekehrt das Blumenstecken von viel mehr Frauen als Männern betrieben wird.

Für Herrn Schmidt kommt die Intensität, mit der man sich allenthalben mit traditionellen Dingen beschäftigt, recht unerwartet. Er hatte zwar gehofft, das «alte Japan» bei seinem Aufenthalt noch finden zu können, und war deshalb gern auf diese südliche Insel gegangen. Daß dieses «Alte» aber dermaßen stark erhalten bzw. als lebendiger Bestandteil in das moderne Leben integriert ist, überrascht ihn doch. Schon bald stellt er fest, daß die Schale Tee, die ihm, dem neuangekommenen Gast, in der Familie eines Kollegen angeboten wird, keine Ausnahme ist – diese Familie bildet nicht etwa im Sinne der besonderen «Hobbys» eine mit dem imaginären Etikett «Teekunst» zu versehende Einheit innerhalb der örtlichen Wissenschaftlerkommune. Eine oder mehrere Teeschalen besitzt, wie Herr Schmidt registriert, eigentlich jede Familie, und jeder Erwachsene weiß damit umzugehen, zumindest als «Gast» sich korrekt zu verhalten; und auch die «Gastgeber»-Rolle der Teezeremonie ist offenbar von sehr vielen Menschen eingeübt worden. Auf seine Nachfrage hin erfährt er, daß die großen «Teeschulen» noch nie so viele Schüler und Mitglieder gehabt haben wie in den Jahrzehnten seit dem Zweiten Weltkrieg. Die Teekunst, ebenso auch das Blumenstecken und die anderen stillen Zeremonien der japanischen Kultur sind hinter der modernen Fassade des Alltagslebens lebendiger denn je, und zwar nicht nur in der Provinz, sondern auch und gerade in den Großstädten. Berichte deutscher Bekannter aus Tokyo, mit denen Herr Schmidt Kontakt hat, scheinen dem für die riesige Hauptstadt zwar zu widersprechen, aber es stellt sich heraus, daß gerade dort die eigentlichen Zentren der Verbände und ihre größten Aktivitäten zu suchen sind. Allerdings ist auch die Trennung der japanischen und der Ausländerwelt wohl nirgends so ausgeprägt wie in Tokyo, wodurch sich die unzutreffenden Angaben dieser Bekannten erklären.

Von dem Traditionellen, das sich in Sicht- und Reichweite abspielt, interessiert Herrn Schmidt außer den örtlichen «Matsuri» am meisten der Ringkampf der dicken Männer, Sumo. Fast alle zwei Monate hat er reichlich Gelegenheit, über das nationale Fernsehen dem jeweils vierzehntägigen Turnier beizuwohnen, das in seiner zweistündigen Endphase immer am Nachmittag direkt übertragen und von dem nach den Spätnachrichten eine ausführliche Zusammenfassung gebracht wird. Die Existenz, Organisation und Wirkung dieses Schausports erscheinen Herrn Schmidt anfangs geradezu unfaßbar. Mit seinen Ausländeraugen sieht er zunächst nur das Groteske der Erscheinung dieser nackten Kolosse und kann nicht begreifen, daß die Zuschauer nicht mit derselben Mischung aus Entsetzen und Erheiterung, wie er sie empfindet, reagieren. Aber allmählich beginnt auch er, die Kämpfer zu unterscheiden, ihre unterschiedlichen Persönlichkeiten zu würdigen und wie alle Kollegen Partei für den einen oder anderen zu ergreifen. Schließlich ist ihr Körpergewicht für ihn nicht mehr als ein Moment einer langfristigen Kampfstrategie. Er bekommt ein Gespür für die Reinheit dieses so vergeistigten Kampfsports, dessen Wirklichkeit viel weniger in den oft nur Sekunden dauernden Kämpfen liegt als in dem gewissermaßen psychischen Ringen der Gegner in den Minuten vor ihrem Aufeinanderprall, im Ritual der Kampfvorbereitung und vor allem im asketisch-entrückten und zugleich orgiastisch-irdischen Leben der «Sumotori» während der etwa fünfzehn Jahre ihrer aktiven Laufbahn. In der Kampfstätte unter dem shintoistischen Tempeldach mit dem von kultisch reinigendem Salz glitzernden Boden und den in feierlichen Brokat gekleideten Schiedsrichtern erkennt er die Verbindung zu einer über die menschliche hinausreichenden Welt. Und wie die Japaner hat Herr Schmidt in den Sumo-Ringern eine relativ kleine, geschlossene Gruppe von «Helden» vor Augen, deren in jedem Punkt geordnetes Leben als Modell zu nehmen wäre, zwar nicht für die Realität der eigenen Existenz, aber doch im geistig übertragenen Sinn. Allein das Gefühl, mit allen Menschen dieser Kultur verbunden zu sein, sich in einem durch allseitigen Konsens aus dem Banalen zum Übermenschlichen erhobenen Sport als Teil des Ganzen empfinden zu dürfen – wie es durch die Anwesenheit des Kaisers an einem Tag jedes Tokyoter Turniers auch symbolisiert wird –, dieses Gefühl läßt Herrn Schmidt beim Zuschauen gelegentlich einen «heiligen Schauer» den Rücken hinunterlaufen, ehe er sich als aufgeklärter Deutscher gewissermaßen selbst zur Ordnung ruft.

118

Eingespannt in die Arbeit an seinem Institut und manche Verpflichtungen seiner privaten Welt, wird er zwar nicht selbst Mitglied einer geistig verbindenden Gruppe von Sport-, Tee-, Malerei- oder Meditations-Adepten, aber er versteht nun deren Funktion im gesellschaftlichen Gefüge des japanischen Volkes; und es überkommt ihn fast so etwas wie Neid und Sehnsucht nach einem verlorenen Paradies, wenn er den eigenen Standpunkt betrachtet.[13]

Männer und Frauen

Alltagsleben · Leitbilder 1: Ritter, Gentlemen und Samurai ·
Leitbilder 2: Damen, Mütter, Konkubinen · Kunstfiguren ·
Von «Woman's Lib», Wiedergeburt und Mischehen

Nach dem ersten Jahr seines Aufenthalts in Kumamoto steht
Herr Schmidt der ihn umgebenden gesellschaftlichen Welt
zweifellos positiver gegenüber. Er hat eine solche Fülle schöner
Erlebnisse gehabt, immer wieder selbstlose Hilfe von den Kollegen erfahren und auch in seiner wissenschaftlichen Arbeit die
erhofften Fortschritte gemacht, daß er schon aufgrund dessen
zufrieden sein könnte. Hinzu kommen die angenehmen Lebens-
bedingungen der Stadt Kumamoto; landschaftliche Schönheit,
das Traditionsbewußtsein und die gesellschaftlichen Formen
der Menschen sagen ihm sehr zu. Und über allem schwebt natürlich der gute Geist der Liebe zu seiner jungen Frau, der un-
endliches Verständnis vermittelt . . .

Diesem Geist ist es sicher auch zu verdanken, wenn Herr
Schmidt über lange Zeit eigentlich niemals das Gefühl bekommt, den «grauen Alltag» meistern zu müssen, in der «Fremde» zu sein. Auch die gesellschaftlichen Gegebenheiten empfindet er als durchweg angenehm. Ihre Uniformität ist ihm, dem
gerngesehenen Gast, der sich so gut anzupassen weiß (und sich
doch nicht dazu gezwungen fühlt), eine erstrebenswerte Alternative zu der eigenen, regellos erscheinenden Lebensform.

Wir, die wir seinen Weg der Erkenntnis mit Schmunzeln,
auch mit einer Mischung aus Neid und Skepsis verfolgen, wollen ihn nun, einige Monate nach der Hochzeit, in seinem Alltagsleben besuchen und als kritische Europäer sehen, wie es tat-

sächlich mit der Harmonie bestellt ist. Wir finden das junge Paar beim Frühstück in der kleinen Küche der Dienstwohnung. Er hat Kaffee und Toast vor sich; sie eine Schale Reis, im automatischen Reiskocher per «Timer» frisch gekocht, etwas Fisch, dazu eingelegtes Gemüse und grünen Tee. Sie sprechen von den Gästen, die sie am Abend erwarten, Verwandte, die heute den Besuch erwidern wollen, den das junge Paar ihnen vor einiger Zeit abgestattet hat. Herr Schmidt lächelt, obwohl er sich gerade Gedanken darüber macht, wie und worüber er mit den Gästen reden soll. Bei dem ersten Treffen war es doch recht steif hergegangen; selbst da, wo man ein gemeinsames Thema gefunden hatte, war die Verständigung nicht einfach gewesen. Auch jetzt, bei dem Gespräch mit seiner Frau, merken wir rasch, daß trotz ihres mehrjährigen Deutschstudiums und seiner eigenen Bemühungen um das Japanische die Kommunikation nicht ganz flüssig verläuft, daß sich vielmehr beide Partner ständig auf gewundenen gedanklichen Pfaden bewegen, während sie dem Ziel des gegenseitigen Verständnisses zustreben. Es scheint auf beiden Seiten reichlich Hindernisse zu geben. Doch beim Abschied des Ehemannes leuchten beide Augenpaare: Das Glück der Liebe läßt derlei Unvollkommenheiten nicht spürbar werden.

Auf dem kurzen Weg zum Institut hat Herr Schmidt die üblichen Begegnungen: vor allem mit den Schulkindern, die sich immer noch nicht an ihn gewöhnt haben, obwohl sie ihn nun eigentlich alle gesehen haben müßten. Auch heute umringen sie ihn und rufen ihre Freunde mit dem Hinweis herbei, hier sei ein Ausländer, *gaijin*, zu besichtigen. Wie immer antwortet er ihnen mit ein paar netten Worten auf japanisch und freut sich über ihre strahlenden Gesichter. Auch die Kaufleute grüßen ihn laut von ihren zur Straße hin offenen Geschäften; es ist ein glückliches Gefühl, als Gast hier zu sein und dazuzugehören. Im Institut ist es nicht anders. Nachdem er in seinem nun gut eingerichteten Studierzimmer, das er, anders als die meisten, nicht mit einem Kollegen zu teilen braucht, die Mappe abgelegt hat, begibt er sich in die Forschungsabteilung, wo im Labor schon die meisten Kollegen versammelt sind und sich bei der ersten Tasse Tee über das heutige Pensum beraten. Es sind etwa dreißig Männer, die hier zusammenarbeiten, fast alle verheiratet. Wie es an diesem Institut nur eine einzige Frau gibt, die zwar auch akademisch voll ausgebildet ist, aber nur die Kartei und einigen Schriftwechsel führt und im übrigen «den Tee kocht», so finden sich an der gesamten Fakultät außer den (unverheirateten) Instituts-«Assistentinnen» keine weiblichen Wissenschaftler. An der auf der anderen Seite des Campus gelegenen literarischen Fakultät, die Herr Schmidt wegen der dortigen deutschen Abteilung manchmal besucht, ist es kaum anders: Dort sind seit einiger Zeit immerhin zwei Damen im Dozentenrang tätig, etwa ein Prozent aller Wissenschaftler. Aber Herr Schmidt hat sich rasch daran gewöhnt, daß Frauen zumindest im Wissenschaftsbereich keine aktive Rolle spielen. Schließlich ist es ja auch an den Universitäten zu Hause kaum anders.

Die Arbeit im Labor macht ihm Spaß. Er hat es dank des freundlichen Entgegenkommens des Institutsleiters so einrichten können, daß er das Forschungsgebiet, auf dem er in Deutschland tätig war, auch hier beackern kann. Nachdem er die Apparatur dazu aufgebaut hatte, wurden ihm zwei Doktoranden zugeteilt, so daß die experimentelle Untersuchung relativ rasche Fortschritte macht. Dabei ist die Arbeit insgesamt ruhig. Man geht gelegentlich herum, plaudert etwas mit den anderen Arbeitsgruppen; auch sieht man schon einmal Kollegen bei einem Mahjong-Spielchen. In der ausgedehnten Mittagspause sind alle draußen auf dem Institutsgelände und üben Baseball. Hektik, wie Herr Schmidt sie von Deutschland her gewohnt ist, fehlt hier ganz. Dafür geht man in aller Regel auch erst spät abends nach Hause und arbeitet an sechs Tagen in der Woche. Die Fenster der eigenen Fakultät sind wie die der Techniker und der Mediziner in den gegenüberliegenden Universitätsgebäuden bis in die Nacht erleuchtet, während die der geistes- und gesellschaftswissenschaftlichen Fachrichtungen im allgemeinen dunkel bleiben – diese Kollegen arbeiten dann zu Hause, wie es heißt.

Allerdings gibt es auch im eigenen Institut viele Ausnahmen von der Regel des dauernden Beschäftigtseins, da noch über dem Arbeitsfleiß das Ideal der Gemeinschaft rangiert. Und so werden gemeinschaftsfördernde Feiern in der Stammkneipe mindestens einmal wöchentlich angesetzt: an Geburtstagen, bei der Beförderung eines Kollegen, aus Anlaß des Besuchs eines Wissenschaftlers usw. – immer ist man vollzählig beisammen.

Private Angelegenheiten haben da zurückzustehen; und auch der Familienbesuch, den das junge Ehepaar heute erwartet, ist nur an einem Tag ohne Gemeinschaftsfeier möglich. Das ebenfalls ein wenig unangenehme Gefühl, die Kollegen bei ihrer bis in die Abendstunden fortdauernden Arbeit allein zu lassen, ist im Verhältnis zu dem Gefühl des «Schwänzens» einer Feier ungleich erträglicher. Aber Herrn Schmidt sieht man ohnehin manches nach, auch, daß er als junger Ehemann nun mittags kurz in die nahe gelegene Wohnung geht, während alle anderen ihr mitgebrachtes oder in der Nachbarschaft bestelltes Essen, *o-bento*, gemeinsam am langen Tisch des Bibliothekszimmers verzehren. Für Herrn Schmidt ist es eine Erleichterung, daß seine junge Frau es ganz selbstverständlich akzeptiert, wenn er, wie in seiner Junggesellenzeit, normalerweise auch abends im Institut bleibt oder mit den Kollegen feiert. Das ist nun einmal so, die anderen Familien sehen die Väter ja auch nur an Sonntagen. Herr Schmidt denkt flüchtig daran, wie es denn wäre, wenn er mit einer jungen deutschen Ehefrau oder mit einer ganzen deutschen Familie hierhergekommen wäre. Aber ein Konflikt zwischen Arbeitswelt und Familie besteht für ihn glücklicherweise nicht, und er kann diese beunruhigende Vorstellung rasch wieder verdrängen.

Auch die freien Abende beginnen für ihn in der Regel erst spät; Theater- und Konzertbesuche, ein Zusammentreffen mit anderen Familien bei Abendeinladungen, wie er es von Deutschland her gewohnt ist, spielen kaum eine Rolle. Doch unter dem Eindruck der allgemeinen Übereinstimmung empfindet er auch in dieser Hinsicht keinen Mangel und fühlt sich wohl. Anfangs ist sich Herr Schmidt nicht ganz sicher, worin für ihn die Attraktivität des Lebens in Japan sonst noch besteht – es ist wohl die Summe der kleinen Dinge des Alltags: das heiße Bad am Abend; das so schön angerichtete Essen; die Düfte der Teeläden und der Tempel; der Gesang der «Uguisu»-Nachtigallen und das Gezeter der «Semi»-Zikaden im heißen Sommer; die unveränderliche Freundlichkeit der Menschen – all das zusammen erfüllt ihn mit Glück.

Wir haben die romantische Begegnung unseres deutschen Helden mit seiner Frau und die Zeit ihrer jungen Liebe ausgeblendet, da in diesem Fall das Sortieren nach «deutschen» und «japanischen» Kategorien ein wenig schwierig geworden wäre. Auch über ihre 14tägige Hochzeitsreise nach Deutschland haben wir nicht berichtet. Das Abenteuer der Verbindung dieser beiden Herzen hätte ohne Zweifel den Fluß unserer typisierenden Erzählung von der gesellschaftlichen, interkulturellen Vereinigung ungebührlich stark unterbrochen.

Im übrigen ist die Tatsache einer mehr als einwöchigen Abwesenheit eines Wissenschaftlers von seinem Platz im Labor aus einem so erfreulichen wie zugleich nebensächlichen Grunde wie einer Heirat keineswegs typisch für die japanische Situation. Aber die «Gesellschaft» der Kollegen hat bei ihm, dem Ausländer, ein Auge zugedrückt; und auch die Universitätsverwaltung, so muß man hinzufügen, hat der verlängerten Absenz gewissermaßen gnädig zugestimmt, vor allem, weil hier kein eigentlicher Anstellungsvertrag vorliegt, und auch, weil Herr Schmidt darauf verzichtet hat, Japan länger als die besagten zwei Wochen zu verlassen. Ein normaler Dienstvertrag würde ja selbst für ihn, den ausländischen Gastwissenschaftler, einen Jahresurlaub von maximal

20 Tagen vorschreiben und im ersten Aufenthaltsjahr zusätzlich Auslandsreisen einschränken.

Ganz abgesehen jedoch von derlei Restriktionen, erlaubt sich, wie Herr Schmidt feststellt, keiner der Kollegen trotz der «Semesterferien» Abwesenheiten, die über wenige Tage pro Jahr hinausgehen; ja, es ist offenkundig, daß nicht einmal der Wunsch danach wirklich besteht. Das Leben in seinen so geordneten Formen permanenter gemeinschaftlicher Arbeit – bzw. bei den Ehefrauen in der gleichmäßig verlaufenden Bemühung um Kindererziehung, Haushalt und Kulturelles – wird nicht in Frage gestellt. Gewiß, es gibt auch Mechanismen, die einer Veränderung dieses Zustandes von vornherein entgegenwirken, wie z.B. das Fehlen eines geregelten Vertretungssystems während eines Urlaubs, wodurch dem Abwesenden das Gefühl vermittelt wird, den anderen seine Arbeit aufgebürdet zu haben und damit das Gebot der zwischenmenschlichen Rücksichtnahme zu verletzen. Entscheidend für die notorische Nichtausnutzung der Urlaubsmöglichkeiten ist aber wohl das Verantwortungsbewußtsein des einzelnen in bezug auf den Fortgang der gemeinsamen Arbeit und gleichzeitig das Glücksgefühl, täglich in der harmonischen Großfamilie des eigenen Lebenskreises zu sein und über eine Veränderung dieses Status quo nicht nachdenken zu müssen. Auch Herr Schmidt weiß nach kurzer Zeit, daß er hier, im Bereich seines Hauses, der ihm zuwachsenden Familie, im Kollegenkreis und der stützenden Umwelt der Nachbarn und Kaufleute geborgen ist. Andere Gedanken werden für ihn zumindest während dieser Phase seines Aufenthalts nicht wirksam.

Zur Zeit ist es eigentlich nur ein einziger zentraler Gedanke, der Herrn Schmidt trägt: die Liebe zu seiner jungen Frau. Da er ihre eher schüchterne Zurückhaltung im täglichen Leben als Teil ihres Wesens kennengelernt hat, überrascht ihn ihre Impulsivität, ihre Wildheit in den Stunden des Beisammenseins, und in starkem Gegensatz dazu wieder das Hausmütterchenhafte, mit dem sie ihn bei den gemeinsamen Mahlzeiten umsorgt. Es ist kein Wunder, daß Herr Schmidt sich im Elysium wähnt.

Bei aufmerksamer Betrachtung der Szene sowie des Gesamtzusammenhangs der gesellschaftlichen Funktionen von Frauen und Männern kann freilich auch nicht verborgen bleiben, daß die Rollen der Geschlechter deutlich fixiert sind, daß selbst die Intimität des Liebesverhältnisses von Ehepaaren nicht die Freiheit zu individueller Entscheidung gewährt, sondern in besonderem Maße von gesellschaftlichen Konventionen geformt und begrenzt wird.

Während sich im aufgeklärten Mitteleuropa der Gegenwart die Ehepartner – zumindest der soziologischen oder sozialpolitischen Selbstdefinition nach – «gleichberechtigt» gegenüberstehen, die Lasten und Freuden des Alltagslebens und des Broterwerbs gerecht miteinander teilen, ihre sexuellen Wünsche einvernehmlich befriedigen, Kinder gemeinschaftlich, wenn nicht gar in Gruppen oder Wohngemeinschaften aufziehen – während dort also der Verstand all diese komplizierten zwischenmenschlichen Beziehungen in allgemeinem Konsens zu ordnen scheint, treten in Japan wiederum überindividuelle Konventionen in Kraft, um mit kaum verspürtem Eingriff auch das Allerpersönlichste zu regeln.

Wenn wir auch keine «wissenschaftliche» Einblicksmöglichkeit in diesen Sektor haben, da es keinen japanischen Kinsey-Report gibt, kann man doch von zahlreichen Indizien auf das Sexualverhalten verheirateter Japaner, also eines großen Teils der erwachsenen Bevölkerung, schließen. Einige Entwicklungsstadien sind deutlich genug markiert: Auf die romantische Zeit vorehelicher Beziehungen sowie die Phase des Jungvermähltseins folgt mit der Geburt des ersten Kindes (die in der Regel rasch und planmäßig herbeigeführt wird) die deutlich abgegrenzte zweite lange Periode, in der die Eheleute unversehens Eltern – und nicht mehr Partner – sind. Ganz selbstverständlich wird die gegenseitige Anrede im Familienkreis auf dieses neue

Verhältnis umgestellt, und auch die sexuelle Zuwendung ist entsprechend reduziert – nicht zuletzt, weil das Kind in seinen ersten Lebensjahren im Bett bzw. im «Futon» (d. h. der Schlafmatte) der Mutter, meist zwischen den Eheleuten, schläft. Andere Familienmitglieder in derselben Wohnung und die Enge und Hellhörigkeit der Häuser sind weitere einschränkende Faktoren. Sie erklären die Existenz der vielen sogenannten «Love Hotels» mit ihrer auffälligen äußeren Gestaltung, deren Zimmer stundenweise gemietet und zu ungestörtem Beisammensein genutzt werden.

Unter dem Einfluß solcher Umstände und der ohnehin vorhandenen Rollenerwartung löst sich bei den Ehepartnern die Welt der Familie rasch von der der Sexualität. Ehefrauen sind vor allem Mütter, die nur in begrenztem Maße dem Gatten das «gewähren», was von ihnen verlangt wird, und die kaum mehr selbst sexuelle Aktivität zeigen. Vielen Männern scheint diese Rolle ihrer Frauen insofern ganz recht zu sein, als sie sich nur zu gern von ihnen bemuttern lassen; ihre sexuellen Triebe trennen sie von den ehelichen Beziehungen.

Man kann in einem solchen Verhalten eine der Hauptursachen dafür sehen, daß in Japan das sexuelle Gewerbe derart prosperiert. Trotz merkwürdig inkonsequenter gesetzlicher Einschränkungen blüht die Pornoindustrie, und die Prostitution, seit Jahrzehnten eigentlich ganz verboten, ist weit verbreitet; man kann, z. B. in den «Türkischen Bädern» oder «Soap Lands», leicht Gebrauch von ihr machen. Die Verbote selbst sind, so könnte man sagen, anachronistisch, da sie dem überlieferten Empfinden zuwiderlaufen und entsprechende Tabu-Vorstellungen «aufgesetzt» und erst mit den christlichen Missionaren und später mit den amerikanischen Besatzungstruppen ins Land gekommen sind. An sich wurden und werden bis heute gemäß der beschriebenen Trennung von Ehe und männlicher Sexualität außereheliche sexuelle Kontakte von Männern kaum negativ bewertet. Wohlhabende unterhielten früher oft eine Nebenfrau (*mekake*), die allerdings nicht im selben Haus lebte; weniger gut Gestellte bedienten sich der Prostitution. Und dies dürfte heute kaum anders sein, auch wenn sich mit dem angespannteren Berufsleben und der knappen Freizeit die Intensität solcher Aktivitäten verringert haben mag.

Aus europäischer oder amerikanischer Sicht wird das Schicksal der japanischen Frauen gerade in diesem Punkt oft beklagt.[8] Mit dem christlich-abendländischen Idealbild der Frau ist eine so gleichgültige, ja sogar herabsetzende Haltung nicht in Einklang zu bringen. Für einen typischen Vertreter des Abendlandes wie unseren Herrn Schmidt hat – unbewußt oder uneingestanden – jede Frau etwas von jenen feenhaften Gestalten, die im Mittelalter aus Traumvisionen fahrender Ritter und der religiösen Verehrung der Jungfrau Maria hervorgingen. Die «Ritterlichkeit» und Höflichkeit des deutschen Mannes offenbart sich im öffentlichen Alltagsleben heute ja auch darin, daß er der Frau – mehr oder weniger symbolisch – «dient», indem er ihr den Vortritt läßt, in den Mantel hilft usw. Das Gebot der ehelichen Treue ist zwar ein wichtiger Teil des Sozialvertrages bei der Verbindung von Mann und Frau und wird auch in Japan so verstanden, doch gibt es Unterschiede in der Auffassung dessen, war darunter fällt. Der sexuelle Aspekt steht zumindest nicht an erster Stelle. Sexuelle Untreue des Mannes führt relativ selten zur Ehescheidung. Wenn ein «Ehebruch» der Frau bekannt wird, ist es etwas komplizierter, aber eigentlich nicht so sehr deswegen, weil der Herr des Hauses in seinem Stolz verletzt wäre, sondern aus dem Gefühl heraus, daß weiterreichende soziale Regeln verletzt worden sein können, die die Substanz des Vertrages berühren.

Die «Liebe» spielt dabei kaum eine Rolle. Während dieser Begriff im deutschen bzw. europäischen Kontext eine Bedeutung angenommen hat, die unter dem Einfluß der christlichen Tradition über das im Sozialvertrag geforderte Maß weit hinausgeht, sind Liebesgedichte oder Liebesschwüre im modernen japanischen Alltag wie in der Dichtung selten, ja ungewöhnlich. Bei jungen Paaren steht zweifellos die erotische Anziehung im Vordergrund, auch Fälle von taumelnder Abhängigkeit gibt es, die bis zum Doppelselbstmord führen kann; ältere erfreuen sich der harmonischen Gemeinsamkeit, jedoch in innerlich gelöster Form – ohne den Anspruch übersinnlicher Bindungen, und auch ohne die Enttäuschung, die europäische Paare zu empfinden pflegen, wenn sie entdecken, daß ihnen die Liebe abhanden gekommen ist.

Diese Regelungen im Bereich des Sexuellen haben sich in Japan seit Jahrhunderten bewährt. Dabei ist eine Atmosphäre der Freiheit entstanden (oder erhalten geblieben), die dem deutschen Gast überraschend und gelegentlich befremdlich vorkommt – wie Herrn Schmidt bei einem Ausflug in einen der kleinen Badeorte, «Onsen», am Hang des Aso-Vulkans. Überraschend für ihn war zum Beispiel, in einem dampfenden und schwefelduftenden Becken im Freien eine Gruppe von Männern und Frauen mittleren Alters beim gemeinsamen Bad zu entdecken – und sich selbst hinzugesellen zu müssen. Während er dieses Erlebnis noch relativ problemlos auf der positiven Seite seiner Erlebnisse verbuchen konnte, wurde es schon komplizierter für ihn, als er im Schlepptau zweier der älteren Kollegen nach dem üppigen Abendessen und reichlichem Sake noch in eine «Nudo-show» des Gasthauses geriet, die eigentlich nur darin bestand, daß sich eine unbekleidete junge Dame ohne große künstlerische Tanzbewegung in Ruhe von allen Leuten beschauen ließ und sich dabei freundlich und neckend mit den Gästen unterhielt – wobei diese Gäste die Männer und Frauen aus dem heißen Bad waren, Ehepaare aus der Stadt, die sich so, ohne irgendwelche Hemmungen oder Komplexe zu zeigen, amüsierten. Herr Schmidt fragte sich hier, ob er zu solch einer Veranstaltung wohl gern mit seiner Frau gehen würde. Das Unschickliche, ja Sündhafte einer erotischen Situation außerhalb des abgegrenzten Bereichs der Ehe war ihm auch in diesem Augenblick so bewußt, daß sich für ihn die lüsterne Stimmung nicht in sinnliche Scherze auflösen wollte und die Szene zu einem kleinen frivolen Abenteuer wurde.

Herrn Schmidt fehlte zu diesem Zeitpunkt noch das Bewußtsein für die Tiefendimensionen, die die japanische Kultur auch in diesem Punkt besitzt und die für viele, ja wohl für alle Japaner bis in die Gegenwart hinein wirksam sind. So ist er trotz mancher Ausflüge noch keinem der Phallusschreine begegnet, die es über ganz Japan verstreut gibt, und hat daher auch an keinem der Fruchtbarkeitsfeste teilgenommen. Wahrscheinlich hätte er nicht schlecht gestaunt, wenn er bei einem Spaziergang über die Reisfelder unweit des Städtchens Mino, wo er seine ersten selbständigen Schritte in Japan getan hatte, einer feierlichen Prozession von Shinto-Priestern begegnet wäre, die überdimensional große hölzerne Phallussymbole auf ihren Schultern trugen. Dieses jährlich wiederkehrende Frühjahrsfest des dortigen Tagata-Schreins ist, ähnlich wie das des benachbarten «weiblichen» Oagata-Schreins, der Fruchtbarkeit von Menschen, Tieren und Pflanzen gewidmet, so daß die Feldbegehung im Grunde der christlichen Fronleichnamsprozession nahekommt – allerdings mit dem entscheidenden Unterschied, daß hier nicht der «Leib des Herrn», Gott selber, der Kreatur segnend begegnet, sondern daß die sinnliche Schöpfungskraft der Menschen verabsolutiert und im Sinne des Shintoismus zur Gottheit, «Kami», gemacht wird. Die Reaktionen der Festteilnehmer und Zuschauer sowie der rege Verkauf naturalistisch gestalteter Amulette hätten Herrn Schmidt gezeigt, daß das Dargestellte ohne Zweideutigkeit und Vorbehalte ernsthaft, wenn auch in durchaus heiterer Stimmung aufgenommen wird.

Und auch für die «Nudo-show» im Badeort hätte er das Vorbild kennen sollen, das zumindest als mythologisches Alibi, mehr wohl aber als Beleg für die über Jahrtausende hinweg in diesem Punkt unveränderte Haltung der Japaner dient. Es ist die bereits erwähnte Krisensituation während des Götterzeital-

131

ters, als sich die Sonnengöttin Amaterasu in einer Höhle versteckte, und die nachfolgende listige Auflösung: Die Göttin Uzume besteigt vor der Höhle einen umgestürzten Holzbottich und führt zum lauten Ergötzen der vielen an den Ort der Katastrophe geeilten Götter einen Striptease vor. Die neugierige Amaterasu will nach dem Grund der Heiterkeit schauen und tritt aus der Höhle heraus, die hinter ihr sofort mit einem Strohseil, dem «Shime-nawa», das auch heute die heiligen Bezirke abgrenzt, verschlossen wird. Die überraschend, komisch oder anregend zur Schau gestellte Nacktheit als Heilmittel gegen die gefährliche Trennung und gegen Krankheit, als Appell an die Sinnlichkeit, die ja die Grundlage allen Lebens und auch des gesellschaftlichen Miteinanders ist – diese positive Einstellung gegenüber der Körperlichkeit steht in deutlichem Kontrast zur jüdisch-christlichen Sexualfeindlichkeit.

In der Tat ist die Grenze zwischen Erlaubtem und Verbotenem im Bereich der Sexualität, die in jeder Kultur anders verläuft, in Mitteleuropa und Japan sehr verschieden definiert, selbst wenn sich an der Oberfläche auf beiden Seiten in jüngerer Zeit manches verändert hat. Während in Deutschland praktisch alles, was nicht im Sinne der allgemeinen Gesetzgebung Verboten unterliegt (z. B. die Gefährdung von Minderjährigen oder die Ausübung von Gewalt), grundsätzlich gestattet ist, die moralischen Normen aber trotzdem eine deutliche Trennung zwischen Alltags- und «Halbwelt» zeigen, ist in Japan manches gesetzlich verboten (z. B. die Prostitution und, geradezu lächerlich genau definiert, die Abbildung des Schamhaars), was im allgemeinen Moralempfinden keineswegs auf der Negativseite steht. Und so ist es auch nicht verwunderlich, daß hinter einer nur dünnen Trennwand oberflächlicher Spielregeln unbeeinträchtigt weiterbesteht, was man als das «Reich der Sinne» bezeichnen kann, um den deutschen Titel des berühmten Films von Nagisa Oshima zu zitieren, der in Japan produziert wurde und der Japanisches in reinster Form zeigt, jedoch infolge des genannten Paradoxes in Japan nicht gezeigt werden darf.

Daß der Sexualbereich trotz des weitgehenden Fehlens von Tabus und Vorschriften nicht über die ihm zugewiesene Nische im Gesellschaftsleben hinausgreifen kann, stellen neben den allgemeinen Normen und Gruppenidealen auch die Leitbilder für Männer und Frauen sicher, die aus Vorstellungen früherer Jahrhunderte, vor allem aus dem höfischen Bereich, erwachsen sind. Wir wollen zunächst das Persönlichkeitsideal des Mannes etwas genauer betrachten. In Deutschland zeigt das Verhalten eines jeden guterzogenen Mannes recht deutlich, welchem Bild er nacheifert: Er sieht sich als Held im Kampf des Lebens, Frauen gegenüber als Beschützer, geht links von ihnen (weil der Degen auf der linken Seite befestigt war) usw. Die Ritterzeit der Kreuzzüge und des Minnesangs ist offensichtlich trotz der seither vergangenen Jahrhunderte noch nicht vorüber. Auch der berühmte Anti-Ritter-Roman Don Quijote und das sonst so entscheidende Zeitalter der Aufklärung haben in dieser Hinsicht wenig bewirken können. Im Gegenteil, gerade in Deutschland hat die Romantik als Gegenbewegung zur Aufklärung zu Exzessen wie Neuschwanstein und anderen dekorativen Burgbauten, zu «Nibelungen»-Opern und bei Adligen und Studenten zu Duellen geführt; die Kinder wären recht traurig, wenn man ihnen Robin Hood und Prinz Eisenherz nehmen würde.

Das Ritterliche ist in Deutschland im Lauf der Zeit allerdings ein wenig verfeinert worden, zumindest seit mit der hannoveranisch-englischen Verbindung das Gentleman-Ideal auch bei uns Fuß faßte. Ein echter Ritter hätte sozusagen die Knochen des Festbratens den Hunden über die Schulter zugeworfen; ein Gentleman tut das nicht mehr, und die Hunde, so steht zu vermuten, bleiben in Erwartung der nächsten Fuchsjagd in ihrem Zwinger. Möglicherweise hat das deutsche Männerideal zu der Kombination aus Rittertugenden und Gentleman-Betragen in den letzten vierzig Jahren noch einen wild-westlichen demokratischen Hauch hinzuerhalten, aber das spielt keine so große Rolle. Heute sind wirkliche Idole in Deutschland rar geworden; Namen wie Hans Albers und Curd Jürgens geben jedoch die Richtung an, in der die deutschen Frauen (und insgeheim auch die Männer) gern schwärmen würden.

Das Selbstverständnis japanischer Männer wird sehr stark von der Samurai-Überlieferung bestimmt, wie sie sich in der Edo-Zeit dem allgemeinen Bewußtsein eingeprägt hat. Auch heute noch trifft man täglich auf Samurai – im Theater und vor allem im Fernsehen. Die Ideale, in historischen Leitfiguren wie Miyamoto Musashi verkörpert, betreffen in erster Linie kämpferische Fähigkeiten, die anzuwenden perfekte Selbstbeherrschung freilich verhindern soll. Mit Ausnahme der Loyalität gegenüber seinem Gefolgsherrn ist ein japanischer Held innerlich frei; andere Bindungen, zum Beispiel eine Liebesbeziehung zu einer Frau, geht er nicht ein. Miyamoto Musashis musterhaftes Leben zeigt, daß zu diesen Grundzügen männlicher Tugenden wohl unter dem Einfluß des Kaiserhofes und des Hochadels noch weitere Merkmale treten können, die man aus europäischer Sicht kaum erwarten würde: Fertigkeiten auf dem Gebiet der höfischen Künste nämlich, d.h. des Blumensteckens, der Tuschemalerei, der Dichtung und natürlich der Teezeremonie, an der teilzunehmen, allerdings passiv, ohnehin zu den ritterlichen Gewohnheiten gehörte. So wäre es auch bei einer gehobenen Männergesellschaft der Gegenwart nicht ungewöhnlich, wenn jemand spontan ein Gedicht verfassen und kalligraphisch wiedergeben oder ein Lied vortragen würde. Einladungen zur Teezeremonie sind unter den heutigen «Fürsten» Japans durchaus keine Seltenheit, auch wenn Ausländer im allgemeinen nicht viel davon merken. Ein Blick in die Mitgliederlisten der großen Teeschulen zeigt, daß die Teekunst nicht allein Sache höherer Töchter ist.

Hier, in bezug auf die Künste, gibt es eine Stelle, an der sich

Männer- und Frauenwelt jenseits des Sonderbereichs der jungen Ehe berühren – fast berühren, müßte man wohl korrekter sagen, da die Gemeinsamkeit nach dem rituellen Kunstgenuß auch wieder endet.

Den Begriff «Dame» setzen wir ganz selbstverständlich an den Anfang von Überlegungen zum Ideal des Weiblichen. Aber was ist eine Dame? Ist es die Burgherrin (also die Gattin des Burgherrn), die den fahrenden Ritter bei seiner Rast huldvoll bewirtet, ihn dann nachts in aller Heimlichkeit in ihrem Bett beherbergt, ehe er beim ersten Hahnenschrei – womöglich nach einem Tagelied – wieder davonreitet? Dieses aus dem Minnesang bekannte Bild widerspricht der Moral der folgenden Jahrhunderte so sehr, daß es allenfalls in verkürzter Form zu uns gelangen konnte. Die «Dame» ist deshalb zwar auch in späterer Sicht so etwas wie eine elegante Burgherrin; ihr wird gehuldigt; sie bewirtet und unterhält geistreich, kurz, sie ist die Trägerin der Gebrauchskultur. Aber eines bietet sie nicht: sexuelle Befriedigung.

In den europäischen Salons des 19. Jahrhunderts findet man die gebildete Dame im Kreis der eleganten Welt, Rahel Varnhagen etwa an der Seite der Schlegels, ohne daß sie selbst zu derart führendem kulturellen Rang aufstiege, wie es in weit zurückliegender Zeit die Hofdamen Murasaki Shikibu und Sei Shonagon im Kyoto der Heian-Periode taten. Während die kurze gesellschaftliche Blüte der japanischen Frauenwelt aber sozial ohne Wirkung geblieben ist, hat die Salonkultur Deutschlands wenigstens einen kleinen Beitrag zur Stützung des Leitbildes der «Dame» als Gegenüber ritterlicher «Herren» geleistet. Wesentlich wichtiger freilich ist in Deutschland seit Jahrhunderten der Begriff der «Hausherrin», der Hausfrau und Mutter, gewesen, den die Ethik der Lutherschen Erneuerung so protegierte, daß er zum eigentlichen Idealbild der deutschen Frau geworden ist. Gerechterweise sollten wir hier nachtragen, daß auch der gestrenge Herr Vater früherer deutscher Generationen bei der Entwicklung des Männlichkeitsideals entscheidend mitgewirkt hat.

Die Rolle der Frau in Japan ist in erster Linie durch ihre Funktion als Mutter der Kinder und Mittelpunkt der Familie definiert, und das nicht nur aus der Sicht einer möglicherweise als «chauvinistisch» zu bezeichnenden Männerwelt, sondern ganz eindeutig auch der eigenen Optik und Wunschvorstellung entsprechend. Umfragen bei jungen Mädchen erbringen heute das gleiche Ergebnis wie seit Generationen: Die Mehrheit möchte gern heiraten und Mutter werden (nicht aber eine Berufskarriere anstreben oder beides miteinander verbinden); und dies, obwohl die Wirklichkeit der europäischen oder amerikanischen Gesellschaft zur Genüge bekannt ist. Weit stärker als in Deutschland reicht also das weibliche Ideal der Großmütterzeit in die Gegenwart hinein. Die Existenz der zahlreichen privaten, teuren «Kurzuniversitäten», *tanki daigaku*, und vieler Spezialschulen, die fast nur zur Ausbildung höherer Töchter vor deren Heirat bestimmt sind, zeigt, daß dieses Ideal auch kommerziell sehr erfolgreich ist. Im übrigen bestätigen Statistiken wie auch der optische Eindruck in Banken, Büros und Fabriken, daß die Altersgrenze von dreißig Jahren für das Ausscheiden aus dem Berufsleben und den Eintritt in die Ehe nach wie vor weithin Gültigkeit besitzt.

Die Japanerin ist in den vier Wänden ihres mit der Heirat erworbenen Reichs dann aber auch Herrscherin in einem Maße, das sich die durchschnittliche deutsche Hausfrau nur erträumen kann. Sie bestimmt hier über Anschaffungen und Alltagsausgaben, verwaltet das Gehalt des Mannes – bis hin zur Zuteilung eines angemessenen Taschengeldes für ihn –, und vor allem obliegt ihr die Erziehung der Kinder. Viele Frauen verstehen es, sich in dieser Funktion voll zu entfalten, und setzen als «Erziehungsmütter», *kyoikumama*, ihre ganze Energie dafür ein, den Kindern den Weg zu ebnen und sie zu fördern.

Natürlich fällt es bei einem so engen Mutter/Kind-Verhältnis, wie es auf diese Weise meist entsteht, manchen Frauen nicht leicht, den Übergang vom Mutter-Dasein zu eigener freierer

Entwicklung zu meistern, wenn die Kinder erwachsen werden und das Elternhaus verlassen. Aber insgesamt wird «die Gesellschaft» mit diesem Problem gut fertig. Es gibt genügend Möglichkeiten für eine Frau, ihre freie Zeit auszufüllen: z. B. die verstärkte Mitarbeit im Nachbarschaftsverein, der über im Stadtviertel anstehende Probleme berät, an den Schrein- und Tempelfesten mitwirkt und gelegentliche Ausflüge veranstaltet; die nebenberufliche Tätigkeit in einem Betrieb; oder aber die wissenschaftliche oder berufliche Weiterbildung, und schließlich auch eine eigene Karriere als Malerin oder Schriftstellerin. Die Vereinigungen kunstschaffender Frauen geben mit regelmäßigen großen Ausstellungen Zeugnis für die Intensität und den Erfolg, mit denen diese Beschäftigungen ausgeübt werden. Die solcherart im Nebenberuf oder in ihrem heimischen «Atelier» emsig schaffenden und stellenweise auch fühlbar zum Haushaltsbudget beitragenden Frauen sind in Statistiken nicht erfaßt und werden in den Beschreibungen der japanischen Gesellschaft durch ausländische Beobachter oft unterschlagen. Der Eindruck eines – vor allem psychischen – Vakuums im Leben der «auf die Mutterrolle fixierten» Frauen ist deshalb nicht korrekt. Zutreffender wäre es, von einer vergleichsweise großen Freiheit der japanischen Frau zu sprechen. Innerhalb der bestehenden Ordnungsraster liegt der Anteil an Unabhängigkeit und persönlichem Glück bei der weiblichen Bevölkerung sicherlich höher als bei den Männern.

Wir müssen noch einen Augenblick bei jener Gruppe von Frauen verweilen, die wir schon bei der Betrachtung von Sexualität und Ehe aus dem Augenwinkel beobachtet haben: den meist alleinstehenden Frauen des erotischen Gewerbes. Die als Bardamen, Hostessen, Masseusen in den erwähnten «Türkischen Bädern» und in heute freilich kaum noch relevanter Zahl auch als «Geishas» tätigen Frauen stehen etwas außerhalb des tragenden Gesellschaftsgefüges und gehören zu einem eigenen Beziehungssystem, das weniger Sicherheit bietet. Aber sie sind ein notwendiger Bestandteil der japanischen Gesamtgesellschaft und deutlich mit dieser verbunden. Sie leben ja eigentlich vom Gegensatz zu den verheirateten Frauen, deren gesellschaftlich bedingtes Defizit an erotischer Zuwendung sie in ihrer Bindungslosigkeit ausgleichen können. Übrigens unterscheiden sie sich oft in Erscheinung und nach dem ersten Eindruck kaum von «normalen» jungen, unverheirateten Frauen, die mit betonter Eleganz, Make-up und stereotyp schulterlangem offenem Haar ihren Kontaktwunsch unmißverständlich zum Ausdruck bringen.

Der Begriff «Geisha», der im ausländischen Japanbild eine geradezu überdimensionale Rolle spielt, verdient eine besondere Betrachtung, die eigentlich außerhalb des semantischen Feldes «Mann und Frau» stattzufinden hätte. Wenn wir die Geisha soeben in der Reihe der Berufe des erotischen Gewerbes genannt haben, so ist das eine an sich unzulässige Vereinfachung, die von Ausländern mangels Unterscheidungskriterien immer wieder gemacht wird und der auch wir uns nach einigem Zögern angeschlossen haben.

In Wahrheit sollte dieser Begriff zunächst wohl einfach einen Menschen bezeichnen, der sich der Kunst geweiht hat, und das ausschließlich, ja, der am Ende selbst Kunst geworden ist. Es geht dabei nicht um eine bestimmte Fertigkeit, die dieser Mensch besitzt und zur Freude von Zuschauern vorführt, sondern um die Durchformung seiner sichtbaren Existenz im Sinne einer Kunst: die Beherrschung von Bewegung und Mimik, die Vollendung der äußeren Form, der Bedeutungsreichtum seiner Äußerungen und seine Fähigkeit zur Kommunikation mit anderen *geishas*, Kunstmenschen, sowie Gästen, die dieses hohe Entwicklungsstadium nicht erreicht haben. Ein solcher Mensch müßte theoretisch nicht unbedingt weiblich sein, eigentlich überhaupt keinem Geschlecht angehören. Bei der ganzheitlichen Betrachtung des Menschen in Japan liegt es zwar nahe, daß auch das Erotische einbezogen wird. Man könnte zur Ver-

138

deutlichung mit einiger Übertreibung behaupten, daß das Sexuelle eine eher untergeordnete, dienende, wenn auch nicht ganz unwichtige Rolle spielt. Und da die Funktion des Unterhaltens im Rahmen der gesellschaftlichen Zusammenhänge der Frau zugewiesen wird, ist ein «Geisha» eben weiblich, d. h. «eine Geisha».

Das Leben selbst als eine der Künste anzusehen und nach der Vollendung ihrer Formen und Ausdrucksweisen zu streben ist nicht nur eine japanische Vorstellung, doch es scheint, daß hier besonders günstige Voraussetzungen dafür gegeben waren, sie zu höchster Blüte und Perfektion zu bringen. Das Leben des Hofes in der Heian-Zeit und in späteren Jahrhunderten – wie auch das der Menschen von Versailles, die annähernd entsprechende Vorstellungen gehabt haben mögen – ist uns nicht mehr unmittelbar zugänglich, doch haben wir in Gestalt der Geishas noch einen äußeren, sterbenden Abglanz der vergangenen Größe. Oder ist dieser Abglanz nicht doch noch sehr lebendig? Hat nicht nur eine Umsetzung in demokratische Formen und damit eine Ausweitung stattgefunden? Rein formell sind wohl die Bar-Hostessen die Erbinnen der Geishatradition; aber ebenso sind es im Grunde die jungen Damen, die ausländische Besucher mit Sachkenntnis und Anmut durch Werkshallen und Ausstellungen führen, oder die Fahrstuhlbegleiterinnen und Verkäuferinnen der Warenhäuser und eigentlich alle Menschen in diesem Lande. Den gesellschaftlichen Umgang miteinander als Kunst zu betrachten lehrt in erster Linie die Überlieferung, lehren die sichtbaren Vorbilder, aber auch die Schulen für die Teezeremonie, das Blumenstecken oder den Schwertkampf. Ihre Lehre beschränkt sich nicht auf die Vermittlung der erforderlichen Fertigkeiten, sondern formt den Menschen, wird – in der ihr eigenen Namengebung – zum «Weg» für das Leben, das sie im Idealfall zum Kunstwerk entwickeln hilft. Wenn Japaner mit Bewunderung von großen menschlichen Vorbildern sprechen, gebrauchen sie natürlich nicht den Begriff «Geisha», der nur im engeren Sinne verstanden wird; aber sie haben keinen Zweifel daran, daß es Wesen gibt, die in ihrer ganzen Persönlichkeit «Kunst» geworden sind. Etwas später werden wir noch auf die besondere Art der Verehrung großer Künstler zu sprechen kommen, auf die «lebenden Staatsschätze», die für die meisten Japaner etwas Göttliches im Sinne der shintoistischen Definition an sich haben.

In Deutschland, wo die offene Form oder besser: Formlosigkeit schier zum Persönlichkeitsideal geworden ist, kann man das japanische Anderssein nur mit dem Begriff der «Höflichkeit» erfassen, der auch in der eigenen, deutschen Erziehung noch eine Rolle spielt. Dabei hat es bei uns auch nach dem Hochmittelalter mit seinen Stilisierungstendenzen noch eine kurze Phase gegeben, in der der Mensch als potentielles Kunstwerk betrachtet wurde: die Romantik. Während im Mittelalter die Summe der «höfischen» Eigenschaften, überstrahlt vom Licht einer transzendenten, göttlichen Kraft, für die Erhöhung des Menschen sorgte, waren es in der Romantik eher okkulte Quellen, aus denen sich die Neigung zum Künstlerischen speiste. Wie oft wird in den Werken E.T.A. Hoffmanns das Übernatürliche, Deutungsbedürftige der menschlichen Existenz beschworen! Der Mensch als «Kunstfigur» löst sich aus der bloßen Kreatürlichkeit und vereint in sich menschlichen Liebreiz mit jenseitigem, tragischem Wissen. Es ging den Romantikern mit ihren «Automaten» und ähnlichem damals, zu Beginn des technischen Zeitalters, im Prinzip um nichts anderes als den heutigen japanischen, amerikanischen und deutschen Computerbastlern, die die berühmte «5. Generation» vorbereiten und quasi beseelte Roboter schon fast vor sich sehen. Noch wird bis zur Realisierung dieses Menschheitstraumes einige Zeit vergehen. Bis dahin ist das Gegenüber japanischer und deutscher «Kunstfiguren» faszinierend genug.

Von der Wirklichkeit sind Idealbilder oft weit entfernt, und so verhält es sich auch im Fall des Begriffspaares «Mann und

Frau». In Deutschland sind die gesellschaftlichen Auflösungs- und Erneuerungstendenzen stärker als das konservative Element. Viele junge Menschen stellen bei der Partnerwahl Anforderungen an den anderen und an sich selbst, die auf das Gegenteil alles Früheren abzielen: Sie wünschen Freiheit, Unabhängigkeit auch von geschlechtsspezifischen Verhaltensmustern, sehen sich als bedingungslos gleichberechtigte und damit auch in gleichen äußeren Formen agierende und Ansprüche stellende Partner. Leider ist dabei oft ein Scheitern zu beobachten, wenn beispielsweise nach der Geburt von Kindern die Lasten nicht mehr gerecht verteilt zu sein scheinen. Auch bei der noch radikaleren Stufe des Sichlösens vom Üblichen, der Verneinung von Bedingungen überhaupt, wie sie heute manche Frauen im Protest propagieren, läßt sich noch nicht absehen, wohin der Weg führt.

In Japan gibt es zwar eine «Woman's Lib»- (oder, noch japanischer ausgesprochen, «uman riba»-)Bewegung, aber die Zahl ihrer Anhänger(innen) ist verschwindend gering. Das dürfte wesentlich daran liegen, daß sich das gesamte Volk unabhängig von religiösen, politischen oder ökonomischen Unterschieden in einem Punkt nahezu konform verhält: Im Verhältnis zum anderen Geschlecht und was die Auffassung von Ehe und Familie betrifft, folgt man fast ausnahmslos dem vorgegebenen Muster.

Wie viele Ausländer macht sich auch Herr Schmidt manchmal Gedanken, ob die Menschen in diesem gesellschaftlichen System denn wirklich glücklich sein können, ob man nicht eher von einem Gefängnis der Konventionen sprechen müßte, dessen Auflösung unter westlichem Einfluß schon abzusehen ist. Doch er beobachtet mit einem gewissen Erstaunen, daß offenbar die meisten erwachsenen Japaner, die von kurzen oder längeren Auslandsaufenthalten in die Heimat zurückkehren, erleichtert darüber sind, wieder in die gewohnten «Zwänge» einzutreten, Männer und Frauen in gleicher Weise. Nur bei Jugendlichen und Studenten zeigt sich eine etwas gemischtere Reaktion, da sie für das Neue empfänglicher sind. Herr Schmidt erkennt einmal mehr, daß in Deutschland und Japan ganz verschiedene Grundgegebenheiten vorliegen, daß die beiden Systeme nicht mit demselben Maß gemessen werden dürfen, vor allem dann nicht, wenn es um Wertungen geht.

Als Herr Schmidt im Prozeß des Sicheingewöhnens zwischen Erstaunen und Verstehen gerade zu einer Haltung ruhiger Resignation gefunden zu haben glaubt, stellt ihm jemand eine Frage: Ob er im Falle einer Wiedergeburt als Japaner lieber Mann oder Frau sein wolle. Herr Schmidt stutzt bei dieser merkwürdigen Alternative, möchte spontan antworten, daß er selbstverständlich lieber als Mann leben würde – zögert aber dann doch. Ist das Leben eines männlichen Japaners wirklich so erstrebenswert? Wie steht es mit den nicht endenden Pflichten des Berufslebens? Was nützen die scheinbaren Vorrechte, wenn sie schon aus Zeitgründen kaum zur Geltung kommen können? Ausgehend von der Vorstellung eines normalen, durchschnittlichen und von persönlichen Katastrophen freien Lebens, antwortet er schließlich mit einiger Überzeugung, daß ihm das Leben einer Frau in Japan vielleicht doch sympathischer wäre. Für ihn selbst verstärkt sich bei diesem Gedankenspiel aber zugleich auch die Überzeugung, daß er als einzig akzeptable Lebensform sein eigenes Dasein betrachtet. Bei aller Verunsicherung durch die Begegnung mit der japanischen Gesellschaft und den daraus entstandenen oder verstärkten Zweifeln an bestimmten Erscheinungen der eigenen Realität weiß er, daß man das Gewand nicht ablegen kann, das man sich bis ins Erwachsenenalter zu tragen gewöhnt hat. Dennoch, in der japanischen Kultur zu Gast zu sein, ist für ihn wie ein Leben im Paradies . . .

Spekulationen über die Möglichkeit und Art einer Wiedergeburt sind sicher amüsant. Japaner stellen sie vor dem Hintergrund asiatischer religiöser Vorstellungen in großen Umfragen an, mit einem seit Jahrzehnten gleichen Ergebnis: Sie wünschen sich ein weiteres Leben wenn möglich als Schweizer, mit der Ruhe und wirtschaftlichen Prosperität dieses Landes, seiner landschaftlichen Schönheit und nicht zuletzt mit der aus Literatur und Fernsehen vertrauten Heidi und ihrem Großvater. Deutschland, das Land von Heidis strenger Gouvernante Rottenmeier und der kühlen Frankfurter Kaufmannsfamilie, spielt in diesen Träumen keine führende Rolle.

Interessanterweise gibt es ziemlich viele japanische Studenten, die in gelockerter Stimmung gestehen, sie würden, wenn eine Ausländerin, dann gern eine Deutsche heiraten, eine Aussage, die sie allerdings mangels Gelegenheit fast nie wahrmachen können oder müssen. Da von deutschen jungen Männern unter umgekehrten Vorzeichen Ähnliches berichtet wird, ist es in unserem Zusammenhang vielleicht nicht ganz abwegig, über den mutmaßlichen Verlauf solcher interkultureller Verbindungen nachzudenken. Wir gehen davon aus, daß bei einer angenommenen gleichberechtigten Ehepartnerschaft zweier aufgeklärter Liebender verschiedener Länder und Sprachen die kulturelle Distanz relativ leicht zu überwinden sein müßte. Und nicht nur das: Beide Partner würden beim Erobern des jeweiligen fremden kulturellen Hintergrundes sicherlich ihren Zeitvertreib und geistigen Gewinn finden. Ihre Liebe sollte ausreichen, um den in einigen Punkten erforderlichen Verzicht und notwendige Kompromisse auszugleichen. Doch leider ist eine solche gleichberechtigte Annäherung auch bei gutem Willen der Beteiligten nicht möglich, wenn die Umwelt nicht mitspielt, der ihrerseits ja das hilfreiche Ferment der persönlichen Zuneigung fehlt. Bei längerem Aufenthalt in einer beliebigen fremden Gesellschaft würde sich daher die Vorstellung gleichberechtigter Freiheit bald als Fiktion erweisen. Nicht nur richtet ja der einzelne Mensch, das «Individuum», seine Antennen auf die Gesellschaft aus; umgekehrt gibt es auch Sendeimpulse, die von dieser Gesellschaft ausgehen und denen er sich nicht verschließen kann. Bei der «Kompatibilität» zweier Menschen spielt deshalb auch die der ihnen zugehörigen Gesellschaften eine große Rolle, und zwar gilt dies vor allem für deren Anspruch auf Dominanz über den Fremdling – und dessen Bereitschaft, sich einzuordnen.

So gesehen, dürften die Aussichten für eine junge Japanerin auf eheliches Glück mit einem Deutschen (in Deutschland wie in Japan) recht gut sein. Sie bringt aus dem eigenen Kulturbereich das Bewußtsein mit, bei aller äußerlicher Zurückhaltung Stütze und Trägerin der Familie zu sein, und weiß, daß auch die Eltern und Verwandten des Mannes ihre Aufmerksamkeit beanspruchen werden. Schwierigkeiten sollten nur dann entstehen, wenn sie die dominierende Rolle im Haushalt beansprucht, wie sie es von ihrer Mutter gelernt hat, und wenn die Familie ihres Mannes diesen darin bestätigen sollte, das nicht zu dulden. Ein nicht zu unterschätzendes Risiko könnte für sie beim Leben in Deutschland aber auch darin liegen, daß sie die Wärme und Geborgenheit der japanischen Gesellschaft, insbesondere einer sie tragenden Gruppe, vermissen muß.

Als größte Belastung für eine Deutsche, die mit einem Japaner verheiratet ist, erweist sich die Erwartung der Umwelt ihres Mannes, eine «dienende», die Familie unauffällig dirigierende Mutter zu empfangen. Dabei hat sie ja doch gelernt, frei zu denken und zu handeln, und ist nicht darauf eingestellt, sich dem Willen der älteren Generation unterzuordnen, die in Japan noch sehr häufig in einer Familiengemeinschaft mit der jüngeren lebt. Ihr Mann wird unter Umständen bei aufkommenden Spannungen daheim und gelegentlichen Hänseleien der Kollegen an der Arbeitsstätte ebenfalls in Konflikte geraten. Er kann seine Frau auch nicht, wie sie es erwarten würde, zu den abendlichen geselligen Treffen mit Kollegen und Freunden mitnehmen. Die Wärme der japanischen Gesellschaft, die der nach Deutschland verpflanzten Japanerin so abgeht, wird für die deutsche Ehefrau in Japan leider kaum oder doch nur bei großen Bemühungen Wirklichkeit. Das stempelt sie nur allzuoft zur Außenseiterin, die ihre Gesellschaft unter Frauen suchen muß, die in ähnlicher Lage sind.

Deutsche Frauen, die glücklich verheiratet in Japan leben und unsere Unkenrufe vernehmen, mögen verzeihen. Jedenfalls aber wollten wir unsere Mustermänner nicht gleich alle beide einem größeren Risiko aussetzen (ein gewisses Risiko enthält ja jede Ehe) und haben deshalb sicherheitshalber Herrn Tanaka von vornherein eine japanische Gattin beigesellt, mit der er bald zu einem längeren Deutschlandaufenthalt aufbrechen wird. Am Ehehorizont des bisher ständig strahlenden und fast schon langweilig glücklichen Herrn Schmidt hingegen lassen wir eine kleine interkulturelle Wolke aufziehen. Vorerst jedoch wollen wir ein paar Überlegungen zum deutschen und japanischen Erziehungswesen anstellen.

Konfliktübung und Harmonie-drill: Zwei konträre Erziehungs-ideale

Unterschiedliche Neuorientierung nach dem Zweiten Weltkrieg · Von der Freiheit der Kinder · «Akademiker» in Deutschland und Japan: der Bildungsbegriff · Die japanische Pädagogik und ihre Reformbedürftigkeit · Gemeinsamkeit und Kreativität

Einmal angenommen, wir wären über einen Großteil der historischen Entwicklung und der gesellschaftlichen Merkmale Deutschlands und Japans einigermaßen im Bilde, ohne jedoch ihre gegenwärtigen Erziehungssysteme zu kennen – welche Schulformen und pädagogischen Zielvorstellungen würden wir den beiden Ländern wohl zuordnen? Greifen wir ein paar allgemeine Beobachtungen heraus, um eine solche Deduktion zu versuchen.

Deutschland hat sich in den Augen des Herrn Tanaka als ungezwungen, geschäftig und auf kühle, sachbezogene Art gastfreundlich gezeigt. Die Deutschen scheinen sich individuell zu entfalten und Kontakte nach persönlichen Kriterien zu knüpfen und zu pflegen.

Japan hingegen trat schon dem Kongreßbesucher Schmidt mit umfassender, personenbezogener Gastfreundschaft entgegen; eine Einladung in die Familie blieb zunächst aus, wurde jedoch nach entsprechender Einführung an anderem Ort nachgeholt und als Ereignis zelebriert. Die sich entwickelnden Kontakte umfaßten stets auch die größere Gemeinschaft und waren gruppenbezogen.

Die deutsche Gesellschaft zeigte sich in ihren Reisegewohnheiten wie in ihrer Naturauffassung als erobernd und vernunftbetont, die japanische als eher dem Pilgerhaften verpflichtet, emotional und die objektive Natur respektierend.

Das deutsche Individuum sahen wir bei der historischen «Gipfelschau», die japanische Großfamilie dagegen eingebettet in den Strom des Gegenwärtigen.

Während für Deutschland Begriffe wie «zielgerichtet» und «progressiv» stehen könnten, würde die japanische Seite das Bewahren, das langsame Fortschreiten und die gemeinschaftliche, emotionale Harmonie über den raschen Erfolg stellen. Das deutsche Erziehungssystem sollte dementsprechend die freie Entwicklung des Individuums in kleinen, «schlagkräftigen» Einheiten zu fördern suchen, das japanische dürfte wohl die große Gemeinschaft bevorzugen, die über eine nur geringe Dynamik verfügt. Die deutsche Pädagogik würde also auf die Konfliktbeherrschung durch das Individuum setzen, die japanische hingegen auf die Stärkung des Gruppenbewußtseins und das Einüben zwischenmenschlicher Harmonie.

Wir sehen, daß auf der Grundlage einer Reihe von gesellschaftlichen Gegebenheiten in der Tat extrem unterschiedliche Positionen mit weitreichenden Konsequenzen zu erwarten wären. Die Wirklichkeit zeigt, daß diese Deduktion nicht ganz falsch, aber doch in mancher Hinsicht unvollständig ist. In beiden Ländern wirken ja auch ständig äußere Einflüsse auf das eigene System ein. Vor allem aber haben wir beim Rekapitulieren von Beobachtungen aus vorangegangenen Kapiteln ein bedeutendes Faktum ausgelassen, das den Strom der Entwicklung gehemmt und zum Teil in eine neue Richtung gelenkt hat: den Einschnitt des Zweiten Weltkriegs.

Die Reaktion der beiden Länder auf diese gemeinsame Erfahrung allerdings fiel völlig unterschiedlich aus. Das von uns inzwischen als so konservativ erkannte Japan hat das Diktat der amerikanischen Besatzer angenommen und ohne Einschränkung das moderne Erziehungssystem der USA in Japan eingeführt; Deutschland dagegen ist bei seinem System geblieben, stolz auf die starke Tradition seiner geistigen Erneuerung im 18. und 19. Jahrhundert und die von Wilhelm von Humboldt entwickelte Bildungsstruktur. Überraschende Unterschiede also, die nur aus der Situation jener ersten Nachkriegsjahre verständlich werden, als das eine Land, Japan, in seinem Unterlegenheitsgefühl bereitwillig sein Erziehungssystem opferte, während das andere, Deutschland, das seine, damals schon antiquierte, behielt, um an frühere Werte anknüpfen zu können und nicht ganz entblößt dazustehen. Mittlerweile hat sich herausgestellt, daß die nationale Identität beider Völker nicht von ihren Erziehungssystemen abhängig ist. Deutschland ist nicht zu dem humanistischen Agrarstaat geworden, den sich die Siegermächte vorgestellt hatten, und die japanische Gesellschaft ähnelt trotz äußerer Teilanpassung an die Coca-Cola-Weltzivilisation innerlich keineswegs der der USA. Andererseits zeigen die ständigen Reformversuche in den deutschen Bundesländern und die gewaltigen Änderungsbestrebungen in Japan, daß beide Nachkriegsentscheidungen letztlich falsch waren.

Aber wir wollen die Situation in beiden Ländern noch etwas eingehender betrachten.

Deutsche Kinder wachsen in einer Freiheit heran, um die sie von Erwachsenen beneidet werden und an die sie sich später sehnsüchtig erinnern. Sie sind morgens in der Schule, nachmittags – nach rasch erledigten Hausaufgaben – beim Spiel und allerlei Abenteuern. Wenn sie das Glück haben, studieren zu dürfen, folgen die unbeschwerten Studienjahre.

Wie Herr Schmidt bemerkt, ist das in Japan offenbar anders. Nach etlichen Monaten seines Aufenthalts in Kumamoto fällt ihm auf, daß in dem Bild, das er von der japanischen Bevölkerung gewinnt, Kinder, jedenfalls wie er sie sich vorstellt, weitgehend fehlen. Die jungen Menschen, die er sieht, sind in ihrer uniformierten Ordnung und ihrem eher gleichgerichteten Verhalten Teil einer anderen Kategorie. Es ist ihm schlagartig bewußt geworden, daß das japanische Erziehungssystem die Kinder zu einem bestimmten frühen Zeitpunkt voll vereinnahmt, sozusagen aus dem Verkehr zieht – zwar nicht wie in Sparta oder in einem israelischen Kibbuz in radikaler Trennung vom Elternhaus, aber doch in einem für ihn unerwarteten Maße. In Japan endet die Periode der paradiesischen Freiheit mit dem Eintritt in den Kindergarten, spätestens aber mit dem Schulbeginn. Allerdings, so müssen wir hier einschieben, haben japanische Kinder in der Regel dann schon eine so glückliche Zeit hinter sich, wie sie deutsche Kinder normalerweise nicht erwarten können. Die Erfahrung des Kleinkindes, ständig in der Nähe der Mutter sein zu dürfen, bei ihr zu schlafen, auf ihrem Rücken getragen, niemals getadelt zu werden, muß im Unterbewußtsein ein solches Maß an Liebe und Selbstvertrauen aufspeichern, daß die anschließende reglementierte Schulzeit – weiter unter dem Schutz der Mutter – ohne Schaden überstanden wird. Im übrigen ist gerade Kleinkindern gegenüber das Grundverhalten von Deutschen und Japanern durchaus gegensätzlich. Ein deutscher Säugling muß «Disziplin erwerben», schreit nächtelang in seinem Zimmer, bis seine Mutter triumphierend sagen kann, daß er schon «vernünftig» geworden sei und sie bis in die Morgenstunden «in Ruhe» lasse. Nach einem solchermaßen erzwungenen «Freiwerden» erhält das deutsche Kind dann die lang anhaltende Freiheit des Spiels ... Anhand dieser einen Beobachtung läßt sich schon viel über die gesellschaftlichen Unterschiede beider Länder lernen.

Es kommt noch etwas Entscheidendes hinzu, was auch Herr Schmidt rasch bemerkt und in Statistiken bestätigt findet: das ungleich größere Interesse japanischer Eltern an der Erziehung ihrer Kinder. Er weiß aus der Heimat aus eigener Erfahrung, daß manche Eltern ihren begabten Kindern, die in der Grundschule zu den Klassenbesten gehörten, den Eintritt ins Gymnasium verweigern, weil sie «selbst ja auch nicht das Abitur gemacht» haben und «doch etwas geworden» sind. 60% der deutschen Kinder verlassen die Schule mit dem Ende der Schulpflicht, also mit etwa 15 Jahren. Die übrigen 40 % besuchen das Gymnasium und machen das Abitur, mit dem sie die Berechtigung zum Studium an einer Universität erwerben – was aber nur 22 % nutzen.

Mit diesen Prozentzahlen sind wir bei einer Denkweise, die das Verhalten vieler deutscher Eltern bestimmt. «Schulpflicht» bezeichnet für sie das verordnete «Wesentliche»; was darüber hinausgeht, ist auf das Ziel der Ausbildung von Wissenschaftlern, von «Professoren» gerichtet. Wer sich sein Kind nicht in deren Elfenbeinturm vorstellen kann oder möchte, wird die Weiche anders stellen, wenn das Kind 15 Jahre alt ist – oder sogar noch früher, im 10. Lebensjahr, bei der Wahl des Schultyps, die ja wie im 19. Jahrhundert bereits die Trennung von Arbeits- und Gebildetenwelt einleitet. Gerechterweise muß man einräumen, daß gegenüber dem 19. Jahrhundert manche Veränderungen stattgefunden haben, daß Brücken zwischen den einzelnen Schultypen gebaut wurden, so daß der in der Kindheit gewiesene Weg nicht der einzige zu sein braucht. Die Grundhaltung aber ist geblieben: Nach wie vor herrscht eine Mentalität, die das Volk in zumindest zwei Teile spaltet, wobei die «Gebildeten» als gute Lateiner auf die anderen als *misera plebs* herabblicken, umgekehrt aber kaum weniger Hochmut herrscht, diesmal gestützt auf handwerkliche, kaufmännische oder landwirtschaftliche Erfolge. Es ist eben nicht nur auf achselzuckende Gleichgültigkeit zurückzuführen, wenn das deutsche Bildungswesen bei den genannten statistischen Werten stehenbleibt, sondern hat auch mit bestimmten absehbaren Konsequenzen zu tun: Wer das Abitur macht, sollte eigentlich studieren; wer studiert, sollte dann ein Leben als «Akademiker» (ebenfalls ein sehr deutscher Begriff) führen; wenn es aber zu viele Universitätsabsolventen gibt, entsteht Arbeitslosigkeit, ein «akademisches Proletariat».

Die japanische Situation ist in diesem Punkt von der deutschen vollkommen verschieden, obwohl die historische Ausgangsbasis fast identisch war. Auch in Japan hatte bis zum

Kriegsende ein selektives, weitgehend dem Bildungsmodell Wilhelm von Humboldts folgendes Schulsystem bestanden, in dem nur eine kleine Minderheit die höhere Schule und die Universität besuchen durfte und der Glaube an die Kluft zwischen «Elite» und «breiter Masse» tief verwurzelt schien. Doch die Reform der amerikanischen Besatzer, die dieses System 1945 aufhob, wirkte sich unverzüglich aus, und dies, obwohl eigentlich kaum Überlegungen und Untersuchungen angestellt worden waren, wie denn das neue – d. h. das amerikanische – Schulschema auf das japanische gesellschaftliche Fundament passen sollte. Wenn wir uns die Situation vor der Reform vorstellen, die ja im Grunde noch einen Zustand widerspiegelt, der von jahrhundertelang gültigen feudalen Bildungsmaßstäben geprägt war, ist der Wandel fast unglaublich. Heute besuchen 95 % aller japanischen Kinder die Schule über das schulpflichtige Alter hinaus und machen das Abitur. 37 % der jungen Menschen einer Altersstufe studieren dann in einer der insgesamt etwa tausend Hochschulen (von denen wir die Hälfte als Universitäten in unserem Sinne bezeichnen würden). Das ist ein fast doppelt so hoher Prozentsatz wie in Deutschland; und trotzdem ist weit und breit kein «akademisches Proletariat» zu entdecken. Es gibt nicht einmal den Ansatz zu einer Diskussion über eine derartige Gefahr; dies verhindert schon der in Japan gültige Begriff von «Bildung».

«Kyoiku» (wörtlich: «Lehrendes Aufziehen») bezeichnet in der Vorstellung der Japaner etwas, was zwischen «Bildung» und «Erziehung» steht, seinen Wert in sich trägt und nicht auf ein konkretes Ziel, etwa die Berufsvorbereitung, gerichtet ist. Jeder verantwortungsbewußte Japaner bemüht sich, sich selbst, insbesondere aber seinen Kindern ein möglichst hohes Bildungsniveau zu sichern, da er sich bewußt ist, daß einem damit «unbegrenzte Möglichkeiten» gegeben sind. Es besteht die Auffassung, daß hinsichtlich einer Berufskarriere und des allgemeinen Lebenserfolgs alle Menschen gleiche Chancen besitzen und daß es nur darum gehen kann, die Gelegenheit beim Schopf zu packen – was ganz wesentlich die optimale Nutzung der Schul- und Studienzeit bedeutet. Die Schulbildung wird als das Fundament betrachtet, von dem der Einstieg in das Berufsleben und die Qualität der weiteren Laufbahn getragen und bestimmt werden. Diese vollzieht sich denn auch auf überraschend offene und in der Tat demokratische Weise: Die neu in eine große Bank oder ein Handelshaus Eingetretenen sind zunächst im Prinzip gleichgestellt, beginnen mit den einfachen Tätigkeiten des Anfängers und sitzen in den Großraumbüros, die nach der Rangfolge aufgeteilt sind, in der Nähe der Tür. Sie alle aber haben die Möglichkeit, ihren Leistungen entsprechend in der Hierarchie aufzusteigen.

In einem solchen System, das davon ausgeht, daß alle Menschen gleiche Bildungschancen haben sollten und daß keine Unterschiede bei der Einstellung gemacht werden dürfen, erscheint es geradezu zwingend, daß auch der Schulbereich einheitlich strukturiert ist. Die Gesamtschulen, über die man sich in Deutschland so viele Gedanken gemacht hat, ohne zu einem wirklichen Ergebnis zu gelangen, sind in Japan eine Selbstverständlichkeit. Fast jedes japanische Kind absolviert den gleichen Bildungsweg: vom Kindergarten über die sechsjährige Grundschule und die dreijährige Mittelschule bis hin zur dreijährigen Oberschule; sehr viele werden in ebenfalls klar gegliederten Einheiten von vier plus zwei Jahren den «Gakushi»(Bachelor)- bzw., seltener, den «Shushi»(Magister)-Grad erwerben. Da es in Japan keinen Militärdienst gibt, erfolgt der Berufseinstieg also in der überwiegenden Zahl der Fälle mit 18 bzw. 22 Jahren.

Erst auf den zweiten Blick zeigt sich, daß die Übernahme des von den USA gelieferten Erziehungssystems nicht völlig problemlos vonstatten gegangen ist, daß vielmehr eine Fülle von Stützmaßnahmen erforderlich war und, wenn nicht alles täuscht, allmählich auch Ausfallerscheinungen sichtbar werden.

Als erstes muß man sicher feststellen, daß von einer Gleichheit der Ausbildungschancen in Wirklichkeit nicht die Rede sein kann. Dem amerikanischen Vorbild folgend, hat es die japanische Regierung, d. h. das Erziehungsministerium, während der Nachkriegszeit zugelassen, daß jene Unzahl von privaten Hochschulen gegründet wurde, die einen Großteil der genannten fast tausend derartigen Einrichtungen ausmacht; von ihnen haben weniger als ein Zehntel (nämlich 95) staatliche Träger. Damit gab es von vornherein die Möglichkeit erheblicher Niveauunterschiede, und so kam es bei den privaten wie bei den staatlichen Universitäten bald zu Rangabstufungen bzw. der Entstehung eindeutiger Elitehochschulen. Heute gelten die staatlichen Universitäten in Tokyo und Kyoto (gefolgt von den fünf weiteren «kaiserlichen» Gründungen in Osaka, Sendai, Fukuoka, Sapporo und Nagoya) sowie die privaten Universitäten Waseda und Keio als die mit Abstand führenden Bildungs- und Forschungseinrichtungen Japans. Bei einem guten Dutzend weiterer Universitäten ließe sich noch von gutem internationalem Niveau sprechen, doch danach müßte man wohl schon ein rapides Absinken der durchschnittlichen Leistungskurve konstatieren. Auf die zehn bis fünfzehn Spitzenhochschulen richtet sich also die Aufmerksamkeit der Millionen Studierwilligen – wie auch in kaum geringerem Maße die der Arbeitgeber, die den Nachwuchs rekrutieren wollen.

Die größten Probleme wirft die Frage auf, wie man an eine solche Universität kommt. Leistung allein wird nicht als genügend angesehen, und daher werden jene Kindergärten und Schulen für die Kleinen ausgewählt, die vermuten lassen, daß sie zu einer der Eliteuniversitäten hinführen. So verlängert sich mit der Kette der Ausbildungsstätten auch die Kette der Stellen, an denen die Schüler durch Aufnahmeprüfungen ihre Qualifikation nachzuweisen haben. Bis zum Eintritt in das Berufsleben gibt es drei derartig schwere Prüfungen, daß der Ausdruck «Prüfungshölle» durchaus angebracht erscheint. Die nach japanischen Maßstäben qualifiziertesten jungen Leute, d. h. diejenigen, die die harten Anforderungen an Konzentration, Gedächtnis, Nervenkraft und Durchhaltevermögen am besten erfüllen, werden dann als Absolventen der Universität Tokyo, der Waseda-Universität und der Universität Kyoto auch das Gros der Nachwuchskräfte in Verwaltung, Unternehmen und Wissenschaft stellen. Dabei ist nicht zu verkennen, daß das Patronat der «Alten Herren» in diesen Berufsbereichen ebenfalls eine Rolle spielt, daß somit bestimmte traditionelle Strukturen so leicht nicht zu ändern sind. In der japanischen öffentlichen Diskussion hat daher auch ein Begriff wie *gakubatsu*, d.h. soviel wie «akademische Monopolisierung», seinen Platz; die einzelnen Universitäten verfügen über «Marktanteile».

Aber zurück zu der Frage der angestrebten Gleichheit der Ausbildungschancen. Aus der Existenz der Menge privater Schulen und Hochschulen und der Herausbildung einer Rangfolge bei allen Bildungseinrichtungen ergibt sich zwangsläufig eine starke ökonomische Komponente. Eine Ausbildung im privaten Erziehungsbereich kostet oft ein Vermögen, was bedeutet, daß sie eben nur Kindern vermögender Eltern offensteht. Und auch die staatlichen Universitäten sind keineswegs kostenlos, sondern verlangen neben dem Bestehen der harten Aufnahmeprüfungen unter dem Einfluß der privaten Konkurrenz auch noch Gebühren, die nicht selten den Lebenshaltungskosten der Studenten gleichkommen. In jedem Fall ist die Ausbildung eines Kindes bis zum Verlassen der Universität in Japan eine äußerst aufwendige Angelegenheit.

Noch ein vom amerikanischen System übernommener Zug schafft große Probleme: der Umstand, daß es sich bei den Schul- und Universitätsprüfungen eben nicht um Abschluß-, sondern um Eingangsprüfungen handelt. Das bedeutet, daß sich der Unterricht weder um das tiefere Eindringen in eine bestimmte Materie noch um die wirkliche «Erziehung» der Kinder und Jugendlichen bemühen kann, sondern auf die Vermittlung von möglichst viel Stoffwissen ausgerichtet sein muß. Folgerichtig ist ein System von Vorbereitungsschulen («Juku» oder «Yobiko») entstanden, die fast jedes Kind nach dem ohnehin schon langen Schultag in den Abendstunden besucht, um noch weitere Mosaiksteine auf dem Weg zur Beherrschung des gesamten Prüfungsfeldes zu sammeln. Japanische Kinder arbeiten oft bis zur völligen physischen und psychischen Erschöpfung; aber sie erwerben durch diesen harten Prozeß auch die Fähigkeit, im späteren Berufsleben jene ständig gleichbleibenden Leistungen zu erbringen, die man von ihnen erwartet.

Zwischen dem kulturellen Grundgerüst und der Bildungsrealität freilich klafft ein weiter Abstand. Insgesamt gewinnt man den Eindruck, daß der japanische Staatsapparat der gewaltigen eigendynamischen Entfaltung des kollektiven Bildungsinteresses gewissermaßen hilflos gegenübersteht. Die Entwicklung, mit der er sich nach dem verlorenen Krieg einverstanden erklärte, hat Dimensionen angenommen, die nicht mehr voll beherrschbar sind. Das Intendierte hat in vielen Punkten einen Ton erhalten, der der Harmonie Mißklänge beimischt.

Unterricht in großen Einheiten war sicherlich von vornherein erwünscht, um den Schülern jenes Gruppengefühl zu vermitteln, über das sie in ihrem späteren Leben verfügen sollen. Inzwischen aber ist die Klassenstärke an allen Schultypen bis hin zur Universität bei 50 bis 70 Schülern pro Lehrer angelangt. Die Gegenüberstellung von tatsächlich vorhandenen und auf Planstellen geführten Lehrkräften zeigt überdies, daß viele Lehrer an mehreren Schulen oder Universitäten gleichzeitig beschäftigt sein müssen, um das Unterrichtsangebot vor allem der privaten Einrichtungen aufrechterhalten zu können; eine Tatsache, der das zuständige Erziehungsministerium untätig gegenübersteht.

Eine in der Öffentlichkeit seit langem diskutierte Folge der Überlastung der Lehrkräfte ist die Überreglementierung des Schullebens, die nicht nur Pünktlichkeit, uniformierte Kleidung und standardisierte Höflichkeit betrifft, sondern auch Details wie die Haarlänge und selbst die Unterwäsche. Die körperliche

Züchtigung wird von vielen Pädagogen befürwortet und für selbstverständlich gehalten. «Gewalt» (das deutsche Wort hat Eingang ins Japanische gefunden) ist dementsprechend auch bei den Schülern oft ein letztes Mittel der Kommunikation, selbst Lehrern gegenüber. «Ijime», ein weiterer gängiger Negativbegriff aus dem japanischen Schulleben, den man im Deutschen mit «Belästigung, Quälerei von schwächeren Mitschülern» nur unvollkommen wiedergeben kann, steht für die Fortentwicklung des von den Lehrern angewandten Prinzips des diffamierenden Aussonderns nicht angepaßter Einzelgänger.

Ein altes japanisches Sprichwort drückt den Gedanken, der diesen Bereich der Erziehung beherrscht, in seinem (für den Betroffenen) negativen und (für die Allgemeinheit) positiven Aspekt einprägsam aus: «Ein Nagel, der aus dem Brett herausragt, muß eingeklopft werden.» Beim Zusammentreffen mit dem amerikanischen Erziehungssystem, das ja auf der Grundlage eines diametral entgegengesetzten, freiheitlichen, das Individuum fördernden Selbstverständnisses entstanden ist, muß dieses Prinzip wie ein Fremdkörper wirken.

Noch aber sind die Ergebnisse insgesamt überwiegend positiv. Nur ein Teil der Schüler reagiert mit Opposition, Erschöpfung oder Apathie; das Gros geht aus der «Schulhölle» lebendig und bereit zu intensiverem Schaffen in Beruf oder Forschung hervor. Reformbemühungen betreffen daher auch nur einzelne korrekturbedürftige Punkte. Nicht zuletzt zielen sie ab auf eine Stärkung des möglicherweise etwas in den Hintergrund getretenen «japanischen» Elements. Das Singen der Nationalhymne an den Schulen ist nur das auffälligste äußere Merkmal einer betont konservativen Grundhaltung, die von «fortschrittlichen», westlichen Vorbildern verpflichteten Erscheinungen nur überdeckt wird.

Herr Schmidt kennt diesen für Ausländer zumeist verborgenen Teil der japanischen Realität allenfalls aus den Berichten seiner in englischer Sprache erscheinenden japanischen Zeitung über Probleme des Erziehungsbereichs und Reformvorschläge verschiedener Kommissionen. Seine eigene Wirklichkeit an der Hochschule sieht anders aus. Er arbeitet ausgesprochen gern mit den anfangs noch schüchternen, dann aber zunehmend selbständig auftretenden Studenten zusammen. Ihre höfliche Aufmerksamkeit ist ihm nach den Jahren der pädagogischen Mühen daheim eine stets neue Freude. Erst durch die enger werdenden Kontakte zu der Familie eines älteren Kollegen erfährt er Näheres über das Leben der Heranwachsenden. Eines Abends, als er mit seiner jungen Frau bei einer der seltenen Einladungen im Haus des Kollegen ist und das Gespräch nach dem Essen auf das Thema Erziehung kommt, fragt er nach dem Tagesablauf der großen Kinder, die nach der höflichen Begrüßung der Gäste gleich wieder an ihre Arbeit zurückgekehrt sind. Der Hausherr gibt die Frage lachend an seine Frau weiter, die nach einigem Überlegen anfängt, einen Tag aus dem Leben des 15jährigen Sohnes zu schildern.

Er muß morgens um 6 Uhr 30 aufstehen, um mit den öffentlichen Verkehrsmitteln rechtzeitig zu der privaten Mittelschule zu kommen, die etwa 15 km entfernt ist und um 8 Uhr 30 mit dem Unterricht beginnt. Dort ißt er auch zu Mittag. Die Schule endet um 15 Uhr 15, doch dann folgt noch der «Juku»-Kurs, der zur Vorbereitung für die Aufnahmeprüfung in die Oberschule nach Ansicht der Mutter unbedingt erforderlich ist. Das Abendessen steht für den Sohn um 19 Uhr bereit. Dann kann er eine Stunde ausspannen, was für ihn Fernsehen bedeutet, muß danach aber noch bis Mitternacht – manchmal auch länger – lernen …

Für die 13jährige Tochter ist das Leben weniger streng. Sie geht in eine andere, staatliche Mittelschule, die nicht so weit weg von der Wohnung entfernt liegt, und kann sich nach Schulschluß in ihrem Volleyballklub austoben. Nach der Rückkehr ißt sie mit der Mutter zu Abend, sieht noch etwas fern, übt Klavier («leider immer weniger») und schläft ab 10 Uhr. Sie gilt in der Familie als nicht so begabt und auch als etwas faul; ihr sieht

158

man vieles nach. Die Fürsorge der Mutter richtet sich vor allem auf den Sohn, sie liest ihm alle Wünsche von den Augen ab, läßt sich von ihm auch gern herumkommandieren und bringt ihm nach Mitternacht noch einen Imbiß ins Zimmer. Und natürlich ist sie morgens schon vor ihm auf, um ihm das Frühstück zu machen, weil er sonst ohne etwas zu essen aus dem Haus gehen würde.

Mutter und Vater finden dieses Leben ganz normal, keineswegs besonders schwierig. Die wirkliche Belastung komme ja erst, wenn es auf die Hochschule zugehe; und der Sohn habe sich nun einmal in den Kopf gesetzt, es müsse unbedingt die berühmte Waseda-Universität sein ...

Herrn Schmidt hat dieses eher heiter wirkende Gespräch doch erschüttert. Auf dem Nachhauseweg kann er nicht anders, als seiner Frau gegenüber sein Mitleid mit dem Sohn der Freunde und sein völliges Unverständnis für ein solches System auszudrücken. Ihre Reaktion zeigt ihm freilich, daß sie in diesem Punkt keineswegs mit ihm übereinstimmt.

Doch auch in ihm selbst hat ein Kampf gegensätzlicher Auffassungen begonnen, der die nächsten Wochen und Monate über anhalten wird. Hier lebt er nun mit diesen Menschen zusammen, die ihm in ihrem Eifer manchmal wie junge Hunde erscheinen, die einem von ihrem Herrn geworfenen Stock nachjagen, und kommt sich etwas überlegen und fremd vor. Zugleich aber beneidet er sie doch auch und möchte wie sie eifrig sein, mit ihnen mitlaufen.

Ist nicht das deutsche, von ihm zumindest in intellektueller Hinsicht als überlegen empfundene pädagogische und gesellschaftliche System im Grunde durch seine Einseitigkeit, durch sein Vertrauen auf das mündige Individuum eher hinderlich? Werden da nicht in überlangen Schul- und Studienperioden viele Grübler und Unzufriedene herangebildet, die «sich selbst erkennen», aber für die Gemeinschaft verloren sind? Wie steht es mit der Kraft der eigenen Gesellschaft – was vermag sie über das selbstverordnete Bildungssystem hinaus? Für Herrn Schmidt besteht kein Zweifel, daß das Phänomen des japanischen kollektiven Eifers und Fleißes nicht mit dem amerikanischen Schulschema erklärt werden kann, das mit seiner logischen Gliederung zwar verwaltungsfreundlich ist, aber in Japan doch wie ein Fremdkörper wirkt. Für ihn ist die eigentliche Triebkraft jene «indirekte Erziehung», die aus der Summe von gesellschaftlichen Einflüssen und lebendigen kulturellen Traditionen besteht. Das Leben in der Familie und in ihrem Umfeld, das altruistische Verhalten des einzelnen, die Zuwendung zu den Menschen der jeweiligen Bezugsgruppe, all das läßt ein so vielfältiges Netzwerk eigener Normen entstehen, daß es der «direkten Erziehung» in den Schulen fast nicht mehr bedürfte. Diese trägt denn wohl auch nicht so sehr durch das Vordergründige, den Lehrstoff, zur Ausbildung der Persönlichkeit bei, als vielmehr durch das Erlebnis des gemeinsamen Lernens, die Methode des Sichaneignens einer neuen Materie und die Zielrichtung auf das anpassungsfähige, harmoniebereite Zusammenwirken bei gemeinsamen Aufgaben. «Das Japanische» im eigentlichen Sinn aber bildet und vererbt sich vor allem durch die ständige Wirkung der positiv bewerteten normativen Kräfte des Alltagslebens.

Für Herrn Schmidt, den Ausländer, wird dieser Gedanke vor allem am Beispiel des Lesen- und Schreibenlernens konkret, denn mit diesem Problem hat auch er sich täglich auseinanderzusetzen, mit bislang nur geringem Erfolg. Als Trost kann er sich immer wieder sagen, daß japanische Kinder erst mit etwa 15 Jahren eine Zeitung lesen – d. h. entziffern – können, daß sie also etwa zehn Jahre lang einen großen Teil ihrer Zeit darauf verwenden müssen, die zahlreichen und komplizierten japanischen und chinesischen Schriftzeichen zu lernen, die sie dafür benötigen. Der Mechanismus dieses Lernens, die Notwendigkeit, Emotionen, Abwehrhaltungen und spontane Äußerungen zurückzustellen, das kann einfach nicht spurlos an den Menschen vorübergehen. Wie viele Stunden werden damit verbracht, und wie sehr unterscheiden sie sich von denen der deutschen Kinder, die das Abc nach wenigen Monaten beherrschen! Wie stark muß das Verhalten divergieren, wenn ein deutsches Kind jene Tausende von Stunden «verspielt» hat, die das japanische dem Erlernen des Lesens zu widmen gezwungen war? Die «indirekte Erziehung», die dem deutschen Kind vor allem wohl Neugier, vielleicht auch Allgemeinbildung mit auf den Weg gibt, schafft in dem japanischen in erster Linie die Fähigkeit, sich auf eine Aufgabe zu konzentrieren, sich um die Ordnung des eigenen Bereichs und des der Angehörigen zu kümmern und harmonisch auch in einer größeren Gemeinschaft zu leben. Sie hindert es aber zugleich daran, in fremde Bereiche einzudringen, «in Nachbars Garten zu schauen», und schützt damit dessen Territorium, schränkt so jedoch auch die Entfaltung von Phantasie und Kreativität ein.

Dies ist ein Faktum, dessen Feststellung wir nicht unserem Japanreisenden überlassen müssen. Für japanische Bildungsplaner und Gesellschaftswissenschaftler ist der meßbare Mangel an Neuerungen auf den Gebieten von Naturwissenschaft und Technik seit langem ein Gegenstand sorgenvoller Betrachtung. Zu messen sind außer der Zahl der angemeldeten Patente vor allem die Prestige-Indikatoren für große geistige Leistungen, die Nobelpreise, und hier steht Japan ungeachtet aller sonstigen Hochleistungen hinter sämtlichen anderen entwickelten Ländern zurück. Neidvoll blickt man auf England, das Land der «Amateure», in dem das «Spiel» zu hoher Geistigkeit entwickelt werden konnte; auf die USA mit ihrer Verbindung von Wissenschaft und Unternehmertum, wo auch vage Andeutungen wissenschaftlicher Neuerungen mit großem experimentellem Aufwand weiterverfolgt werden; oder auf Deutschland, das Land der sorgfältigen Analysen.

In Japan haben sich auf diesem Gebiet erst in letzter Zeit Änderungen abzuzeichnen begonnen: seit die großen Unternehmen stärker in die Erweiterung ihrer Forschungslabors investiert haben. Nicht zuletzt sind die großen Fortschritte in der Fotoindustrie, der Elektronik und der Kraftfahrzeugproduktion auf diese Entwicklungen zurückzuführen, die sich auf das breite Fundament harmonischer, kollegialer Zusammenarbeit stützen können. Kreativität entsteht hier vor allem aus der Gemeinsamkeit. Hochentwickelte Harmonie erweist sich möglicherweise doch als produktiver als die beste Konfliktübung ausgeprägter Individualisten, wie sie als Zielvorstellung im deutschen Erziehungssystem immer mehr Platz gegriffen hat. Der Grundgedanke unserer Pädagogik, den «mitverantwortlichen, mündigen Staatsbürger» zu schaffen, wird dazu führen, daß die in Japan so sehr im Vordergrund stehende Gruppen- und Gemeinschaftsbildung leider (wie es sich nun für Herrn Schmidt darstellt) weiterhin vernachlässigt wird. So wie er extreme Vorstellungen wie die der antiautoritären Erziehung einseitig begünstigt hat, kann es sein, daß er auch den Verlust des Zusammengehörigkeitsgefühls mit sich gebracht hat. Herrn Schmidt jedenfalls scheinen auf keinem Gebiet die Unterschiede zwischen Deutschland und Japan derart zutage zu treten wie auf dem der Erziehung.

Euphorie, Schocks, Neurosen und andere Erscheinungen der Kulturbegegnung

Begeisterung für das Neue · Das Außenseitersyndrom ·
Kulturschock · Das interkulturelle Zitat

Mit der Person des Herrn Schmidt haben wir ganz bewußt eine für unsere Zwecke ideale Figur geschaffen: Er ist nach abgeschlossenem Hochschulstudium und einigen Jahren beruflicher Tätigkeit als Gastwissenschaftler nach Japan gekommen, von seinem Heimatinstitut wohl beurlaubt mit der Zusage, nach der Rückkehr wieder dort aufgenommen zu werden. Er ist optimistisch, aufgeschlossen, neugierig; und er ist – bei seiner Ankunft in Japan – ledig. All das, was die Zeit hier belasten, die Integration behindern könnte, haben wir ihm erspart (z. B. finanzielle Unsicherheit, Zukunftssorgen), und wir haben ihm einen Aufenthalt in einem für diese Situation geradezu paradiesischen Ort, in Kumamoto, verschafft, einer traditionsbewußten Provinzhauptstadt, in der ein aufgeschlossener Ausländer auf Händen getragen wird, falls er sich nicht dagegen sträubt.

Und Herr Schmidt hat sich bislang nicht gesträubt. Im Gegenteil, er hat sich gern und in einem solchen Maße von seinen Gastgebern betreuen lassen, daß er nun, eineinhalb Jahre nach der Ankunft, fast einer der Ihren geworden zu sein meint. Er spricht einigermaßen Japanisch, findet sich ohne Mühe zurecht, und, was das Wichtigste ist, er hat eine entzückende junge japanische Ehefrau; auch Nachwuchs hat sich schon angekündigt.

So konstruiert Person und Ausgangssituation auch sein mögen, die bisher so positive Reaktion des Herrn Schmidt ist es keineswegs. Für seine Euphorie gibt es eine Reihe von Gründen, die unter bestimmten Bedingungen gar kein anderes Resultat zulassen. Die Begegnung zwischen Angehörigen entwickelter Kulturbereiche muß und wird immer zu einem intensiven Wechselspiel innerer Fragen und Bestätigungen, Ergänzungen und Steigerungen führen, zu einer Überhöhung der Gefühlsebene, die einer akustischen Rückkopplung ähnelt. «Immer» jedenfalls dann, wenn keine Störfaktoren auftreten. Für Herrn Schmidt war die Ausgangsbasis ideal: Im richtigen Alter, nach einer Periode der Orientierung in der Heimat, die von einem Gefühl der Enttäuschung begleitet war, nach überbrückenden, einstimmenden Kontakten zu der anderen Kultur ist er in einen Sog von Forderung und Bestätigung geraten, der seinem Leben eine bislang vermißte Ausrichtung gibt. Ihm kommt es in seiner neugewonnenen Begeisterung so vor, als ob diese Erfahrung mit einem Intensitätsgefälle zwischen den beiden Kulturen zu tun habe; wenig denkt er daran, daß ein solches Gefühl wohl bei jeder Annäherung an kulturell Neues entstehen kann – somit auch bei Herrn Tanaka, der das völlige Eintauchen in die andere Umgebung noch vor sich hat.

Durch die Überwindung der Kontraste, durch Erwartung, Öffnung und Erfüllung kommt es bei dem betroffenen Menschen zu einer Steigerung, ja Übersteigerung im Gefühlsbereich bis hin zum Schwärmerischen, die die Realität zurückdrängt, ihn diese nicht mehr wahrnehmen läßt. Sicherlich ist dieser Vorgang vom Phänomen des Sichverliebens nicht allzu verschieden. Bei Herrn Schmidt ist beides zusammengetroffen – das Aufgehen in der Kultur Japans hat die andere Vereinigung, das Zusammenfließen seiner Seele mit der seiner jungen Frau, bedingt, das nun seinerseits auf die Kulturverbindung zurückstrahlt. Freilich, wenn der zuvor gebrauchte Vergleich mit der akustischen Rückkopplung in vollem Umfang angewendet würde, hieße das auch: Rückkopplung als Übersteigerung sich unendlich addierender und nicht mehr trennbarer Signale im Wechselspiel gleichartiger Sender und Empfänger. Das Ergebnis wäre, wie wir wissen, ein schmerzhafter Mißklang.

164

Wir wollen uns jedoch nicht mit Zukunftsprognosen für das deutsch-japanische Ehepaar Schmidt beschäftigen. Noch geht es um das Naheliegende: Es ist zu einer leichten, eher unterschwelligen Trübung ihres Verhältnisses gekommen, seit sich herausgestellt hat, daß sie ein Kind erwarten. Die Mutter der jungen Frau tritt nun nämlich etwas häufiger in Erscheinung, man spricht in Gegenwart des Ehemannes schnell und ohne ihn einzubeziehen, so daß er den Inhalt der Unterhaltung nicht versteht. Dazu kommen Kleinigkeiten wie das vor einiger Zeit geführte nächtliche Gespräch über Erziehungsfragen, in dem Herr Schmidt zum ersten Mal bewußt wurde, daß seine Frau nicht in den gleichen Bahnen wie er selbst denkt und empfindet.

Herr Schmidt trägt schwer an dieser Situation. Der Himmel ist ihm mit Wolken verhangen, die nicht von der sommerlichen Regenzeit stammen, die eben eingesetzt hat. Mit einem Mal ist das bisher für ihn so freundliche Japan wie verwandelt: Das Institut ist eng und wenig komfortabel, die Kollegen scheinen gleichgültig oder überlastet, der kurze morgendliche Weg zur Arbeit führt durch Müllhaufen, die offene Kanalisation stört, überall wimmelt es von Ungeziefer. Auch in seiner wissenschaftlichen Arbeit erfährt Herr Schmidt gerade jetzt Ärger und Enttäuschung, da das Forschungsprojekt, an dem er beteiligt ist, überraschend und in einer ihn keineswegs überzeugenden Weise verändert wird, ohne daß seine Meinung dazu gehört worden wäre. Es scheint ihm geradezu, als hätte man die Vorbereitungen zu der Änderung mit Absicht unauffällig betrieben, um diese dann in einer Fakultätssitzung zu beschließen. Daß er an den Fakultätssitzungen nicht teilnehmen muß (darf?), war ihm bisher als Entgegenkommen und Schonung erschienen; jetzt aber fühlt er sich ausgeschlossen.

Bei alledem gibt es jedoch keinen Streit, kein äußeres Anzeichen für eine Veränderung, weder im Institut noch daheim. Herr Schmidt versucht, mit der Situation fertig zu werden, allein, da er in Kumamoto ja außer den Menschen, von denen er

sich so verlassen fühlt, niemanden hat, mit dem er sich ausspre-
chen könnte. Er sagt sich, daß es an ihm selbst liegen müsse, daß
sich wohl seine Perspektive verändert habe, daß er jetzt das
«halbvolle» Glas Wein für «halb leer» halte . . .

So trifft es sich gut, daß in dieser Zeit, kurz vor den Semesterferien, ein Fachkongreß in Tokyo stattfindet, zu dem er sogar in
dienstlichem Auftrag, mit Reisekostenübernahme durch die
Universität, fahren kann. Abgesehen von der willkommenen
Möglichkeit, in der Hauptstadt zu sein, einige Besuche zu machen und überhaupt einmal etwas anderes zu sehen, hat er vor,
der Einladung von Herrn Tanaka zu folgen, der sich auf einen
längeren Aufenthalt in Deutschland vorbereitet. Ermutigt durch
das Beispiel seines Kollegen, hat Herr Tanaka für zwei Jahre
eine Stelle an einem süddeutschen Forschungsinstitut angenommen und wird bald mit der ganzen Familie abreisen.

Herr Schmidt ist also bei Familie Tanaka eingeladen, zu
einem ausgedehnten Abendessen. In der sommerlichen Hitze
ist das leichte Bier dazu sehr angenehm, und bald geht man zum
«Geschäftlichen» über, d. h., Herr Schmidt bereitet seinen Gastgeber auf das Leben in Deutschland vor. Er schildert die Organisation des deutschen Instituts, das er von mehreren Besuchen
gut kennt, die ausgezeichneten Voraussetzungen für eine Ko-
operation mit der am gleichen Ort befindlichen berühmten Universität, die geräumigen Versuchsanlagen – unversehens gerät
ihm die Beschreibung zu einer Lobeshymne. Etwas später, als
auch Frau Tanaka nach der Arbeit in der Küche hinzukommt,
schwärmt er, nun unterstützt von dem ja schon reiseerfahrenen
Hausherrn, von den schönen deutschen Städten, den Blumen
vor den Fenstern der Häuser. Irgendwie kommt das Gespräch
auf Äpfel. Äpfel erscheinen Herrn Schmidt unter dem Einfluß
des Alkohols und der Gastlichkeit der Tanakas nun wie Para-
diesesgaben, das Land, in dem sie in reichlicher Fülle vorhanden sind, wie das Elysium: Er zählt die Sorten auf, die man auf
einem deutschen Wochenmarkt erstehen kann, Äpfel in allen

166

Farben, süße, saure, herbe, große, kleine, feste, mürbe, frühe und solche zum Lagern, die man dann zu Weihnachten im Ofen brät, Boskop, Cox Orange, Gravensteiner, Kläräpfel, Renetten, über tausend Sorten, und hält dagegen, daß man in Japan nur den «Golden Delicious» kaufen könne. Bei seiner langen und begeisterten Rede merkt er gar nicht, daß die Gastgeber ihm mit etwas verwunderter Heiterkeit lauschen. Er macht sich auch nicht klar, daß er im Augenblick unzweifelhaft einen Anfall von Heimweh hat und in Wirklichkeit vor allem seinen eigenen dringenden Wunsch demonstriert, mit der Familie Tanaka nach Deutschland reisen, heimkehren zu können.

Man trennt sich spätabends, kurz vor der letzten U-Bahn. In seinem Hotel verbringt Herr Schmidt eine unruhige Nacht. Die nächsten Tage verwendet er weniger für das Dienstliche als vielmehr zu ausgedehnten Spaziergängen durch Tokyo, zu Museums- und Theaterbesuchen; und er ißt in sogenannten «deutschen» Restaurants. Dies alles trägt dazu bei, ihm Japan allmählich wieder näherzubringen. Er beginnt sich nach seiner Frau zu sehnen, nach der gewohnten Umgebung in Kumamoto, dem Grün und der landschaftlichen Schönheit dieser Stadt, dem Lebensrhythmus der japanischen Provinz. Als er wieder nach Süden fährt – mit einer kleinen Unterbrechung in Mino bei der Lehrersfamilie, der er bislang nur Festtagsgrüße geschickt hat –, dämmert ihm, daß ihm offenbar spät und deshalb unerwartet das zugestoßen ist, was man einen «Kulturschock» nennt.

Wir wollen diesen bei der Begegnung mit fremden Kulturen oft verwendeten Begriff etwas näher betrachten, nicht zuletzt auch, um ihn vom Anschein des allzu Vagen und scheinbar Undefinierbaren zu befreien. Vor allem sollten wir ihn etwas modifizieren, denn eigentlich kann – wie der Fall von Herrn Schmidt zeigt – kaum von einem Schock im Sinne des Plötzlichen, des Erschreckens oder einer Katastrophe die Rede sein. Es geht vielmehr um allmähliche Veränderungen der Reaktionen auf die an sich gleichbleibende Umgebung, um negative Deutungen des Alltäglichen nach vorangegangenen positiven oder zumindest neutralen Einschätzungen. Die unerwartete Veränderung der subjektiven Empfindung kann den «Schock» für den Betroffenen gefährlich machen – es wird gewissermaßen eine Gemütserkrankung daraus, die in einzelnen Fällen sogar klinische Behandlung erfordert und dann die vorzeitige Rückreise ins heimische Kulturgebiet nahelegt.

Den Hauptgrund für das Auftreten des Kulturschocks haben wir bereits genannt: das Zusammenbrechen jener Hochstimmung beim Erleben des Fremden, dem man mit Interesse begegnet ist, das einzelne Züge der eigenen Kultur in noch vollendeterer Form zu besitzen schien und auf langgehegte Fragen unverhoffte Antworten gab. In diesem Sinne könnte es vielleicht sogar wichtiger sein, vor der «Kultureuphorie» zu warnen, sie zu analysieren und zu verhüten – doch wer würde schon angenehme Empfindungen diskreditieren wollen, nur weil ihnen Ernüchterung und Katzenjammer folgen können und sogar müssen?

Etwas komplizierter wird es, wenn die Störungen auf Unverträglichkeiten des eigenen Wertgefühls zurückgehen, wenn sich gewissermaßen psychische Allergien zeigen und die Andersartigkeit der Umgebung nach einiger Zeit nicht mehr tolerierbar erscheint. So sind beispielsweise die Gerüche in der Lebensmittelabteilung eines japanischen Warenhauses für den Touristen durchaus faszinierend; der Langzeitgast jedoch wird sich beim Einkaufen unter Umständen nach der leicht parfümierten neutraleren Atmosphäre deutscher oder amerikanischer Supermärkte sehnen und im extremen Fall (bei ausgeprägtem und anhaltendem «Kulturschock») vielleicht sogar dazu übergehen, sich Lebensmittel aus der Heimat schicken zu lassen.

Die Beispiele für «Kulturallergien» ließen sich beliebig vermehren. Herr Schmidt wird später von Menschen hören, die ihre Wohnungen nur noch nach Einbruch der Dunkelheit verließen, um die Form der Häuser ihrer Stadt nicht mehr sehen zu müssen, von Geräuschfixierten, denen das übliche Schlürfen der Suppe den Besuch japanischer Restaurants verleidete; umgekehrt auch von Japanern, die ihre gastliche deutsche Umgebung als hinterste Barbarei empfanden, wenn sie das daheim verpönte Sichschneuzen eines Erkälteten hören oder mit ansehen mußten. Glücklicherweise entwickeln sich aus solchen Unverträglichkeiten nicht immer «Neurosen» (wie man in Japan sagen würde).

Der wichtigste und zugleich verborgenste Quell der kulturellen Unverträglichkeiten ist im sozialen Verhalten zu suchen, das sich eigentlich nur in Nuancen vom eigenen, gewohnten unterscheidet. Denken wir daran, wie ähnlich die Bedingungen des Zusammenlebens der Menschen im Prinzip sind, wie allgemein auch die Tendenz ist, einander höflich zu begegnen, und wie unterschiedlich die Wirklichkeit im einzelnen doch sein kann. Leserbriefe in den englischsprachigen Ausländerzeitungen Japans und auch manche Buchveröffentlichungen zeigen immer wieder die vielen Mißverständnisse, die hier möglich sind. Sind Japaner wirklich kalt und herzlos, wenn sie bei einem Verkehrsunfall scheinbar unbeteiligt weitereilen (anstatt sich wie in Deutschland zu den Zuschauern am Unfallort zu gesellen), wenn sie von Trauerfällen in ihrer Familie mit einem Lächeln berichten? Wie steht es mit gemeinsamen Wertbegriffen wie Fleiß, Pünktlichkeit, Ordnung, die trotz grundsätzlicher Übereinstimmung immer wieder der Interpretation bedürfen? Wie ist es mit dem Freiraum, den jeder einzelne sich und den anderen im privaten, dienstlichen oder geschäftlichen Bereich zumißt? Hier liegt das größte Feld der Mißverständnisse jener vielen Unglücklichen, die von ihren Arbeitgebern ohne Landes- und Sprachkenntnisse zu mehrjährigen Arbeitsaufenthalten in die fremde Kultur versetzt werden, dort recht und schlecht ihren Dienst versehen, sozusagen in einem ständigen «flachen» Kulturschock, d. h. in chronisch depressivem Zustand, leben und sich diesem sowie der Wirklichkeit des Gastlandes nur mit Hilfe der in der Regel reichlich gewährten «Auslandszulagen» zu entziehen vermögen. Sie bleiben gleichsam exterritorial, leben mehr in Ausländerkolonien und -klubs als in der Gesellschaft ihres Gastlandes und verbringen ihren Urlaub wenn irgend möglich nicht dort, sondern in der Heimat oder auf kulturneutralen südlichen Inseln.

Der «Kulturschock» als Folge von Euphorie, Konflikten, Interferenzen und Mißverständnissen kann sicherlich in sehr vielfältiger Form auftreten. Jeder Mensch hat ja seinen eigenen Rhythmus und «schwingt» zwischen verschiedenen Stimmungslagen um eine angenommene normale Mitte. Für den durchschnittlich aufgeschlossenen Auslandsgast wird man während der ersten beiden Jahre, also der Zeit der Anpassung, eine allmählich flacher werdende Wellenlinie annehmen (Zeichnung a); ein im Auftrag eines Industrie- oder Handelsun-

a) Normalverlauf

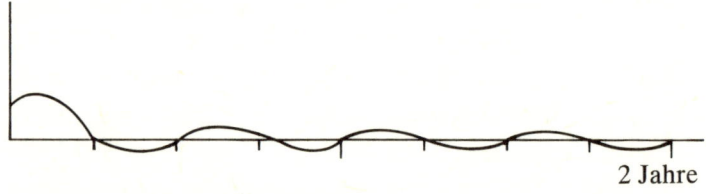

2 Jahre

ternehmens «Entsandter», dem der Antrieb für eine Auseinandersetzung mit seiner Situation im Ausland weitgehend fehlt, wird bei seiner Rückkehr wohl eher eine negative persönliche Bilanz – mit deutlichen positiven Urlaubsenklaven – zu verzeichnen haben (Zeichnung b); und ein vom Glück Begünstigter

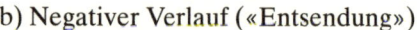

b) Negativer Verlauf («Entsendung»)

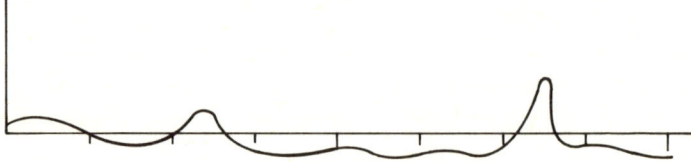

170

wie unser Herr Schmidt wird sich lange Zeit mit Recht fragen, was denn das Gerede vom «Kulturschock» überhaupt soll (Zeichnung c).

c) Idealisierter Verlauf («Herr Schmidt»)

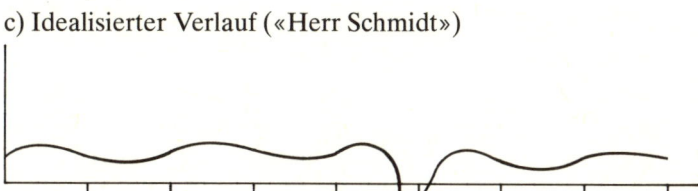

Auf die innere Auseinandersetzung mit dem Fremden, die für Selbsterkenntnis und eigene Fortentwicklung das einfachste und daher beste Mittel ist, werden wir noch zurückkommen, wenn unsere beiden Reisenden über die Anpassungsphase hinaus sind und von ihnen eine ruhige Beurteilung ihrer Lage zu erwarten ist. Bevor wir aber das Gebiet der kulturellen Kollisionen vorläufig verlassen, wollen wir uns das Vergnügen machen, einen Blick auf jene kuriosen «Begegnungen» zu werfen, die weithin von der glücklichen und von Selbstkritik freien Erfüllung interkultureller Träume zeugen: auf die Kuckucksuhr an der Wand des japanischen Wohnzimmers oder die Geishapuppe auf dem deutschen Kaminsims – aus dem Zusammenhang gerissene Einzelheiten, die dem Betrachter Exotik bieten, aber nicht zum Verständnis des Fremden beitragen. Oder wir führen uns die «zweihundertprozentigen» Liebhaber des anderen Landes vor Augen: den japanischen Kaufmann, der in Erinnerung an die Jahre in München seinen japanischen Alterssitz im rustikalen bayerischen Stil erbauen läßt und dann dort in Krachledernen den Rasen mäht; und den Deutschen, der sogar seinen Namen japanisiert, am liebsten das japanische Sommergewand («Yukata») trägt und sich nur noch auf Strohmatten («Tatami») wohl fühlt, «tatamisiert» ist.

Zu den Kuriositäten gehört auch der begeistert falsche Gebrauch von Kulturzitaten, wie zum Beispiel die Verwendung der

Tonbandaufnahme eines vollen Kirchenglockengeläuts als Pausenzeichen in einer japanischen Konzerthalle; oder auf der anderen Seite die Nutzung einer für die Teezeremonie bestimmten Schale als Blumentopf, bei der sich die betreffende deutsche Hausfrau natürlich nichts Böses denkt. Auch ein Erlebnis, das Herr Schmidt am ersten Silvesterabend in der Stadthalle von Kumamoto hat, darf hier nicht fehlen: Nach einer wirklich schönen Aufführung von Beethovens *Neunter Symphonie*, nach der «Hymne an die Freude» erhebt sich die Menge – aber nicht, um ergriffen nach Hause zu gehen, sondern um gemeinsam den gefühlvollen Volksliedschlager von der roten Libelle, *Akatombo*, mitzusingen, der von Orchester und Chor als Zugabe geboten wird; für Herrn Schmidt eine kalte Dusche – für die zweitausend Zuhörer aber die Fortsetzung, wenn nicht gar Steigerung ihres Gefühls der Verbundenheit.

Da solche Stilbrüche meist in Abwesenheit des Gegenübers, jedenfalls nicht im Rahmen eines Dialogs beider Bereiche stattfinden, ist ihre Wirkung gering. Was diesen Punkt angeht, kann man wohl von Glück sagen, daß Deutschland und Japan einander nicht nähergekommen sind, als es tatsächlich der Fall ist.

172

Gefühle: Von ihrem religiösen Umfeld und von ästhetischen Kategorien

Votivkunst und das «klassische» Schönheitsideal Europas ·
Natur- und Götterwelt Japans: das No-Theater · Religiosität
und Gesellschaft · Von der Lebensnähe des «Shinto» · Der
Künstler als Priester und Gott: «Lebende Staatsschätze» ·
Göttliche Natur als Kunstwerk · Werden und Vollendung als
gegensätzliche ästhetische Begriffe · Die Teezeremonie ·
Auflösung eines Mißverständnisses: die sogenannten
«Chinoiserien» unserer Fürstenhöfe

Von den Künsten, die in der ausländischen Vorstellung vom
Wesen der japanischen Kultur ja einen großen Raum einnehmen, haben wir bisher nur wenig gesprochen, allenfalls im Hinblick auf das «Kunstwerk», das der Mensch selbst, als einzelner
oder in der Gemeinschaft, sein kann. Wir werden dies bewußt
auch im folgenden nur sehr bedingt tun, da wir die traditionellen
Künste, wie die Teezeremonie, das Blumenstecken, Kalligraphie, Keramik, Gesang, Tanz usw., als Ausdruck der Kultur,
nicht aber als deren Mittelpunkt betrachten.

Vor der exemplarischen Beschreibung einiger Charakterzüge
japanischer Künste wollen wir ein paar Mutmaßungen über
ihre Triebkräfte anstellen – über die Gefühlskomponenten, die
zu den gesellschaftlichen Bedingungen hinzutreten und als
Nährstoff und Ferment zugleich dafür verantwortlich sind, daß
sich die Künste gerade in dieser bestimmten Form und nicht anders entfaltet haben. Die Ausgangsbasis ist dabei unser eigener
Kunstbegriff, der uns, durch den Kontrast, den Zugang erleichtern mag.

Wir wissen, daß ein deutsches Kind (und nicht nur ein deut-

173

sches) in der Regel zum ersten Mal mit Begeisterung und Verständnis malt, wenn es weiß, für wen dieses Bild bestimmt sein wird, wem es eine Freude machen soll. Bei Erwachsenen ist das oft kaum anders. So spielen z.B. «mit dem Herzen gemalte» Laienbilder im religiösen Bereich eine große Rolle: Man bittet Gott und die Heiligen um etwas oder man dankt ihnen durch Votivtafeln, die vor allem die Wallfahrtskirchen reichlich schmücken. Aber auch die anderen Gemälde und Schnitzereien in den christlichen Kirchen sind überwiegend Bitt- und Dankgeschenke. Europäische Kunst ist über fast zwanzig christliche Jahrhunderte hinweg überwiegend aus dem Gefühl der Hinwendung des Menschen zu einem höheren Wesen entstanden, und auch die Säkularisierung dieser Beziehung in der Renaissance und wieder vom Zeitalter der Aufklärung an hat nichts am Charakter der überwiegenden Mehrheit aller künstlerischen Produkte geändert: Sie sind als Geschenke zu verstehen, drücken Dankbarkeit und Verbundenheit aus. Dabei geht es den Künstlern darum, daß dies in der «schönsten» Weise geschieht; sie ringen ständig um die Vervollkommnung ihrer Techniken, bemühen sich um Harmonie und Ausgewogenheit im Ausdruck der Werke, Störendes und Ablenkendes wird eliminiert, eine Erhöhung der Stilebene angestrebt. Das Zeitalter der «Klassik» am Ausgang des 18. Jahrhunderts stellt sicherlich in dieser Hinsicht in Musik, Malerei, Architektur und Dichtung den Höhe- und Endpunkt einer langen Entwicklung dar. Seine Maßstäbe bestimmen auch heute noch, nach zwei Jahrhunderten, die allgemeine Ästhetik – «allgemein» im Sinne des Schönheitsempfindens der Mehrheit.

Man hat sich damit abgefunden, daß seither die Gefühls- und Wertwelt für die Kunstschaffenden selbst und die Anhänger der jeweiligen «Avantgarde» raschem Wechsel unterworfen ist, daß für den «freien» einzelnen der alte Kanon eigentlich nicht mehr besteht. Dennoch ist in vielen späteren Kunstrichtungen neben der Aufnahme neuer Anregungen immer wieder auch die Aus-

174

einandersetzung mit dem Alten, mit der bis zum 18. Jahrhundert erarbeiteten Ästhetik, zu erkennen. In einigen Bereichen legt das Überkommene der Gegenwart geradezu Fesseln an. So folgen vor allem die Gesangs- und Instrumentaltechnik, aber auch der Tanz einseitig jenen Maßstäben, die das 18. Jahrhundert gesetzt hat. Andere Techniken anzuwenden, selbst in dezidiert «modernen» Werken, ist äußerst schwierig, da das breitere Publikum derartige Änderungen als so gravierend empfindet, daß es nicht mehr bereit ist, sie zum Bereich der «Kunst» zu rechnen.

Die gelegentlichen Gastspiele japanischer Kabuki- oder No-Ensembles in Deutschland werfen ein ähnliches Problem auf. Selbst bei Liebhabern ostasiatischer Kultur rufen die falsettierenden und kehligen Töne eher wohliges Entsetzen hervor, als daß sie als Kunst empfunden würden. Leichteren Zugang gewähren die beherrscht-konsequenten Formen der Bewegung, der Handlungsabläufe und überhaupt der ganze optische Eindruck.

Leider sind die Voraussetzungen für das Nachvollziehen japanischer Theaterkunst, ja eigentlich fast aller japanischen Kunst, in Deutschland nur schwer herzustellen; zu vieles ist an Ort und Umgebung gebunden. Die Tradition der europäischen Bühne, die sich ja in erster Linie vom Guckkastentheater der Fürstenhöfe herleitet, hat dazu geführt, daß man im Zusammenhang mit Theater an vergoldeten Stuck und roten Plüsch sowie an geschlossene Säle denkt, und all das steht der japanischen Auffassung recht fern. Selbst wenn viele No-Stücke heute in den modernen Theatern der japanischen Großstädte aufgeführt werden, ergänzt die erinnernde Phantasie des Zuschauers die angedeutete Bühnengestaltung doch zum religiösen Kultgebäude; die gesteckten und gemalten Kiefernzweige lenken den inneren Blick zu den Bäumen, die die Szene überragen, und zu den Sternen am schwarzen Nachthimmel – die man bei No-Aufführungen auf den alten

Bühnen der Shinto-Schreine über sich hat, was es zweifellos erleichtert, sich die jeweilige Gottheit als eigentlichen Adressaten der Darbietung vorzustellen.

Dieser Bezug macht es notwendig, daß wir uns ein wenig mit der japanischen Religiosität beschäftigen. Dabei gebrauchen wir den Begriff «Religion» nur mit einem gewissen Vorbehalt, weil er in der christlichen Welt durch Dogma, Ausschließlichkeitsanspruch und ein Hilfsgerüst logischer Konstruktionen auf ein Bedeutungsniveau gehoben worden ist, das ihm in Japan normalerweise nicht zukommt.

Aus Beschreibungen und Statistiken ergibt sich ein überraschendes Bild: Zwar liegt die Zahl «wirklich gläubiger» Japaner mit etwa 30% (bei großen, etwa gleichen Anteilen für Shintoisten und Buddhisten und nur geringen für die neuen Kirchen und das Christentum) kaum höher als in Deutschland, doch besuchen über 80% der gesamten japanischen Bevölkerung beim Neujahrsfest einen (shintoistischen) Schrein oder (buddhistischen) Tempel. Noch mehr, 90%, beteiligen sich am Ahnenfest («O-Bon»), bei dem man die Familiengräber pflegt und für die Verstorbenen betet. Diese herausragenden Feste sind (wie die zahlreichen anderen religiösen Jahresfeste) sicherlich auch als gesellschaftliche Ereignisse zu betrachten, doch gibt es Indizien dafür, daß ihre Popularität Ausdruck eines tiefer reichenden Empfindens ist. So dürfte das Vorhandensein von Hausaltären in 76% der Wohnungen wohl überraschen. Wie es in der entsprechenden Statistik des öffentlich-rechtlichen Rundfunks und Fernsehens (NHK) aus dem Jahre 1981 heißt, setzt sich diese Zahl zu 15% aus Haushalten mit Shinto-Altar, zu 16% aus solchen mit buddhistischem Altar zusammen und zu 45% aus Wohnungen, die über beides verfügen, Shinto- *und* buddhistische Altäre. Bei anderer Zählung, wenn man die doppelt vorhandenen Altäre hinzuaddiert, wie es die Reiseführer gern tun, kommt man auf insgesamt 121% gläubige Japaner; und in Anbetracht der rasch gesprochenen Gebete an Schreinen, Tempeln

176

und in christlichen Kirchen könnte man gar auf die Idee verfallen, daß sich auch ein Wert von über 200% darstellen ließe. Das ist natürlich eine Spielerei, die über Religiosität im eigentlichen Sinn wenig aussagt. Doch ergibt sich daraus immerhin ein Hinweis auf die gewohnheits- und gefühlsmäßige Hinwendung praktisch der gesamten japanischen Bevölkerung zu religiösen Einrichtungen. Viele japanische Firmen haben Shinto-Schreine, zum Teil bekannte Kultstätten, sozusagen unter Vertrag genommen, von anderen gibt es eigene Gründungen, wie den Hoko-Schrein, den die Toyota-Werke in ihrer Stadt Toyota seit 1939 unterhalten und an dem unter Anwesenheit aller Direktoren die jährlichen Firmenfeste gefeiert werden. Der Buddhismus mit seiner Zuständigkeit für das Jenseits spielt demgegenüber eine etwas geringere Rolle, hat im übrigen seine Bedeutung als Träger des «Zen» und dessen disziplinierender Kraft.

Wenn – außerhalb des reinen Brauchtums – etwas von der «Lehre» dieser beiden an sich heterogenen, in der japanischen Realität jedoch zusammenstimmenden Religionen ins Leben des Volkes eingegangen ist, dann wohl vor allem die Verbindung («Musubi») der einzelnen Menschen durch Gruppen und den gesamten Staat sowie die Betonung der Dienerfunktion der Teile («Bun») – Grundideen letztlich auch des ganz Ostasien in der Tiefe der gesellschaftlichen Strukturen prägenden Konfuzianismus. Einheit in Pluralität ist das staatstragende Prinzip seit frühester Zeit. Abgeleitet von notwendigen Abstimmungsmaßnahmen an der Basis des gesellschaftlichen Lebens, z. B. der Verteilung des Wassers bei der Bestellung der Reisfelder, entstand nach und nach ein plausibles Ordnungssystem, zu dem sich ein ritueller Überbau herausbildete. Shintoismus ist somit eine dem sozialen Gefüge dienende Ritual-«Religion», deren Götter eigentlich von Anfang an hinter der irdischen Welt zurückzustehen hatten. Der später hinzugekommene Buddhismus mußte sich dieser Situation anpassen und stellte ebenfalls keine allzu deutlichen Ansprüche an die Seele der Menschen. So ist es zu dem in den genannten Zahlen zutage tretenden und durch gemeinsame oder doch benachbarte Kultanlagen belegten Arrangement mit dem Shinto, dem «Weg der (japanischen) Götter», gekommen.

Die Wirkungskraft des Shintoismus beruht vor allem auf seiner Diesseitigkeit, die sich in einem äußerst «menschlichen» Götterhimmel und der großen Bedeutung, die natürlichen Dingen zugemessen wird, ausdrückt.

Die ersten Kapitel des *Kojiki* [14], der «japanischen Bibel», enthalten eine Fülle rührender und unvergeßlicher Stellen, die jeder Japaner kennt: die Adam-und-Eva-Geschichte des Urpaares Izanagi und Izanami, die an Orpheus und Eurydike erinnernde Suche Izanagis nach der verstorbenen Schwestergattin in der Unterwelt, das Toben des mißratenen Sohnes Susanoo (des Sturmgottes), die Leiden der verständigen Tochter Amaterasu (der Sonnengöttin) sowie die daraus folgenden Konsequenzen in der bereits geschilderten Episode in und vor der Höhle Ama-no-iwato. Man identifiziert sich leicht mit diesen Göttern, läßt sich von ihnen, die das Reisen lieben, gerne besuchen und hält Schreine für sie bereit. Man weiß auch, wie man ihre Aufmerksamkeit erregen kann, mit ihnen sprechen muß und welchen Dank sie verdienen. Und man ist klug genug, im Hinblick auf das so menschliche Verhalten der Götter von den Priestern nicht zuviel zu verlangen; diese sind irdische Wesen, die gern essen und trinken, heiraten und sich – ganz wie die Götter – an Scherz, Schauspiel, Tänzen und den Kämpfen der dicken Sumo-Ringer erfreuen.

Prüden christlichen Besuchern Japans fällt die Diesseitigkeit des Shinto besonders auf, wenn sie die vielen Fruchtbarkeitsschreine bemerken, bei denen nicht nur Frühjahrsprozessionen auf den Feldern wie beim christlichen Fronleichnamsfest stattfinden, sondern wo man auch ein Phallussymbol als Amulett erhält. Phallus gleich Leib des Herrn – das ist eine für Christen nicht leicht zu akzeptierende Vorstellung und liegt dennoch

178

nicht allzu fern. Sie veranschaulicht den grundsätzlichen Unterschied der religiösen Haltungen. Während im Christentum Gott außerhalb des Lebensbereichs des Menschen steht und sich nur aus besonderer Gnade in Menschengestalt zu erkennen gegeben und genähert hat, ist in Japan das Göttliche («Kami») mit dem Menschlichen eng verbunden. Man könnte sagen: Es wird durch gemeinsamen Beschluß im Rat der Ältesten, Sachverständigen oder Priester definiert, vom Allgemeinen abgesondert und emporgehoben – dann äußerlich und ganz konkret durch Reisstrohseile vom Nicht-Gekennzeichneten getrennt. Dieser Prozeß ist prinzipiell auf alle Dinge dieser Welt anwendbar, auf Felsen, Höhlen, Berge, Flüsse, Wasserfälle, natürlich auch auf Tiere und Menschen. In diesem Sinne kann jeder Mensch «Kami» sein. Der Grad, bis zu dem er dieser Anerkennung durch die Gemeinschaft näher rückt, hängt vor allem auch von ihm selbst ab, von seinen Leistungen, würdigem Auftreten, seiner Funktion. Natürlich verkörpert der Kaiser diesen Zustand in besonderer Weise, da er das gewaltige geistige Gebilde dessen, was «Japan» ausmacht, repräsentiert – vor allem aufgrund seiner halb mythischen, halb historischen Abstammung von den Göttern.

Das Göttliche ist somit etwas, das von der Materie, dem Objekt, ausgeht, «ausstrahlt». Es wirkt von dort auf den Menschen, der ihm aufgeschlossen gegenübersteht und ihm antwortet. Unter diesem ist jedoch nicht der bestimmte Mensch als Individuum in einer aktuellen Situation zu verstehen, sondern das Subjekt als Teil der Gesamtheit der Menschen des Kulturkreises. Deren Konsens in dem einen Gefühlsbezug erhebt das subjektive Bewundern zur «religösen Verbundenheit» mit dem Objekt und zugleich mit der Gemeinschaft der Menschen selbst. Das Religiöse ist also etwas Menschliches, das das Göttliche aus sich erzeugt. Man könnte fast sagen, daß es ein Jenseits, einen Gott in unserem Sinne nicht benötigt. Die Götterwelt des Shinto hat dementsprechend vor allem auch die Funktion eines Spiegels der menschlichen Gesellschaft und ist in der erhöhten Spiegelung ein Symbol für deren seelisches und moralisches Verbundensein.

Die wechselseitige Verbindung der einander bewußten Wesen und Dinge durch unsichtbare «Linien», eine Vorstellung, die aus der indischen Karma-Lehre stammt und auch im japanischen Buddhismus lebt, spielt als *en* für Japaner eine große Rolle. Man spürt sozusagen, wenn das *en* zu einem anderen Menschen abreißt, und hält ein Weiterleben ohne jegliche derartige Beziehung für unmöglich. Es liegt auf der Hand, daß die Linien-Vorstellung jene gesellschaftlichen Kräfte beschreibt, die die Zusammengehörigkeit der Menschen in ihrem Kulturbereich und in ihrer Gruppe tragen. Darüber hinaus aber, und damit kehren wir zur Betrachtung der Kunst und ihrer Grundlagen in Japan zurück, bildet sie ein wesentliches Element des künstlerischen Ausdrucks und seiner Antriebskräfte. Während es, wie gesagt, vielen abendländischen Künstlern bei ihrem Schaffen darum gegangen ist, mit den bescheidenen irdischen Ausdrucksmitteln dem mächtigen Gegenüber, Gott, ein Opfer, ein Weihgeschenk darzubringen, ist für zahlreiche japanische Künstler die Kunst selbst Ausdruck des Göttlichen, in wesentlichen Zügen sogar dessen Abbild, denn sie bezieht ja ihre Kraft, ihre Thematik und selbst die Motive direkt aus dem, was nach gemeinsamer Überzeugung beziehungsweise durch diese das Göttliche geworden ist: aus der Natur. In solch menschenverbundenem, irdischem Verständnis des Göttlichen wird die Kunst selbst göttlich; der Künstler wird zum Priester, ja sogar zum Gott.

Für deutsche Ohren mag das recht schwärmerisch und reichlich theoretisch klingen. Es ist jedoch durchaus realistisch und entsprechend der für Japan typischen Nähe des Ideellen zum konkret Greifbaren leicht zu exemplifizieren. Die Verehrung, die Künstler, vor allem jene, die sich auf den Gebieten der traditionellen japanischen Künste betätigen, genießen, übersteigt bei weitem das in Deutschland übliche Maß. Jeder «Meister» («Sensei») wird von seinen Schülern und Anhängern mit großer Ehrerbietung betrachtet; eine kritische Stellungnahme, ein Sich-messen-Wollen mit ihm scheint von vornherein ausgeschlossen.

Ins «Göttliche» gehoben werden japanische Meister aber auch durch eine staatliche Verordnung, die so populär und weithin anerkannt ist, daß sie durchaus dem religiösen Bereich entspringen könnte, nämlich durch das Gesetz, das den würdigsten Vertreter einer jeden traditionellen Kunstrichtung zum «lebenden Staatsschatz» *(ningen kokuho)* erklärt. Ursprünglich zur Rettung vom Untergang bedrohter Künste bestimmt, hat diese Einrichtung inzwischen eine weit über ihren nüchternen Zweck hinausgehende Bedeutung erhalten. Die Begegnung mit einem *ningen kokuho* läßt nicht nur dessen Anhänger ehrfürchtig erschauern, obwohl der so Ausgezeichnete in Wirklichkeit ein gemütlicher alter Herr sein mag, dessen Hauptschaffensperiode schon einige Zeit zurückliegt. Auch in den Preisen seiner Werke drückt sich die Wertschätzung aus – sie schnellen mit der Verleihung des Titels von einem ohnehin beachtlichen Niveau in eine für den normalen Interessenten unerreichbare Höhe.[16]

Die Erhöhung des Seienden zu göttlicher Größe betrifft schließlich, wie schon beobachtet, die Natur und ihre Erscheinungen. Der Fuji-san und viele andere japanische Berge sind für den einzelnen heilig, weil der Konsens aller sie dazu macht. Die Form, das Größenverhältnis des Berges zum Menschen, seine wechselnde Färbung und Oberflächenstruktur werden als Aussage verstanden und in Bildzeugnissen festgehalten. Ebenso «sprechen» bestimmte Felsen und Bäume, sind jung, alt, kräftig, verfallen, elegant oder schlicht.

Die Natur insgesamt wirkt ständig neu auf den Menschen ein, setzt ihm Grenzen oder gibt ihm Impulse und bestimmt, nicht zuletzt, seine ästhetischen Kriterien. Und da sie in ihrer Wandlung ewig gleich bleibt, sind auch diese Kriterien konstant. In der verehrenden, Mensch und Natur verbindenden Kunst aller Jahrhunderte finden wir daher immer wieder das Motiv des Fuji mit seiner ausgewogenen, symmetrischen und zugleich unregelmäßigen Form, mit seinen weiten Flächen und scharfen Konturen, mit dem Kontrast zwischen dem reinen Blau des Himmels und den Brauntönen des Vulkangesteins.

Geist *und* Natur sind trotz äußerer Trennung mittels dialektischer Durchdringung und wechselseitiger Ergänzung zur Grundlage der japanischen Ästhetik geworden. Die beherrschte Form der höfischen Welt mit all ihrer Etikette benötigte für ihre Existenz das Bewußtsein, das Wesentliche bei Bedarf im stilisierten Gegenbereich des einfachen Lebens finden zu können. Das Werdende tritt als Kunstideal, das der Idee der Vollendung entgegengesetzt ist, gleichberechtigt zu den gesellschaftlichen Idealen hinzu, und zwar in einem solchen Maße, daß für eine ganze Kunstrichtung nur das Nicht-Elegante, das «Herbe» («Shibui») schön genannt werden kann.

Die Verbindung des Eleganten mit dem Herben, Bäuerlichen haben die Ästhetiker zusammen mit dem Adel der Höfe bis zum Ende des 16. Jahrhunderts in bezug auf den Teekult und andere Künste bleibend formuliert. Während im täglichen Leben die vollendete Form einziger Maßstab war, wurde in der Teezeremonie die «unvollendete Form» gefordert, die formelle Übung des Formlosen, wie man auch sagen könnte. Das Teehaus, eine stilisierte bäuerliche Hütte aus Lehm, Bambus, naturbelassenem Holz und Baumrinde, war der Schauplatz freundschaftlicher, entspannter Begegnungen, bei denen alle Tagesthemen und Sorgen ausgeklammert blieben. Ausländer, die heute an einer solchen Zeremonie teilnehmen, können in aller Regel keinen Zugang zu dem finden, was gemeint ist, weil sie als Fremde einen zu weiten inneren Weg dorthin zurückzulegen hätten, oft auch, weil diese Zeremonie in der dargebotenen Form wenig von ihrem eigentlichen Charakter mitteilt. Aber wir können uns mit ein wenig Phantasie in jene Periode der Hochblüte der höfi-

schen Teekultur versetzen, in der – um die Zeit der Reichseinigung unter Ieyasu Tokugawa – bedeutsame Gespräche ohne
Tee gar nicht vorstellbar gewesen wären (so wie es heute im
Kaufmannsleben üblich ist, wichtige Vertragsabschlüsse beim
Sake zu tätigen), beispielsweise, wenn sich zwei Staatsmänner
unterschiedlicher Couleur in angespannter politischer Situation
begegneten.

Man muß sich die Szene sinnlich, bildhaft vergegenwärtigen,
wie die beiden mächtigen Männer mit ihrer Gefolgschaft,
prächtig gekleidet und bewaffnet, einander gegenübertreten,
sich formell und distanziert begrüßen, jede Bewegung in der
vorgeschriebenen Weise ausführend – die Unterredung kann
hier nur zum Ja oder Nein führen und wird unter Umständen
rasch eine dramatische Wendung nehmen. Doch bevor es zu der
eigentlichen Verhandlung kommt, bittet der Gastgeber sein Gegenüber in den gepflegten Garten, zum dort verborgenen Teehaus, das nur sie beide betreten. Und dort legen sie ihre Waffen
und Kleider (und mit den aufgestickten Familienwappen gewissermaßen auch die Identität) ab, genießen gemeinsam ein vor-
bereitetes dampfendes Bad, um sich dann in einfachen, gleich-
artigen Gewändern zu einem schlichten Mahl zu begeben. Danach erst trinken sie den Tee, den der Gastgeber zubereitet. Alles
Gerät ist von bewußter «Anti-Eleganz»; es zeugt von Naturnä-
he. Die verwendete Teeschale, das wichtigste Requisit, ist eigentlich, oder doch sinngemäß, die Reisschale der einfachen
Bauern, offenbar von einem recht ungeschickten Handwerker
gefertigt. Aber in ihr erblickt der kundige Gast die Tiefe und
Spontaneität der Natur, wird von ihrer unvollendeten Erscheinung zum Ergänzen, Weiterdenken, zu Assoziationen herausge-
fordert, die seinen allzu geordneten Geist lockern und ihm das
Herz öffnen.

Eine solche Enklave der Ruhe im hektischen Tagesgesche-
hen, die wir heute, ahnungslos, wie wir sind, «Zeremonie» nennen, dauerte wohl recht lange – eben so lange, bis die innere Ver-

änderung vor sich gegangen war, von der man sich die politische Verständigung erhoffte.

Um einige Grundzüge der japanischen Ästhetik zu erläutern, haben wir vom No-Theater zur Teezeremonie einen raschen Bogen geschlagen, der durch eine Fülle von Beispielen zu ergänzen wäre. Die Spannung, die von dem Kontrast zwischen Vollendetem und Unvollkommenem, auch dem zwischen ausgeführtem Detail und freier Fläche ausgeht, ist in der Kunst und Lebensform der höfischen Hauptstadt Kyoto am stärksten gegenwärtig. An anderen Orten, vor allem in abgelegenen Gebieten, tritt die direkte Konfrontation mit der Natur stärker in den Vordergrund. Der dortige «Dorf-Shinto» ist der Nährboden für vieles, was auf Mitteleuropäer besonders fremd und «japanisch» wirkt.

Andererseits spielt im Bewußtsein der meisten Ausländer aber gerade die Gegenrichtung, das Elegante, eine übergroße Rolle, was auf ein bis heute andauerndes Mißverständnis zurückgeht, das im Vergleich der Kulturen jedoch leicht aufzuklären ist.

Auch Herr Schmidt hat diese Erfahrung gemacht. Als er in den ersten Tagen nach seiner Ankunft einiges Geschirr beschaffen mußte, hatte er in dem Wunsch, künftig etwas Schönes, Typisches um sich zu haben, Porzellanschalen und Tellerchen mit sanften Mustern und Zeichnungen ausgewählt. Zum Weihnachtsfest hatte er den Angehörigen in Deutschland buntbedrucktes «Japanpapier», einen vergoldeten Fächer und ähnliche Kleinigkeiten geschickt. Etwa nach einem Jahr jedoch beginnt er sich von seiner Geschirrentscheidung zu distanzieren. Nicht zuletzt unter dem Einfluß seiner Frau kauft er für den erweiterten Haushalt Steinzeug-Teebecher mit milchig-grauer «Shino»-Glasur, die kein gewolltes Muster haben, dafür «kleine Fehler» aufweisen und in den Glasurrissen zunehmend zu «verschmutzen» scheinen, gerade deshalb aber der Familie Schmidt mehr und mehr ans Herz wachsen.

Herr Schmidt weiß nun, daß das «Japanische», das er früher in Deutschland gekannt hatte, überwiegend nur der einen, eleganten Stilrichtung angehörte, möglicherweise nicht einmal wirklich japanischen Traditionen entstammte, sondern nach dem Wunsch der europäischen Kunden und nach deren Mustervorlagen ausschließlich für den Export angefertigt worden war. Er hat in einem Buch über den japanisch-chinesischen Außenhandel von den verschlungenen Wegen des Warentauschs gelesen, von dem über Jahrhunderte vor allem Seidenstoffe und Keramik betroffen waren und an dem die abendländische Schiffahrt stark beteiligt war. Über sie waren die vielen «Chinoiserien», die großen Ziervasen in den Barockschlössern, nach Europa gelangt, und zwar oft nicht aus China, wie die Händler behaupteten, sondern aus Japan, das schon damals den Wert von «Devisen» erkannt hatte und das «Chinesische Porzellan» in den Töpfereien von Nordwest-Kyushu preiswerter herstellte. Das nach einem wichtigen Ausfuhrhafen so benannte Imari-Porzellan war im Grunde ein einziger Schwindel – nur eben ein so geschickter, daß nicht nur die fernen europäischen Kunden darauf hereinfielen, sondern auch die Heimat derart großen Gefallen an den euro-chinesischen Waren fand, daß sich rasch eine Angleichung und Weiterentwicklung der Techniken und Dekors zum «Japanischen» hin vollzog.

Dennoch kann kein Zweifel bestehen, daß es Abstufungen zwischen «Japanischem» und «noch Japanischerem» geben muß; und Herr Schmidt kann miterleben, wie selbst unter Japanern diese Debatte immer aufs neue entbrennt.

Das Geheimnis des Erfolges von Imari-Porzellan in Europa (während andere, in Japan gängige Richtungen völlig unbekannt blieben) beruht auf der einfachen Tatsache, daß bei der Begegnung zweier Kulturen und im Konflikt verschiedener ästhetischer Maßstäbe ganz offensichtlich das Fernliegende, Fremde abgewehrt oder zumindest ignoriert wird, während das Vertrautere, mit nur geringfügigen Abweichungen Versehene als «exotisch» begehrt ist. Wenn man dem Beispiel des Imari-Handels folgt, gewinnt man das Gefühl, daß die natürliche Toleranz zwischen den ästhetischen Welten recht gering sein muß.

Immerhin spendet uns die persönliche Erfahrung des Herrn Schmidt in diesem Punkt hinreichend Trost. Glücklicherweise ändert und erweitert sich der individuelle Geschmack unter dem Einfluß überzeugender Alternativen im Laufe der Zeit. Herr Schmidt merkt dies nicht nur an seiner zunehmenden Aufnahmefähigkeit für japanische Kunst – die er sich noch als Vertiefung seines Verständnisses, also als geistigen Lernprozeß erklären könnte –, sondern er konstatiert zu seiner Verwunderung auch eine Verschiebung seiner ästhetischen Kategorien auf ganz anderem Gebiet: Bei seiner «Kulturschock»-Reise nach Tokyo hat er zum ersten Mal wieder eine größere Zahl von Europäern und Amerikanern gesehen – und sie überwiegend zu groß, zu langbeinig, zu dick und zu ungepflegt, kurz gesagt, häßlich gefunden. Obwohl ihn diese Beobachtung getröstet und ihm die Rückkehr in die Provinzstadt erleichtert hat, ist er doch auch verwirrt: Wie kann es möglich sein, daß er nicht nur seine nun fast schon vergessenen Vorurteile gegenüber den «kurz- und krummbeinigen» Japanern überwunden, sondern sogar ganz entgegengesetzte, neue Vorurteile, ja Aversionen gegenüber Menschen der eigenen Herkunft entwickelt hat? Es wird ihm bewußt, daß jetzt, auf dem Gebiet der sinnlichen Wahrnehmung, die eigentliche Auseinandersetzung der Kulturen in ihm begonnen hat.

Innenwelt und Außenwelt:
Die Form

Schein und Sein: die Wesensproblematik des Abendlandes ·
Identität von Form und Inhalt: Kleidung und Verpackung ·
Erhöhung und Minderung als Formprinzipien · Betrachtung
einer Teeschale · Die Begriffswelt der Zurücknahme:
«Shibui», «Sabi», «Wabi»

Eine Beobachtung, die wir indiskreterweise bei der höfischen
Teezeremonie gemacht haben, wollen wir noch vertiefen. Es
geht um jene Szene, in der sich die beiden Würdenträger von
ihren Begleitern trennen und für das gemeinsame Bad mit den
Kleidern auch einen Teil ihrer Identität und ihrer Verpflichtungen ablegen, um danach in aller Ruhe in neutralem Gewande an
ebenso neutralem Ort ein frugales Mahl einzunehmen. Man
könnte sagen, daß sie sich eine Stunde der Wahrheit bzw. einen
Raum des Menschseins innerhalb ihres geregelten Lebens reser-
viert haben. Aber was ist «Wahrheit» – was ist «Menschsein»?
Und ist es überhaupt zulässig, einen Gegensatz in den verschiedenen Existenzformen zu sehen? Folgt eine solche Auffassung
nicht Maßstäben, die aus der bürgerlichen, rationalen Welt Mitteleuropas, aus Deutschland stammen, wo «ehrliche Kerls»
(wie Martin Luther, Götz von Berlichingen oder «des Teufels
General» Harras), die «nicht anders können», demonstrieren,
daß es eigentlich nur die eine Welt der Offenheit geben kann
und jede Verstellung «falsch» ist? Für unsere Klassiker Goethe,
Schiller, Kleist und Lessing ergab sich aus dieser Gegenüberstellung ein zentrales Problem, das bis in unsere Tage im deutschen Geistesleben immer wieder akut geworden ist. Wir erinnern uns mit Unbehagen an die Aufsätze in den oberen Schul-

187

klassen über Begriffspaare wie «Höflichkeit und Wahrhaftigkeit» oder «Schein und Sein», bei denen festzustellen war, wieweit sich die Forderungen des einen und des anderen Pols widersprechen, wofür man sich selbst entscheiden würde (oder eher: den Normen der Gesellschaft entsprechend zu entscheiden hätte), ob nicht gar eine Synthese beider möglich wäre. Für uns gibt es in der Tat fast immer Alternativen. Wie sich beim Nachdenken über deutsche Erziehungsideale bereits andeutete, zeichnet sich der mündige Staatsbürger ja gerade dadurch aus, daß er fähig ist, in einer Konfliktsituation darüber zu entscheiden, ob er seine Individualität durchsetzen darf oder ob er auf gesellschaftliche Pflichten Rücksicht zu nehmen hat.

Wie schon ausgeführt, ist die Ausgangsbasis in Japan eine ganz andere. Im Zweifelsfall wird die gesellschaftliche Pflicht stets über dem individuellen Interesse stehen; und so gibt es eigentlich gar keine Alternative – auch nicht für den Fürsten früherer Jahrhunderte oder den Generaldirektor heutiger Konzerne. Das vorübergehende Verlassen der formgebundenen Verhaltensweise ist nämlich keineswegs als Hinüberwechseln in eine andere, sonst nicht erlaubte Sphäre zu verstehen, sondern, im Sinne einer tatsächlichen Handlung, als Ablegen der formalen Zwänge: Es ist die Offenbarung des Inhalts durch Rücknahme der äußeren Form. Zwischen Innenwelt und Außenwelt bestehen somit, anders als wir vermuten würden, keine inhaltlichen oder gesellschaftlichen Abweichungen noch gar Widersprüche. Der Unterschied ist nicht wesentlich, sondern eben «formal». Um die japanische Wirklichkeit zu begreifen, muß man das Wesen des «Formalen», das das Leben ungleich stärker beherrscht als bei uns, kennen und verstehen.

In der Tat sind alle Lebensbereiche ohne jede Ausnahme (d.h., soweit die Kraft der Menschen reicht) nach künstlerischen Prinzipien durchgeformt. Für den Menschen, den wir ja schon als potentielles Kunstwerk, als «Kunstfigur» kennengelernt haben, gibt es verbindliche Richtlinien, die nicht, wie in

Deutschland, der schieren Notwendigkeit entspringen. Kleidung ist nicht lediglich Schutz gegen Kälte, nicht nur «zweckentsprechend», sie ist in einem wesentlich höheren Maße als bei uns zugleich Kennzeichen menschlicher Würde, der Zugehörigkeit zu einer gesellschaftlichen Schicht oder Berufsgruppe, nicht zuletzt auch Signal für das Verhalten anderen gegenüber. So werden die Empfindungen verständlich, die in Herrn Schmidt angesichts der langmähnigen, bärtigen Ausländer in ihren Jeans und Rollkragenpullovern aufkamen. Er selbst hatte sich ja auch allmählich an formellere Kleidung gewöhnen müssen, obwohl er sich als Wissenschaftler nur dem an sich freieren Leben an der Hochschule anzupassen hatte, wo man es mit der Etikette nicht so genau nahm. Im Geschäftsleben dagegen wurde ein hoher Standard eingehalten. Vor allem aber beeindruckte Herrn Schmidt der Unterschied bei den, wie man in Japan sagte, «blue-collar»-Berufen: LKW-Fahrer mit weißen Handschuhen, Fabrikarbeiter in frisch gebügelten Uniformen, die offenbar täglich gewechselt wurden – das war für einen Mitteleuropäer ein recht ungewöhnlicher Anblick. Und so wie die Kleidung war auch das Verhalten der Menschen untereinander: auf gleicher Ebene und «nach oben» fast immer korrekt, höflich, aufmerksam und zuvorkommend; von Vorgesetzten zu Untergebenen jedoch oft herablassend – eben wie es die Rangordnung erwarten ließ.

Übrigens verlangt natürlich auch jedes Hobby seine besondere Kleidung und Ausrüstung (worüber sich die jeweilige Industrie freut). Und so sieht man sonntags in den öffentlichen Verkehrsmitteln den Ausflüglern sofort an, was sie zu betreiben gedenken: ob sie Tennis, Golf oder Baseball spielen, Angeln gehen oder einfach wandern wollen. In diesem Sinne «formal» gibt sich auch die Unterwelt der Yakuza, die nicht nur an Lederjacken und Sonnenbrillen nach Chikagoer Muster, sondern auch durch kurzes, gekräuseltes Haar und Körpertätowierung zu erkennen ist.

189

Wenn sich der Mensch selbst kennzeichnend verpackt, liegt es nahe, daß er die Gegenstände, mit denen er es zu tun hat, ebenso behandelt. Also werden Einkäufe und Geschenke aufs sorgfältigste in Schachteln und kostbares Papier gehüllt – zusätzlich zu den ohnehin von den Herstellern zu diesem Zweck bereitgestellten Materialien; und es gibt bestimmte Regeln, wie ein hierfür verwendeter Papierbogen zu falten und eventuell zu beschriften ist.[17] Noch größere Mühe wird auf die Präsentation von künstlerischen Produkten verwendet. Ein Kunstglas oder eine Keramik wird nicht etwa, wie es zweckmäßig wäre, in einer Polyesterschaumhülle und festem Karton geliefert, sondern nach wie vor in zierlichen, nagelfreien Holzkästchen, die mit ihrer Beschriftung und den gewebten Banderolen selbst wie ein Kunstwerk wirken, was sie an sich ja auch sind. Hier ist es ähnlich wie bei der Teezeremonie: Die Signatur, das Siegel des Künstlers befindet sich oft nicht auf dem Kunstwerk, sondern auf dessen Verpackung, dem Holzkästchen, das damit Teil des Kunstwerks selbst wird und als «Außenwelt der Innenwelt» nicht von ihm getrennt werden darf, wie es manche Ausländer tun, die aus Transportgründen leichtherzig und unüberlegt den zu der gekauften oder als Geschenk erhaltenen Teeschale gehörigen Kasten wegwerfen.

Der Teekult hält auch hier noch eine Steigerungsmöglichkeit bereit: Die zur Aufbewahrung des feingemahlenen grünen Tees bestimmten Keramikdosen («Cha-ire»), die zu den am meisten geschätzten japanischen Gebrauchskunstwerken zählen, stecken außer in dem passenden Holzkästchen noch in einem kostbaren Beutel aus Goldbrokat; und sie selbst sind doch auch «nur» Gefäß für das Eigentliche, den Tee. Das dreifache Verpackungskunstwerk erhebt den Inhalt über das Materielle hinaus ins Übernatürliche. Die Form ist im Grunde ein Zeichen, eine Aussage über Charakter und Wert eines Gegenstandes. Und dasselbe gilt für die Verpackung und für die Verpackung der Verpackung ...

190

Ein Zeichen ist es unter Umständen aber auch, wenn im Leben oder im Kunstschaffen scheinbare Formlosigkeit an die Stelle des Ausgeformten tritt bzw. eine bewußt einfache, reduzierte Formgebung einen Kontrast zu der Innenwelt des Gemeinten erzeugt. Die am Beispiel des «Cha-ire» demonstrierte Erhöhung des Gegenstands durch seine Präsentation kann ja auch in ihr Gegenteil verkehrt werden; das hieße dann, die «Verpackung» zu entfernen, eine Vorstellung, die bei rein materieller Betrachtung gar nicht so leicht fällt. Ein noch so wirksames Teepulver ist ohne Behältnis vielleicht wirklich nicht mehr ohne weiteres zu identifizieren – hier hat die äußere Erhöhung als symbolischer Ausdruck der Bedeutung wesentlichen Anteil am Gesamtwert. Nehmen wir jedoch das Beispiel der Begegnung der beiden Fürsten, so wird deutlich, daß die ganze Szene in ihrer für jedermann verständlichen Ausgestaltung eine «Reduktion der Form» gegenüber dem Normalzustand ist. Die Teehütte im Palastgarten, das Vertauschen der prachtvollen Gewänder gegen schlichte Kleidung, die einfachen Speisen und der aus bäuerlichen Reisschalen getrunkene Tee – das alles ist nicht nur Mittel zu ungebundener, freier Kommunikation der ansonsten ihrer äußeren Welt allzusehr verpflichteten Staatsmänner, und es ist auch kein «Zurück zur Natur», wie wir unter dem Einfluß der europäischen Romantiker meinen könnten. Es ist vielmehr der bewußte Wunsch, die äußere Form zurückzunehmen und einen Zustand der Schlichtheit und Bescheidenheit zu erleben und zu demonstrieren, der deutlich unter dem gewohnten Niveau liegt.

Betrachten wir nun noch einmal die Teeschale – möglichst mit den Augen und dem Bewußtsein ihrer fürstlichen Benutzer: Was Form und Größe angeht, entspricht sie dem im 16. Jahrhundert und bis in unsere Tage hinein Üblichen; man kann sie bequem mit beiden Händen umfassen und zum Munde führen. Die im Verhältnis zur Funktion (d.h. zu der relativ geringen Menge des in ihr angerührten grünen Tees) übergroße freie

Schalenfläche weist eine Reihe von Merkmalen auf, die auf flüchtige Herstellung, auf Nicht-Vollendung zu deuten scheinen: Der Rand ist uneben, der Fuß nur grob geschnitten, die Glasur ungleichmäßig aufgetragen, ein Teil des Dekors ist nachlässig gemalt und kaum erkennbar, zum Boden hin sind unglasierte Flecken zu erkennen, offenbar Fingerabdrücke des Töpfers, der sich nicht die Mühe gemacht hat, diese Bearbeitungsspuren zu beseitigen. Auch der verwendete Ton war offenbar nicht rein, denn an einigen Stellen haben kleine Steine durch ihre Ausdehnung beim Brennen die Oberfläche gesprengt. Das Auge protestiert, der Verstand beginnt sich mit der Zumutung zu beschäftigen, überbrückt und ergänzt, wo es ihm nötig erscheint, und vergleicht unterdessen ständig mit dem Gewohnten: mit den eleganten, golddekorierten Porzellanschalen der hauptstädtischen Kunst, die für den Adel das wirkliche Leben darstellt. Die neuzeitlichen Maßstäbe, abgeleitet von dem nun für jedermann leicht verfügbaren eleganten Gebrauchsporzellan, sind eher noch rigoroser vom Standard des Vollendeten geprägt. Auch Bauern benutzen heute ganz selbstverständlich «elegantes» Porzellan, so daß das frühere Überspringen der Kluft zwischen den Standeswelten jetzt vielleicht noch deutlicher als ästhetische Grenzüberschreitung zu erkennen ist.

Die Kategorie des Einfachen, Schlichten wird im Japanischen mit dem äußerst wichtigen Begriff «Shibui» bezeichnet, der mit der Wörterbuchübersetzung «herb» kaum völlig zureichend wiederzugeben ist, zumal dieses Wort im Deutschen eher ein Schattendasein führt. Herbe Früchte haben im Mund eine «adstringente» Wirkung, eine Frau kann «von herber Schönheit» sein – aber was sagt das noch aus? Im Japanischen ist die Begriffswelt des Wortes sehr viel lebendiger und weiter. Herbe Früchte, z. B. «Kaki», Persimonen, gehören zum festen Vorstellungsbereich des japanischen Herbstes; und auch im übertragenen Sinne wird auf den Charakterzug des Herben sehr viel häufiger angespielt. Dabei kommt zu der leicht negativen Bedeutungsnuance (einer nicht ganz willkommenen Geschmacksrichtung) ein Fächer positiver Züge, die alle in die Richtung des Werdens, des Aufbauens von verborgenen, aber schon spürbaren Kräften weisen. Gemeint ist das Ideal des ländlichen Lebens, seine reinen Naturfarben, die unverarbeiteten Grundstoffe für Gebrauchsgegenstände – all das, was ursprünglich, unvollendet, kräftig und anregend ist.

Der Begriff des «Herben» («Shibui») ist sicherlich vor dem Hintergrund der vom Shintoismus begünstigten ausgeprägten Naturverbundenheit zu sehen. Besonders betont und in einen philosophischen Kontext gestellt wurde er aber von der Bescheidenheitslehre des Zen-Buddhismus, die im 12. Jahrhundert von China aus Japan erreichte und vor allem dem Schwertadel zusagte. Zu ihren wichtigsten Zielen gehörte es, emotionalen Schwankungen vorzubeugen, Extreme zu vermeiden, Nüchternheit und Konzentration auf das Wesentliche zu fördern. Die beiden zentralen ästhetischen Begriffe des Zen, «Sabi» und «Wabi», verlangen so etwas wie die «Beschränkung» der deutschen klassischen Kunsttheorie, auch Armut, Einfachwerden, Einsamkeit. Sie werden nach Daisetsu Suzuki, dem bekanntesten japanischen Zen-Philosophen, als «ästhetische Wertschätzung der Armut» definiert.[12] «Sabi» bezieht sich dabei mehr auf die einzelnen Gegenstände, «Wabi» auf den Gesamtzustand, das Lebensgefühl des weisen Eremiten.

Für den Fürsten des alten Japan wie für die Gebildeten und Wohlhabenden der Gegenwart bedeutet also die Zurücknahme der äußeren Form gegenüber den inneren Werten ein Zurücktreten von der Welt, das Aufsuchen der Hütte des Eremiten, weitab von aller Zivilisation. Für uns ist dies eine (aus der deutschen Literatur) zwar noch bekannte, jedoch kaum mehr vertraute Vorstellung. In Deutschland haben selbst strenge Mönchsorden längst auf die Eremiteneinsamkeit verzichtet; und auch die Forderung der Entsagung und persönlichen Armut beim Eintritt in ein Kloster beschränkt sich bei uns auf die persönlichen Dinge. Der Gemeinschaftsbereich der Klöster kennt die Zurücknahme der Form im Sinne kollektiver Demut nicht mehr; schon die Kirchenbauten der Klöster verraten den unverhüllten Anspruch auf Größe und Herrlichkeit zum Ruhme Gottes.

Insofern fällt es uns nicht immer leicht, den Sinn der ästhetischen Armut der alten Teehäuser zu verstehen, der «Mönchsklausen am Teich», die im Namen der berühmten Blumensteckschule «Ikenobo» enthalten sind. Und ebenso fehlt uns die Voraussetzung, ein Gespür dafür zu entwickeln, daß auch im Alltagsleben die Zurücknahme der persönlichen Form ein dominierendes Element ist, das die individuelle Erscheinung der Menschen und auch der Dinge bis hin zur Bauform der Häuser in hohem Maße beeinflußt. Vorhandener Besitz wird auch hier «verinnerlicht», vor den Blicken der Nachbarn verborgen; neutrale Umfassungsmauern zeigen eine schlichte, «herbe» Oberfläche, die von der Seele des Besitzers zu der des Beschauers spricht, aber sonst nichts preisgibt.

Die schlichte Lehmmauer, die den berühmten Steingarten des Kyotoer Zen-Tempels Ryoanji einfaßt, mag ein Symbol für derart schlichte äußere Formen sein. Dort allerdings ist es die «herbe» Außenansicht der irdischen Welt, die man aus dem ruhenden, die Gedanken und Empfindungen sammelnden Innenbereich des Klosters betrachtet, der sich wiederum als eine vielleicht in der Form reduzierte «universale Außenwelt» offenbart. Die Zen-Kunst führt das Gedankenspiel mit der «inneren» und «äußeren» Form zu einem konsequenten Höhepunkt.

Beethovens 19. Symphonie:
Original oder Fälschung?

*Konservative oder progressive Weltsicht · Avantgarde und
«Epigonen»: Kaii Higashiyama · Entwicklungslinien
deutscher und japanischer Keramik · Das Einmalige, zum
Prinzip erhoben · Von der Zeitlosigkeit der Kunst ·
«Fälschungen» · Die Unabhängigkeit des Künstlers ·
Westöstliche Synthesen*

Die enge Verbindung des Künstlers mit seinem Gegenstand
(und weniger mit dem Empfänger des Kunstwerks), der starke
Kontrast zwischen dem «Innen» und dem «Außen» alles Seienden, die daraus erwachsende Möglichkeit von Erhöhungen
und vor allem auch Minderungen der Erscheinung – diese in
den beiden vorangegangenen Abschnitten beschriebenen
grundlegenden Charakterzüge japanischer Ästhetik gelten für
alle traditionellen Künste und tragen zum Verständnis vieler
Werke bei. Es fehlt jedoch noch ein ganz wesentlicher Gesichtspunkt, der den Unterschied zwischen japanischer und europäischer Kunst weiter verdeutlicht: die geschichtliche Dimension,
die ja auch jedes Einzelkunstwerk enthält, selbst wenn es isoliert
betrachtet als Momentaufnahme aufgefaßt werden mag.

Für beide Kulturbereiche gilt natürlich gleicherweise, daß der
Ausdruck des menschlichen Geistes und aller Empfindungen
einem ständigen Wandel unterworfen ist. Die Kenntnis des Vorhergegangenen und im eigenen Umfeld Entstehenden erzeugt
im Bewußtsein jedes Menschen Veränderungen, hinter die er
nicht mehr zurückfallen möchte oder auch könnte. Doch gibt es,
was die Konsequenzen aus diesem gemeinsamen Verhalten angeht, deutliche Unterschiede. Das einmal Erlangte soweit wie

möglich zu bewahren oder aber unverzüglich zu Neuem fortzuschreiten ist z. B. eine Alternative, die auch die Sicht der Dinge und das Selbstverständnis des Menschen beeinflußt und zu differierenden Erscheinungsbildern führt. Auf einer graphischen Darstellung des Zeitverlaufs den Punkt «Minus eins» (das soeben Vergangene) als «abgetan und erledigt» oder als Teil der Gegenwart, vielleicht sogar als zukunftweisend aufzufassen, im Punkt «Null» (der Gegenwart) vorwärts- oder rückwärtsweisende Tendenz, das «Eigentliche» oder aber etwas Wertneutrales zu sehen, die Plus-Zahlen (der Zukunft) gefühlsmäßig hoch oder niedrig zu bewerten – in alldem deutet sich eine Fülle von Möglichkeiten an, die wir am eigenen Empfinden oftmals erkannt haben mögen und auch mit Kategorien wie «Optimismus – Pessimismus» oder mit politischen Begriffen wie «progressiv» und «konservativ» in Verbindung bringen.

Es ist wichtig, das Phänomen der bewahrenden beziehungsweise vorauseilenden Weltsicht mit einiger Ruhe und Intensität zu betrachten, um nicht von dem letztgenannten Begriffspaar – «progressiv/konservativ» – vereinnahmt zu werden, das unsere mitteleuropäische Auffassung nicht zuletzt aus historischen Gründen beherrscht, seit Jahrhunderten wohl schon, und in dieser Form selbst Teil unserer Kultur geworden ist. Erinnern wir uns an die dem langen Mittelalter folgenden, allmählich kürzer werdenden Perioden unserer Geschichte. Sie alle sind in ihrer Grundprägung von der Auseinandersetzung mit dem «Fortschritt» bestimmt, der seit dem 18. Jahrhundert, der «Aufklärung», von uns kaum bezweifelt, den Sieg errungen hat. Der Punkt «Minus eins» auf der Zeitskala ist für uns Deutsche nicht erst seit dem traumatischen Erlebnis des «Dritten Reichs» eindeutig Teil der Vergangenheit, der «Geschichte, aus der wir für die Zukunft lernen müssen». Gerade Intellektuelle und Künstler stellen bei uns nahezu ausnahmslos ihre Kraft in den Dienst des Fortschritts. Ihr Verhalten ist Muster und Vorbild für das ganze Volk.

Dies will nun nicht sagen, daß sie ihre – unsere – Vergangenheit auszulöschen, zu vergessen bemüht wären. Die Vergangenheit lebt ja in ihrem Bewußtsein, im Prinzip nicht anders, als sie das bei den Japanern tut. Nur ist offenkundig, daß die Haltung, mit der man in beiden Kulturen dem Vergangenen gegenübertritt, grundsätzlich verschieden ist. Während die Vergangenheit nach deutscher Auffassung teils «bewältigt» werden muß, teils als «Lehrmaterial» dient, ist sie nach japanischer Ansicht ein bleibender Schatz, den es zu pflegen und zu bewahren gilt und mit dem man auch in der Gegenwart lebt.

Eine solche pauschale Erklärung mag zum Widerspruch herausfordern, weil man Gegenbeispiele kennt und kulturelle Strömungen ja keineswegs immer eindeutig verlaufen. Doch liefert die deutsche wie die japanische «Kulturszene» eine ausreichende Menge von Belegen dafür, daß die Unterschiede in der Tat erheblich sind, so daß man zum Zwecke der Verdeutlichung durchaus verallgemeinern darf. Unsere Perspektive dabei ist wohlgemerkt nicht die jener Theaterkritiker, die avantgardistischen Ensembles und deren Premieren nachreisen, oder die von Galeristen auf der Suche nach neuen Talenten. Einmal mehr schließen wir uns der Sicht des unbefangenen und allem Fremden gegenüber aufgeschlossenen Herrn Schmidt an.

Herrn Schmidts erste bewußte Begegnung mit dem Phänomen der grundsätzlich unterschiedlichen Kunstauffassung findet während der Versammlung einer internationalen Kulturgesellschaft in Tokyo statt, in die er bei seinem «Fluchtbesuch» geraten ist, hauptsächlich, um unter Ausländern zu sein. Ein noch jugendlich wirkender Kunstkenner, zur Zeit Hospitant an einer führenden Tokyoter Galerie, spricht über sein Spezialgebiet, die moderne Malerei Japans. Herrn Schmidt sind die Namen der vorgestellten Künstler sämtlich neu. Die Diapositive zeigen abstrakte Arbeiten unterschiedlicher Techniken, die ihn insgesamt an Eindrücke von Ausstellungen europäischer und amerikanischer Kunst in deutschen Museen erinnern. «Japanisches» kann er nur an zwei oder drei Bildern entdecken, und dort wirken die Motivanklänge wie Zitate aus einer anderen Welt.

Als nach dem Vortrag bei einem Glas Bier Gelegenheit zur Diskussion und zu Fragen an den Experten ist, hält sich Herr Schmidt nicht zurück und will wissen, welche Stelle denn Kaii Higashiyama, den der Redner gar nicht erwähnt hat, im Spektrum der modernen japanischen Malerei einnehme. Der junge Mann tut darauf zunächst so, als habe er diesen Namen noch nie gehört, um sich dann mit einem überlegenen Lächeln über «Kunst» und «Epigonentum» auszulassen. Die Werke Higashiyamas entstammten nach Aussage, Stil und Technik einem anderen Jahrhundert; heute seien derartige Landschaftsdarstellungen doch nicht mehr möglich, jedenfalls, wenn man in der Gegenwart wirklich zu Hause sei. Er zumindest könne die ihm im übrigen natürlich bekannten Argumente für eine solche Kunstauffassung ganz und gar nicht akzeptieren. Daran ändere auch nichts, daß Higashiyama der bekannteste lebende Maler Japans mit den höchsten Verkaufspreisen sei, daß seine Werke im Kaiserpalast und in Botschaften hingen und ihn das offizielle Japan gewissermaßen als obersten Vertreter der japanischen Moderne darstelle. Dies sei nur ein weiterer Ausdruck der konservativen Regierungspolitik der LDP, ja ein Zeichen des doch wirklich überholten japanischen Imperialismus.

Für Herrn Schmidt kommt dieser Ausbruch des Kunstfachmanns sehr überraschend. Er hat eine so emotionale Reaktion nicht erwartet, zumal es sich bei den angesprochenen Gemälden ja um äußerst friedliche Naturansichten handelt. Er wagt es auch nicht, dieses Thema weiter zu vertiefen, weil er sonst vielleicht eingestehen müßte, daß Higashiyama der einzige ihm bekannte japanische Maler der Gegenwart ist und daß er auch nur deshalb auf ihn aufmerksam geworden ist, weil er in der Zeit der Vorbereitung auf seinen Japanaufenthalt die große Ausstellung seiner Werke gesehen hat, die an mehreren Orten Deutschlands im Anschluß an die Aufnahme des Malers in den Orden Pour le mérite gezeigt wurde. Aber wie ist es möglich, daß sich ein «Kunstkenner» öffentlich in so herabsetzender und von der offiziellen Einschätzung abweichender Form äußert? Herrn Schmidt scheint es, daß hier ein tiefer und ungelöster Konflikt vorliegen muß, und wir schließen uns seiner Meinung an.

Dem in japanischen Dingen noch unerfahrenen Junggaleristen ist nicht aufgegangen, daß im Werk Higashiyamas wie in so vielen anderen Manifestationen der neueren Kunst mehrere Strömungen zusammentreffen, daß darin sowohl die Traditionen der japanischen Malerei mit ihren besonderen Prinzipien der Flächenaufteilung und Linienführung als auch Züge der europäischen Landschaftsdarstellung enthalten sind, daß hier die japanische «Nihonga»-Maltechnik aufs engste mit europäischen Stilmitteln verbunden ist – eine Folge der jahrzehntelangen Beschäftigung des japanischen Künstlers mit der deutschen und skandinavischen Geisteswelt. Und er hat auch nicht verstanden, daß gerade Higashiyama ein wandelndes Beispiel für die grundlegende Auseinandersetzung zwischen den europäischen und den japanischen ästhetischen Kategorien ist, die ihn im reifen Alter zu jenem Verständnis des Gegenübers von Künstler und Objekt hat kommen lassen, das wir mit einer religiösen Beziehung verglichen haben. Die damit verknüpfte bewußte Absage an die Avantgarde Europas wie auch Japans und das Einschwingen in den behutsamen Rhythmus des japanischen Geistes waren bei ihm, dem «zwischen zwei Welten» Lebenden, ein schmerzhafter Prozeß. Andere, die große Mehrheit der japanischen Künstler, konnten ihren Weg, indem sie der Tradition folgten und nur äußerst vorsichtige Neuerungen vornahmen, leichter gehen.

Der Vorwurf des Epigonalen ist in Deutschland in ähnlicher Art Schriftstellern wie Thomas Mann oder Hermann Hesse gemacht worden – mit der Folge, daß wegen des offensichtlich Absurden und Überspitzten dieser Anschuldigung für ihr Gebiet, die Literatur, ein bleibend größerer Freiraum erobert wurde.

In einer Reihe anderer künstlerischer Disziplinen mit langer Tradition, vor allem auch bei solchen, die wir sprachlich mit dem «Handwerk» in Verbindung zu bringen pflegen, ist die Lage noch komplizierter. Das «Kunsthandwerk» Keramik mit seiner in beiden Ländern etwa gleich langen Tradition zeigt das Zusammenwirken von Zeitströmungen und unterschiedlichem kulturellen Umfeld in besonders deutlicher Weise. Die Entwicklungsphasen, die in Deutschland vor anderen aufschlußreich sind, liegen im 16. und 18. Jahrhundert und fallen mit Höhepunkten der Steinzeug- bzw. Porzellanproduktion zusammen.

Steinzeug war seit dem ausgehenden Mittelalter vor allem in Siegburg aus einem dort vorhandenen feinen, ganz weiß brennenden Ton hergestellt worden. Die Gefäße erhielten im Brennofen durch den Aschenanflug einen gewissen Oberflächenglanz und an den Stellen, an denen sie direkt der Luftführung im Ofen ausgesetzt waren, eine gelbbräunliche Färbung. Die Wertschätzung des zum Teil reichverzierten und künstlerisch hochentwickelten Siegburger Steinzeugs wuchs rasch, vor allem, als es mit der Erfindung des «Salzens» gelang, noch bessere Gefäßoberflächen herzustellen. Dann aber brach der Steinzeugmarkt jäh zusammen, weil eine neue töpferische Technik und Aussageform gefunden wurde: das Porzellan. Um korrekt zu sein: Steinzeug wurde zwar – wenn auch in ständig abnehmender Qualität – weiter produziert, verlor jedoch proportional zu der wachsenden Verfügbarkeit des Porzellans an Bedeutung. Das Porzellan, von Johann Friedrich Böttger für Europa noch einmal «erfunden» und in den Meißener und Berliner Manufakturen produziert, erlitt freilich bald ein ähnliches Schicksal: Mit dem Aufkommen der industriellen Massenfertigung und der Beherrschung der keramischen Glasuren durch den Chemiker Hermann August Seger endete auch bei ihm die künstlerische Weiterentwicklung.

Vernunft, Nützlichkeitserwägungen, kaufmännischer Geist und Fortschrittsdenken haben bei uns innerhalb einiger Jahrhunderte in einer kunsthandwerklichen Disziplin dreimal Richtungsänderungen oder Neuorientierungen verursacht, die zugleich das gesamte künstlerische Selbstverständnis in Frage stellten und jeweils eine «neue Ästhetik» mit sich brachten: die Einführung des «Salzens» – und die Absage an die bisher übliche «herbere» Aschenanflugtechnik; die Erfindung des glasierten Porzellans – und die Absage an das Salz-Steinzeug; die Beherrschung der Glasurtechnik sowie deren industrielle Anwendung – und die Absage an das künstlerische Porzellan. Wenn heute wenigstens das Salz-Steinzeug wieder einen kleinen Marktanteil zu haben scheint, so ist das auf die Verstärkung des historischen Bewußtseins in den letzten sechzig Jahren zurückzuführen, weniger auf die zeitweilig fast ganz unterbrochene Überlieferung.

Während die deutsche Töpferei mit jeder weiteren Erfindung offenbar sogleich das Vorhergehende verfallen ließ, den Produktionsort wechselte und nur noch das Neue, «Moderne» sah – und sich im übrigen zu keiner Zeit darüber im klaren war, ob die Töpferei denn nun zu den «Künsten» zu zählen sei –, sind in Japan durchgehend kontinuierliche Entwicklungen ohne irgendwelche Sprünge zu beobachten. Die Erzeugung des ersten gesinterten Steinzeugs, unglasiert und mit einem der Brenntechnik entsprechenden Aschenanflug, fällt ins 5. Jahrhundert, als man unter chinesischem und koreanischem Einfluß lernte, in Abhänge gegrabene ansteigende Öfen, *ana-gama*, zu bauen. Die Keramik erhielt den Namen «Sueki» (Opferware), da sie zunächst nur als Grabbeigabe verwendet wurde. Im 9. Jahrhundert, dem Höhepunkt der «Sueki»-Produktion, aber war es in der Aristokratie schon üblich, die nun «Heian-shiki» genannten Gefäße täglich zu gebrauchen. Man hat in dieser Zeit noch keine Glasur verwendet, aber gelegentlich durch Aufstreuen von Asche vor dem Brennen und sorgfältige Wahl des Platzes im

Ofen die natürlichen Glasureffekte des Holzbrandes zu steuern gewußt. Diese Technik, die, wie gesagt, zwischen dem 5. und 9. Jahrhundert entwickelt wurde, hatte ohne Unterbrechung bis heute Bestand und wird in einigen führenden Töpferorten Japans, in Bizen, Shigaraki und Tanba, immer noch vorzugsweise angewandt. Es liegt auf der Hand, daß der japanischen ästhetischen Kategorie des Herben, «Shibui», hier entscheidende Bedeutung zukommt und daß sie für den Anhänger des Zen-Buddhismus – und nicht nur für ihn, sondern für alle Adepten des Teekults und des Blumensteckens – in dieser unglasierten Keramik geradezu exemplarisch realisiert ist.

Als man im 13. Jahrhundert in Seto (bei Nagoya) begann, echte Glasuren zu entwickeln, achtete man darauf, daß in dieser neuen, zusätzlichen Stilrichtung die für die bis dahin bekannte Töpferei gültigen ästhetischen Gesichtspunkte nicht ganz vernachlässigt wurden. Vor allem behielt das Material weiterhin sein Existenzrecht: Der Ton wurde durch die Glasur nicht versteckt (wie es bei der deutschen Porzellanproduktion und vor allem bei der glasierten Keramik der Neuzeit unverzüglich der Fall war), sondern an den unglasierten Stellen des Bodens und den Griffpunkten des Topfes in seinem natürlichen Zustand belassen. Man tat sogar ein Weiteres, um die Herbheit nicht zu mindern, und achtete auf ein bewußt unregelmäßiges Auftragen der Glasur.

Diese «herb glasierte» keramische Stilrichtung hat sich insbesondere im «Shino» bis heute erhalten und, zum Teil unter bewußter Aufnahme ähnlicher Elemente der koreanischen Bauerntöpferei, weitere Stilarten wie die von Hagi und Karatsu entstehen lassen, aber auch, erst in unserem Jahrhundert, die von Mashiko, wo englische Schlickerware (von Bernard Leach eingebracht) Pate gestanden hat.

Über die Einführung der Porzellanproduktion, vor allem in Arita, unter chinesischem Einfluß und mit dem Anreiz der leichten Exportmöglichkeit nach Europa im 18. Jahrhundert haben wir bereits gesprochen. Es ist wie ein Wunder, daß weder diese Manufaktur noch die Segersche Industriekeramik (die von dem deutschen Chemiker Gottfried Wagener nach Japan gebracht und zunächst überaus bereitwillig aufgenommen wurde), noch die erwähnte anglisierte Mashiko-Richtung einen der bereits vorhandenen anderen Stile verdrängen konnte. Heute wirkt Japan daher auch auf diesem Gebiet wie ein Paradies, in dem scheinbar Widersprüchliches, Feindliches nebeneinander existiert, wo man stellenweise noch heute in derselben Technik produziert wie vor fünfzehnhundert Jahren, ohne daß man von «altmodischen» oder «modernen» Stilarten spräche.[21]

Es ist ein schöner und vielleicht gar nicht so abwegiger Gedanke, sich Japan als «Paradies» vorzustellen, in dem unterschiedliche «Arten» harmonisch miteinander leben, in dem es keinen Sündenfall gibt und kein Erzengel Gabriel mit dem Schwert die Trennung von der gewohnten Lebenssphäre erzwingt. Ein glückliches Land, das weder im wörtlichen noch im übertragenen Sinn jene Eiszeiten erleiden mußte – die in unserer Realität Einschnitte verursacht haben und dies, zumindest was den metaphorischen Aspekt angeht, auch weiterhin tun werden: Wir meinen mit letzterem die Einschnitte, die wir unserer Kultur immer wieder zufügen, wenn wir den Absolutheitsanspruch ästhetischer Vorschriften aus dem Geistigen herzuleiten suchen.

Wie ein vergleichender Blick auf die Geschichte der Keramik und auch anderer Künste in verschiedenen Weltgegenden zeigt, muß allerdings wohl nicht die deutsche Entwicklung mit ihrer raschen Ablösung der Stilarten als ungewöhnlich gelten, sondern vielmehr die bewahrende japanische Kultur. China beispielsweise, das ja an manchen Punkten den gleichen Entwicklungsstand hatte oder jedenfalls als Lehrmeister erscheint, legt trotz seiner allgemein konservativen Tendenzen in einzelnen Künsten, und ganz besonders in der Keramik, eine in unserem Sinn eindeutig «fortschrittsorientierte» Haltung an den Tag. Das frühe Steinzeug der Tang-Zeit mit seinem Aschenanflug verschwindet, als man in den folgenden Jahrhunderten Glasurtechniken, z. B. für die berühmten «Seladone», erfindet; und diese wiederum machen den Porzellandekors und neuzeitlichen Industrieglasuren Platz, deren Aufkommen den Zusammenbruch der künstlerischen Keramik Chinas in der zweiten Hälfte des 19. Jahrhunderts markiert. Die chinesische Keramik, die von vielen Kennern als die beste der Welt bezeichnet wird, ist somit ein gutes Beispiel für die folgerichtige Entwicklung einer Kunstrichtung auf dem Wege fortschreitenden technischen und ästhetischen Wandels. Sie weist eine lange, recht bescheidene Anlaufphase auf, dann wechselnde Perioden der Meisterschaft und schließlich ein Absinken.

Japan zeigt, daß eine Alternative zu diesem Prozeß möglich ist. Neben dem parallelen Bestehen verschiedener Ausdrucksweisen ist hier das äußerst interessante Phänomen zu beobachten, daß das Zufällige zum Prinzip erhoben, das Einmalige zur Regel gemacht werden kann. Die Keramik vor dem 12. Jahrhundert war ja deshalb unglasiert, weil man die entsprechende Technik noch nicht beherrschte; trotzdem wurde die Produktion nach der ursprünglichen Art auch dann fortgesetzt, als man das Glasieren gelernt hatte. Die Schwäche des noch ungeschickten Handwerkers ist durch Wiederholung und Stilisierung zum anerkannten künstlerischen Merkmal geworden.

Die japanische Fähigkeit, auf dem einmal Erreichten zu beharren und es mit selbstverständlichem Stolz ästhetisch zu fixieren, bringt es mit sich, daß auch moderne Keramiken, Rollbilder, musikalische Kompositionen, Kabuki- oder No-Stücke zumeist nach Grundauffassungen gestaltet sind, die vor drei-, siebenhundert oder tausend Jahren entwickelt wurden. Dem Außenstehenden können sie dementsprechend «alt» oder – im abwertenden Sinn – auch «altmodisch» erscheinen.

Das beruht natürlich auf einem Trugschluß. Kenner, und das sind jedenfalls die meisten Menschen, die in dieser Kultur leben, wissen in der Regel genau zwischen alten, weniger alten und neueren Künstlern zu unterscheiden, einmal, weil diese sehr wohl ihre eigene Note haben (wie man auch Bach und Händel nicht für austauschbar halten würde) und weil zudem der «Fortschritt», der zeitliche Abstand von den stilbildenden Archetypen, bei allem Beharren doch wirksam geworden ist. Eine Vase von Kei Fujiwara, dem Altmeister der Bizen-Keramik unserer Zeit, ist zweifellos «modern». Sie würde bei einer Zeitreise ins 16. Jahrhundert zwar als ferne Verwandte, aber keinesfalls als Schwester begrüßt werden.

Wenn die Form bis ins Detail vorgegeben ist, z. B. durch den Kanon der Regeln für Tee-Utensilien, wird die Unterscheidungsmöglichkeit geringer; die verwandtschaftliche Nähe mag unter Umständen so groß werden, daß es zu Verwechslungen kommen kann – und in der Tat auch gekommen ist. Ein Meister, der sein Leben lang eine bestimmte Form dreht, nähert sich – zumal als gläubiger Verehrer der «Alten» – dem Geist der Ursprungszeit gewollt oder ungewollt immer mehr an. Doch wird er seinem Werk auf der Unterseite den eigenen Namen eingraben und diesen auch auf dem Deckel des dazugehörigen Kästchens verzeichnen.

Hin und wieder hört man von «Fälschungen», wie z. B. von denen eines sonst unbekannten Töpfers aus Nakatsugawa, einem Ort am Rande des «Kannenbäckerlandes» Japans. Dieser Mann hatte dem berühmten Großmeister Tokuro Kato so erfolgreich nachgeeifert, daß seine Schalen – in der Vermutung, die seien «echt» – zu horrenden Preisen gehandelt wurden. Aber die Sache war noch pikanter: Besagter Kato (ein Zeitgenosse und nicht etwa eine Figur aus der Edo-Zeit) war in den sechziger Jahren selbst in den Verdacht geraten, die Schalen eines noch berühmteren Mannes nachgemacht und dies nicht gesagt zu haben – und deshalb nicht zum «lebenden Staatsschatz» erklärt worden, obwohl er eigentlich an der Reihe gewesen wäre.

Die Überschrift dieses Kapitels enthält also nicht etwa einen Druckfehler, sondern soll auf eine aus japanischer Sicht durchaus denkbare, mögliche Wahrheit verweisen. Wäre Beethoven Japaner gewesen, wir hätten jetzt sicher etliche Symphonien, die im Geiste der *Neunten* , ein «bißchen» weiterentwickelt, das Empfinden seiner Zeit wiedergeben würden. Oder anders formuliert: Wären auch wir Japaner, so enthielte die Gegenwart noch deutlicher, als es jetzt der Fall ist, Elemente, die zu früheren Zeiten gehören, und besäße sie sozusagen «aktiv» und nicht nur «passiv». Wir würden Beethovens Kunst nicht nur verehren, stünden ihr nicht lediglich rezeptiv gegenüber; Kompositionskundige unter uns würden sie vielmehr in behutsamer Fortführung weiterleben lassen.

Während das Selbstverständnis des Kunstschaffens ganz Europas und vielleicht in besonderem Maße Deutschlands die Einmaligkeit des Kunstwerks in einer vorwärtsdrängenden Reihe künstlerischer Entwicklung fordert, während man sich bemüht, in jeder Phase wirklich dynamisch zu sein, verhält sich die japanische Kunst ruhiger, blickt offen auf die Vorbilder und die umgebende Szene, kopiert und ahmt nach (wie der Lehrling dort über lange Zeit denselben Arbeitsgang reproduziert, bis er ihn ganz verinnerlicht hat und an ihm gewachsen ist) und empfindet sich im besten Sinne als statisch und zeitlos. Der Zwang zur «Avantgarde», unter dem die westliche Kunst zunehmend leidet, ist der japanischen glücklicherweise erspart geblieben.[15]

Beim Vergleich mit Japan gewinnt man den Eindruck, daß die deutsche Kunst in den Fesseln einer Fortschrittsideologie steckt, die ihr seit langem Hektik und kämpferische Auseinandersetzungen beschert und sie nicht mehr zur ruhigen Kreativität kommen läßt. Die japanische Kunst, die wir als imitierend und statisch bezeichnen, erscheint, so gesehen, als die freiere. Die gewohnten Wertungen verkehren sich in ihr Gegenteil.

Freiheit der Kunst bedeutet auch Freiheit der Menschen, die sich mit ihr beschäftigen: Künstler ist in Japan nicht nur der «von der Muse Geküßte» und damit aus dem Kreis der normalen Menschen Herausgehobene; es ist jeder, der sich in «redlichem Bemühen» mit Künstlerischem befaßt. Die Offenheit des Kunstbegriffs bewirkt also zugleich eine unerwartete soziale Zugänglichkeit. Kunst ist in Japan in der Tat eine jener Sphären, die nach den bedrängenden Pflichten des Alltags Zuflucht gewähren, wobei die Zahl der Dilettanten, ein Begriff, den wir hier nicht abwertend, sondern im wörtlichen Sinne, «Liebhaber der Kunst», gebrauchen, auf dem Gebiet der traditionellen Künste mit ihrer langen Überlieferung und ruhigen Entwicklung ungleich größer ist als auf dem der modernen oder westlichen Künste.

Natürlich gibt es auch in Japan eine modernistische Richtung, die den Fortschrittsglauben über die Gebote der Wahrnehmung des Überlieferten stellt. Künstler dieser Art sind es vielleicht gewesen, die der junge Galerist in seinem Vortrag beschrieben hat. Sie sind hier wirklich Avantgarde, d. h. die Vorhut eines bedächtig vorrückenden Heeres, dessen Führer gelegentlich Anregungen von ihnen aufnehmen. In Kunstausstellungen oder aber in der angewandten Kunst stellt sich die Verbindung traditioneller und «moderner» Elemente vorwiegend in dieser Form dar. Kaii Higashiyama ist in diesem Sinne ein wirklicher «Heerführer». Ebenso verhält es sich mit dem Architekten Kenzo Tange, dessen Arbeiten vom Ausland als «japanisch», von Japanern hingegen manchmal als «westlich» eingeschätzt werden. Mit ihrer Wechselwirkung von freien Flächen und konzentrierten Nutzbereichen wie auch in manchen Formelementen ist seine Architektur sicherlich von der Ästhetik des Shinto beeinflußt (und damit «japanisch»), während die verwendeten Materialien in scharfem Gegensatz dazu stehen und meist die Kühle und Distanziertheit marmorner Renaissanceskulpturen und aus ähnlich aufklärerischem Geist entstandener Bauhaus-Architektur suggerieren.

Die Synthese ist freilich nicht allgemein. In einer Reihe von Bereichen besteht bis heute eine gewisse Trennung, die aus der Zeit der raschen Öffnung Japans zum Westen herrührt, wodurch wiederum eigene Traditionen geschaffen wurden; zum Beispiel im Theater, das das Traditionelle (Kabuki und No) und das «Neue» («Shingeki») kennt; oder in der Filmindustrie, die neben den «normalen» Filmen in einem starken Produktionszweig auch Serien von Samurai-Filmen («Jidai-eiga») herstellt.[19] Eine Synthese hat hier vielleicht Akira Kurosawa mit mehreren seiner Werke, zuletzt dem monumentalen *Ran*, geschaffen. Er konnte sich von dem Entweder-Oder der Produktionsapparatur lösen und wurde damit für den Film zu dem, was Higashiyama für die Malerei und Tange für die Architektur sind.

Es wird oft bedauert, daß es in der Musik zu ähnlichen Verbindungen bisher kaum gekommen ist. Vielleicht liegt das an den nur schwach ausgeprägten kompositorischen Traditionen, die noch dazu von westlichen und namentlich deutschen Vorbildern geradezu erdrückt werden. Beethovens *Neunte* hat, bislang wenigstens, kein japanisches Pendant, und unsere Rede von der «Neunzehnten» bleibt somit ein einseitiger Scherz.

Augenschmaus und Seelenfreude: Das Essen

De gustibus non est disputandum · Ein deutscher
Sonntagsbraten · Über ungewohnte Kategorien: nicht nur
Schmecken, auch «Erfühlen» und «Sehen» der Speise ·
Ländler, symphonische Dichtung und die Aufforderung zu
freier Improvisation · Der gesellschaftlich-«religiöse»
Rahmen · Trotzdem: Hülle und Fülle · Von der Taubheit
gegenüber leisen Signalen

Musik, Malerei, Teekult – diese Künste mögen nicht jedermanns Sache sein. Aber jeder Mensch ißt, meist mehrmals täglich. Ein Blick auf die Essensgewohnheiten könnte somit durchaus einigen Aufschluß über kulturelle Bindungen geben. Doch trotz der Pionierarbeit eines Brillat-Savarin vor nun schon einhundertsechzig Jahren (der *Physiologie des Geschmacks*, die 1826 erschien) wird das Essen bei uns landläufig nicht allzu ernst genommen oder gar zu den Künsten gezählt. Außerdem war dieser bewundernswerte Mann natürlich Franzose.

Für Angehörige einer Kultur, die das Essen als Selbstverständlichkeit, eben als Nahrungsaufnahme betrachtet, ist die Gefahr der Mißverständnisse und daraus abgeleiteter weiterer Fehlurteile besonders groß. Wir schützen uns in unserer Unkenntnis durch eine Verstärkung der Tabuzonen (wie auch im Falle von Religion und Politik), indem wir das Thema ausklammern und nach dem Prinzip *de gustibus non est disputandum* verfahren.

Ein bekannter deutscher Journalist, der seit Jahrzehnten Zeitungsartikel über die Zubereitung von Speisen schreibt und der so etwas wie ein deutscher «Papst» auf diesem Gebiet sein mag, hat einmal einen guten Beleg für die Entstehung von Mißverständnissen aus Unkenntnis geliefert, als er nach einer kurzen Reise einen Bericht über die japanische Küche mit der Überschrift «Soja, Soja über alles» vorlegte. Er hatte seine angelesenen Vorurteile offenbar gründlich bestätigt gefunden, als er – vielleicht ohne ortskundige Führung und Erklärung – in einige Tokyoter Restaurants geraten war, in denen er zwar einen «Augenschmaus», nicht aber solche Höhepunkte entdecken konnte, wie er sie als französisch orientierter Feinschmecker gebraucht hätte, um die japanische Küche überhaupt wahrnehmen zu können.

Es geht wieder einmal um sozusagen «werkimmanente» Kategorien und Merkmale. So wie mancher deutsche Keramiksammler unschätzbar wertvolle Bizen-Gefäße für verunglückte Drainagerohre halten mag, weil ihm das entsprechende Begriffsregister fehlt, so besteht für den zitierten japanunerfahrenen Gourmet die unendlich reichhaltige Palette der Geschmacksnuancen japanischer Speisen aus allerlei «bunten Sachen und Sächelchen», die man «immer wieder in höchstens drei Varianten ein und derselben Sojasoße taucht». Dazu ließe sich allerhand sagen. Bevor wir uns jedoch daran machen, die Konturen und Linien der japanischen Eßkultur sichtbar zu machen, wollen wir zur Verdeutlichung noch einige Worte über das uns Selbstverständliche, das deutsche Essen, verlieren, ohne dabei zu sehr auf diesbezüglich entwickeltere europäische Nachbarn zu blicken.

Wenn man Kochbücher der letzten einhundertfünfzig Jahre durchblättert, sieht man schnell, daß der heutige Standard während mehrerer «Dehnungs- und Schrumpfungsphasen» aus den Speisegewohnheiten des Adels entstanden ist und sich über die hybride Freßsucht des neureichen Bürgertums der Wilhelminischen Zeit und die ernüchternden Steckrübenjahre nach den Weltkriegen zu einer gewissermaßen rationalen Form entwickelt hat. Morgens und abends gibt es «natürlich» Brot mit

Butter, Marmelade, Wurst und Käse. Nur mittags wird gekocht. Wir leben zwar nicht mehr allein von Brot und Suppe (wie der «Suppenkaspar» des Jahres 1847) und einem gelegentlichen Sonntagsbraten, aber auch das typische «gutbürgerliche» deutsche Mittagessen ist doch recht einfach: Es gibt eine Suppe vorweg, dann ein Stückchen Braten mit Gemüse und Kartoffeln, als Beilage gemischten Salat, anschließend etwas Kompott. Genießer trinken dazu ein Glas Wein. Natürlich muß das Essen «heiß» verzehrt werden; und alles hat «gar» zu sein. Für Kartoffeln und Gemüse bedeutet dies, daß zur Norm ein gewisser Weichheitsgrad gehört; Rohkost ist eine Hinzufügung aus unserer Zeit. Alle gekochten Bestandteile des Hauptgerichts werden aus großen Schüsseln in der Mitte des Tisches auf einen einzigen Teller geladen und dort mit Messer und Gabel zu mundgerechter Größe zerkleinert.

Damit ist schon eine ganze Reihe von Voraussetzungen gegeben, die es uns erleichtern, die «Organisation» und die Ästhetik des Speisens, wie es in Japan üblich ist, ins Bewußtsein zu heben. Was ist anders? Erstens und vor allem gibt es bei Tisch keine Messer; dagegen bedeutet das Fehlen von Gabeln angesichts der äußerst praktischen und angenehmen Eßstäbchen keinen wesentlichen Unterschied. Zweitens findet man keine großen Schüsseln, aus denen sich die Eßgemeinschaft bedient (was in Anbetracht der sozialen Gewohnheiten überraschen mag); vielmehr werden alle Speisen für jeden einzelnen Esser und vor allem auch voneinander getrennt in entsprechenden Gefäßen aufgetragen. Die Zahl der erforderlichen Geschirrteile ist somit ungleich größer als in Deutschland. Drittens entfällt das Gebot des Garens und Heiß-Servierens bei vielen Speisen, so daß die Palette der Möglichkeiten erheblich zunimmt. Viertens sind die Regeln für die Reihenfolge der Speisen weniger streng; normalerweise werden mehrere von ihnen (ausgenommen der Reis, der meist zuletzt kommt) gleichzeitig vorgelegt, so daß man nach Belieben unter ihnen wählen kann. Fünftens, und das ist ein großes Problem für fast alle Ausländer, sind die drei Mahlzeiten eines Tages grundsätzlich gleich strukturiert; d.h., es gibt auch zum Frühstück mehrere Schalen mit Reis, Fisch, Suppe usw. Der Arbeitsaufwand für japanische Hausfrauen ist somit größer als für deutsche, allerdings zumindest heutzutage nicht mehr so gewaltig, wie es scheinen mag, da vieles «instant» und tiefgefroren verfügbar ist oder mundgerecht geliefert wird und der Reis aus dem zeituhrgesteuerten elektrischen Kocher kommt.

Bis auf die Tatsache, daß man in Japan «auch zum Frühstück ein Abendessen» erhält, bietet das bisher Erwähnte Ausländern eigentlich keinerlei Anpassungsprobleme. Die Verteilung der Speisen auf viele Geschirrteile ist zweifellos angenehm, an das Essen mit Stäbchen gewöhnt man sich schnell, und auch das traditionelle Sitzen auf dem Tatami-Boden, das in guten japanischen Restaurants unvermeidlich ist, strapaziert höchstens ein wenig den Körper.

Die Distanz zwischen dem Deutschen und dem Japanischen offenbart sich erst wirklich auf einer zweiten Ebene, die die Ästhetik des Schmeckens und, was noch überraschender sein dürfte, des Erfühlens der neuen, ungewohnten Nahrungsbestandteile umfaßt. «Wohlgeschmack» ist in Deutschland im allgemeinen ja durch eine gewisse Ausgewogenheit begrenzter Würzrichtungen definiert und hängt zudem von festen Vorstellungen ab. Einen salzigen Geschmack erwartet man bei Fleisch und Wurst, auch bei einer Fleischsuppe; süß ist (abgesehen vom Frühstück, das ja meist einen solchen Akzent hat) nur der Nachtisch; Kartoffeln, Gemüse und Brot sind prinzipiell geschmacksneutral. Pfeffer, der einen «scharfen» Geschmack erzeugt, und Essig als Grundlage für alles «Saure» spielen eine eher untergeordnete Rolle, sind aber ebenso festgelegt.

Ein deutscher Reisender, dessen Gaumen derart vorprogrammiert ist, wird in Japan manche Überraschung erleben, zum Beispiel, wenn – beim «Sukiyaki» – das Fleisch nicht salzig, sondern süß, bei «O-sushi» das Rührei gezuckert und der

Reis gesäuert ist; wenn die eingelegten Pflaumen fast nur aus Salz zu bestehen scheinen und bestimmte Süßwasserfische, z. B. *ayu*, in aller Regel «völlig versalzen» verzehrt werden. Er wird auch zusätzliche Geschmacksrichtungen und vor allem Gerüche entdecken, die es ihm schwermachen, sich den Speisen zuzuwenden, weil seine damit verbundenen Assoziationen ihm eine Tabu-Reaktion aufnötigen, so z. B. wenn der Rettich, *daikon*, und verschiedene *tsukemono* allzusehr «stinken», die fermentierten Bohnen, *natto*, einen recht «verdorbenen» Geruch und auch Geschmack zu haben scheinen.

Ein Japaner hingegen wird umgekehrt seine Schwierigkeiten mit dem Genuß von Käse haben und vor allem bei der Vorstellung, Reis eventuell mit Milch, Zucker und Zimt essen zu müssen, die Flucht ergreifen.

Die Unterschiede treten noch deutlicher zutage, wenn wir die Maßstäbe für die Konsistenz der Nahrung vergleichen. Wie schon angedeutet, ist die Variationsbreite auf deutscher Seite hier sehr gering. Ein Braten (oder ein Brötchen) mag noch «knusprig» sein; aber ansonsten scheinen die Idealvorstellungen weitgehend von zahnlosen Greisen zu stammen, die einen uniformen Kartoffel-, Gemüse- und Fleischbrei bevorzugen, jedenfalls alles andere als mißglückt zurückweisen würden. Die Japaner sind nicht nur großzügiger hinsichtlich der Frage «roh» oder blanchiert, sie akzeptieren auch eine ganze Reihe von Aggregatzuständen, die dem Tastempfinden unserer deutschen Gaumen und Zungen zunächst unangenehm sind. Dies gilt zum Beispiel für verschiedene Arten der Zubereitung von «Tofu» («Bohnenquark»), der an sich geleeartig weich und geschmacksneutral ist, aber durch Kochen in Öl oder Wasser eine rauhe Oberfläche erhält bzw. ganz zu einem schwammartigen, «stumpfen» Gebilde wird. Es gilt auch für mannigfaltige schleimige Substanzen (schon dieser Ausdruck zeigt unsere abwehrende Haltung) wie die geriebenen rohen Kartoffeln, *tororo*, oder für zähe Gallerten wie *konyaku*. Auch wenn sich ein

Nahrungsmittel eher wie Kaugummi anfühlt (wie z. B. getrockneter Tintenfisch) oder aber beim Kauen übermäßig krachende Geräusche verursacht (wie alles Reisgebäck, *arare*), überschreitet das die Grenzen unserer Toleranz.

Die Beispiele für «Merkwürdiges» ließen sich vermehren (und in der Tat ins geradezu Abenteuerliche steigern), doch schon hier stellen wir fest, daß es für alle Erscheinungen einen gemeinsamen Nenner gibt: Die Bandbreite des japanischen Essens ist ungleich größer als die des deutschen. Die japanische Küche ist von einer ungebremsten Neugier geprägt, die zu ständigen Experimenten führt, wodurch die Palette des Eßbaren und seiner Zubereitung immer wieder erweitert wird. Die in Japan allenfalls bestehenden Tabuzonen sind wie die des früher aus religiösen Gründen verbotenen Fleischgenusses verschwunden oder sehr klein geworden, und auch die obengenannten Beispiele für mögliche Abneigungen – Käse und Milchreis – sind bereits mehr oder weniger überholt bzw. so unbedeutend, daß man sie praktisch übersieht.

Die Komposition eines japanischen «Sonntagsessens» erlaubt aufgrund der Vielfalt der möglichen Einzelelemente eine entsprechend große Klangfülle. Während das deutsche Mahl (mit Suppe, Hauptgericht und Nachtisch) einem etwas schwerfälligen Ländler gleicht, sehen wir uns beim japanischen einer symphonischen Dichtung gegenüber, in der es außer auf gefällige Melodien auch auf wechselnde Kontrapunkte und sogar manche Kakophonie ankommt. Neben Gegensatzpaaren wie «roh/gekocht», «heiß/kalt», «hart/weich», «süß/salzig» usw. stehen Vorstellungen wie «*zu* salzig», «*zu* süß», die isoliert als Übertreibung stören würden, in Beziehung zu einer sich anschließenden Geschmacksnuance jedoch ihre eigentliche Bedeutung erlangen, wie etwa die «zu süßen» Zuckerplätzchen vor dem Genuß des «zu bitteren» Tees. Wenn Ausländern bei einer Speisenfolge etwas nicht schmeckt, braucht das also nicht an der fehlenden Gewöhnung zu liegen; es kann Japanern ebenso ergehen. Nur werden sie es als interessant und zu seiner unmittelbaren Umgebung oder zum Gesamtgericht kontrastierend akzeptieren.

Die geschmacksästhetische Wirkung der einzelnen Bestandteile eines solchen Sonntagsessens hängt demnach nicht nur von ihrem Eigengeschmack oder der optischen Erscheinung ab, sondern selbstverständlich auch von der Art und Reihenfolge, in der sie verzehrt werden. Das Essen ist ja im Grunde über die bloße Nahrungsaufnahme hinaus ein gewissermaßen kreativer Prozeß, den selbst der Unaufmerksamste unter uns mit der Zeit erlernt – auch wenn wir ihn angesichts eher begrenzter Möglichkeiten und des Fehlens einer entsprechenden ästhetischen Theorie nicht bewußt als solchen erleben mögen. Denken wir an die Erziehung unserer Kinder zu «guten» Tischsitten, die sich nicht nur auf den Gebrauch von Messer und Gabel bezieht, sondern auch die Geschwindigkeit, den Rhythmus und die Reihenfolge des Essens betrifft.

Vielleicht erleichtert es eine solche Erinnerung an unsere Grundformen des Essens, den uns sonst nur schwer vorstellbaren nächsthöheren Entwicklungsbereich zu erahnen, wenngleich sich dieser erst in jahrelangem Genuß oder sogar in einem in der Kindheit begonnenen Bewußtwerdungsprozeß erschließen mag. Eine rationale Erklärung dafür, daß diese oder jene Speise zuerst, anschließend eine bestimmte andere und schließlich wieder die erste zu verzehren sei, ist kaum möglich oder sinnvoll. Wenn zehn oder noch mehr einzelne Speisen in ihren Schalen vor dem Gast aufgereiht sind, wird schon vorausgesetzt, daß er diese «Symphonie» nicht nur wahrnehmen, sondern in eigener Improvisation auch individuell zum Klingen bringen kann. Von daher versteht man, daß als einzige Grundregel gilt, die Speisen «abwechselnd» und im allgemeinen eben nicht in einer bestimmten Reihenfolge zu genießen und möglichst nicht eine Schale ganz zu leeren, bevor man zur nächsten übergeht.

Den inneren Zusammenhang einer japanischen Mahlzeit mit

ihren vielen verschiedenen, zum Teil kontrastierenden «Gängen» stellt der Speisende also vor allem selbst her, durch sein kreatives Mitwirken. Das konkrete Essen seinerseits steht aber selbstverständlich wiederum in einem großen geistig-gesellschaftlichen Kontext. Eine der grundlegenden Beobachtungen, die man am japanischen Essen machen kann, betrifft die wichtigste Rahmenbedingung für die Einbeziehung eßbarer Dinge in den Kanon des wirklichen Genusses: Es handelt sich um die Voraussetzung, daß auch für das Essen jene früher beschriebenen allgemeinen Kategorien des geistigen, ästhetischen und gesellschaftlichen Geflechts gültig sind, die das Leben überhaupt definieren.

Das Beisammensein der Schalen und Speisen auf dem Tablett vor dem Gast läßt an die Idee der unsichtbaren Verbindungslinien zwischen den Dingen sowie zwischen diesen und dem Betrachter denken. Auch die einzelnen Bestandteile sind weit stärker als bei einem deutschen Essen in Beziehung zueinander gesetzt. Die Anordnung auf dem runden oder rechteckigen Untersatz im Verhältnis zur freibleibenden Fläche mag für den in japanischer Ästhetik Beheimateten eine ähnliche hinweisende Wirkung haben wie die Raumverteilung auf einem Gemälde oder die Architektur eines Shinto-Schreins. Das Würzblatt auf der klaren Oberfläche einer Brühe über dem dunklen Grund einer lackierten Schale, die im eierstichähnlichen «Chawan-mushi» verborgenen Nüsse des Ginkgo-Baumes, die duftende (und natürlich auch eßbare) Chrysanthemenblüte, die den rohen Fisch, *sashimi*, begleitet – sie alle verleihen den Speisen einen unverwechselbaren Akzent. Die kunsthandwerkliche Form der geschnitzten Möhren und Kartoffelstückchen schließlich oder die aus Gemüseblättern geformten und sorgfältig verschnürten Pakete sind nicht zuletzt Zitate aus dem Leben, die der Kundige und Feinfühlige als Ausdruck einer gesellschaftlichen Verbindung verstehen kann.

Das Essen wird dadurch zu einem ästhetischen Genuß mit

mehreren Bezugsebenen. Über die sinnliche Gaumenfreude und Augenweide hinaus führen die sozialen Verbindungslinien in ein weites Gebiet der Gemeinsamkeit von Mensch und Natur, dessen religiöse Ausdeutung wir bereits erörtert haben. Essen ist damit letztlich auch eine «religiöse» Handlung im Sinne des Natur-Shinto. Diese Empfindung mag überwiegend unbewußt sein, doch schwingt sie mehr und mehr gerade heute mit, wenn, ausgehend von den Teeschulen, die Idee der Tee-Mahlzeit, «Kaiseki ryori», in Anlehnung an die seit dem 16. Jahrhundert bestehenden Traditionen wieder zunehmend Anhänger findet. Und sie beherrscht auch die jahrhundertealten Rezepte der vegetarischen Mönchsgerichte, für die die Restaurants in und bei den Kyotoer Tempeln Daitokuji und Mampukuji berühmt sind. Eingedenk deutscher Vorurteile gegenüber dem Begriff «vegetarisch» sollten wir rasch hinzufügen, daß alle diese Gerichte nicht nur erlesen, sondern auch köstlich sind.[22]

Bevor wir das Thema Essen verlassen, wollen wir unsere Darstellung im Sinne der Wahrheit und Objektivität ausweiten, denn die japanische Eßkultur besteht ja keineswegs nur aus Gerichten, die den angedeuteten ästhetischen Regeln der «Kaiseki ryori» folgen. Außerhalb dieses einflußreichen Kernbereichs gibt es eine nahezu unerschöpfliche Fülle von Varianten, vor allem auch lokaler Spezialitäten, und von dieser «japanischen mittleren Linie» völlig verschiedene, ausländisch beeinflußte Gerichte, so daß man bei einer kulinarischen Japanreise in der Tat mehrere Geschmacksregister zu ziehen hätte.

So dürften beispielsweise die Krebs-(«Kani»-)Gerichte in Kanazawa, die gebackenen Forellen in den Zentralalpen, die Aalspeisen in Hamamatsu, der Tofu vom Koya-Tempelberg, die Brathühner und «Kishimen»-Nudeln von Nagoya für jeden Japaner ein fester Begriff sein. Tokyo, diese gewissermaßen ganz Japan widerspiegelnde Riesenstadt, besitzt wohl für jede Speiseart ein oder mehrere Spezialitätenrestaurants; aber das Erlebnis ist natürlich vollkommener und authentischer, wenn man es wirklich an Ort und Stelle genießt. Und so nutzen viele Tokyoter (und nicht nur sie) die knappen freien Tage des Jahres zu Ausflügen an die Quellen der regionalen Gaumenfreuden. Die Zahl der qualitativ überragenden (und auch sehr teuren) Spezialitätenrestaurants in Japan ist außerordentlich groß. Aber auch der Standard der einfachen und preiswerten Alltagsgaststätten ist sehr hoch. Eilige Reisende können einen schwachen Abglanz der Spezialitäten sogar auf den Bahnhöfen erhalten, nämlich in Form des «Eki-ben», warmen, gekochten Speisen in einem Kästchen zum Mitnehmen, die immerhin so beliebt sind, daß selbst das amtliche Kursbuch für jeden größeren Bahnhof die jeweilige Spezialität verzeichnet.

Zu den eher ausländischen Gerichten gehören das bei Touristen verständlicherweise sehr beliebte «Sukiyaki» und «Shabushabu», bei denen die Gäste selbst auf einer Pfanne bzw. in einem Topf die bereitgestellten Zutaten (Rindfleisch, Gemüse, Nudeln) mundgerecht garen. Diese Gerichte existieren seit etwas mehr als einhundert Jahren (also seit der Verzehr von Rindfleisch in Japan üblich wurde). «Tempura», fritierte Meerestiere und Gemüse, gibt es schon länger, nämlich seit portugiesische Missionare im 16. Jahrhundert zeigten, wie man Fastenzeiten (daher der lateinische Name) auf angenehme Weise überstehen kann. Zahlreiche Nudelgerichte, vor allem «Ramen», die heute vollkommen eingebürgert sind, stammen aus China; und «Karreh», Curryreis, natürlich aus Indien.

Die euro-amerikanische Küche hat vor allem in Form der vielen Steakhäuser Fuß gefaßt, in denen das in Matsusaka oder Kobe mit Biermassage produzierte Rindfleisch besser und teurer erhältlich ist als irgendwo sonst auf der Welt.

Andere europäische Spezialitätenrestaurants neigen dazu, zuviel Wert auf Äußerlichkeiten zu legen und geschmacklich weniger zu bieten. Das hat auch Herr Schmidt zu seiner Enttäuschung erfahren müssen, als er bei seinem «Fluchtbesuch» in Tokyo «deutsch» aß. Es hatte ihn nach eineinhalb Jahren japanischer Köstlichkeiten gedrängt, wieder einmal «deftig» zu essen, zurückzutauchen in die Erinnerungswelt der Bratensoße und des Sauerkrauts. Die Realität des genormten Geschmacks der Tokyoter Köche, die von den Höhepunkten einmal genossener Rehrücken mit Spätzle, Klößen und Preiselbeeren, blauer Forellen mit jungen Kartoffeln oder auch von einer «Kohl- und Pinkel»-Orgie weit entfernt war, hatte ihn jedoch rasch wieder davon befreit.

In ihm hatte sich während der Zeit seines Japanaufenthalts ein Wandel vollzogen, der bei der Wahl zwischen zwei Welten in der gegebenen Situation die Entscheidung leicht machte: So stark war die Sehnsucht nach der deutschen Hausmannskost nun auch nicht, daß er in dem phantasielosen Angebot des Tokyoter Surrogats die Rettung vor dem ursprünglich fremden, nun aber schon recht vertrauten japanischen Leben gesehen hätte – was freilich für etliche Deutsche in Japan, die er in Tokyo angetroffen hatte, nicht galt.

Herrn Schmidts Entwicklung läßt sich leicht nachvollziehen, wenn man seine Reaktion mit der deutlichen Abwehrhaltung des eingangs erwähnten journalistischen Feinschmeckers der japanischen Küche gegenüber vergleicht: Bei ihm ist die Befreiung von Zwängen der Gewohnheit mit einem gewissen Nachwachsen von Geschmacksempfindungen und ästhetischer Wahrnehmungsbereitschaft verbunden, die es ihm ermöglichen, in beiden Welten mit Genuß zu leben. Andererseits aber ist die Ablehnung des «Feineren», des an kräftigen Signalen zwar Ärmeren, im Detail jedoch so viel Entwickelteren durch Angehörige von Nationen, die «starke» Eindrücke bevorzugen, nur zu verständlich. Vermutlich wird z. B. ein Inder in der französischen (und erst recht in der deutschen) Küche einen Mangel an Würze feststellen und darüber das statt dessen Vorhandene gar nicht bemerken.

Eine Kochkunst, die leise und differenziert ästhetische Signale verwendet, muß einer mit lauten und kräftigen Tönen operierenden gegenüber unterlegen erscheinen – obwohl sie möglicherweise sogar die entwickeltere ist. Ihr wird es schwerfallen, sich gegenüber der anderen durchzusetzen; und sie wird gut daran tun, sich weise auf den ihr angestammten Bereich zurückzuziehen und nur den wirklichen Kennern Gastrecht zu gewähren.

Damit sind wir bei einer Beobachtung, die in ähnlicher Form wohl für alle japanischen Künste und viele gesellschaftliche Erscheinungen Japans zutreffen dürfte. Es mag sein, daß die japanische Kultur eine solche Vollendung besitzt, was die feingliedrige Entwicklung angeht, daß europäische Sensoren mit ihrem gröberen Raster ihre Konturen nur mühevoll und zum Teil gar nicht wahrnehmen können.

Beim Essen, von dem ja jeder etwas versteht, zieht man gern Vergleiche. Und so ließe sich durchaus behaupten, daß an sich der japanischen Küche zusammen mit der chinesischen (und eventuell der französischen) der erste Rang auf der Welt zustünde – wenn sich nicht viele der für solche Urteile zuständigen Feinschmecker in dem bedauerlichen Zustand befänden, durch ihre Umwelt permanent geschädigt und für die besonderen Reize der japanischen Ästhetik weitgehend unempfindlich geworden zu sein.

Und noch eine vergleichende, wohl weniger kontroverse Schlußbemerkung: Bei der Erörterung des Grades der kulturellen Eigenständigkeit Japans – gegenüber seinem übermächtig erscheinenden Nachbarn China – gibt es vielleicht kein besseres Beispiel für die unterschiedlichen Grundlagen und die voneinander unabhängige Entwicklung beider Völker als die Kochkunst. Die Ästhetik der chinesischen Küche ist der europäischen (mit der sie wohl auch ursächlich verbunden ist) sehr viel näher als der japanischen, deren Subtilität und Vielseitigkeit auf ihre Weise unerreichbar sind und deren Anerkennung einer seelischen Wechselbeziehung zwischen dem Menschen und der Materie sowie der daraus sich ergebenden Steigerung zu einem «Höheren» einzigartig sein dürfte.

Kommunikation 1: Wege und Medien

Von Herz zu Herz · Warum man über das Wetter (nicht) spricht · Ausgedehnte Intimsphäre · Die Makrokommunikation des Staates · Produktionsflüsse von «oben» und «unten» · Fernsehen und «Fern-Sehen» · Reflexion über das ständige Eingebundensein und die Freiheit, eine Zeitung nicht zu abonnieren

Auf unserem Weg zum Verständnis des anderen wie unseres eigenen Landes haben wir nun zwar sogar ein so schwieriges Gebiet wie das des Essens bewältigt, uns aber, so paradox dies erscheinen mag, an das vergleichsweise «leichte» der menschlichen Kommunikation bisher noch nicht herangewagt. Doch ist dies nur zu erklärlich, da wir ja Herrn Schmidt und seinem sich nur allmählich und schrittweise den Phänomenen des Neuen aufschließenden Verständnis folgen.

«Kommunikation» ist ein weites Feld, und Herr Schmidt hat ohne Zweifel vom ersten Tag an mit seinen Kollegen und der Umwelt «kommuniziert». Aber in einem entscheidenden Punkt hat er bei allem Bemühen doch sehr lange gebraucht, ehe er das Gefühl bekam, in den «Kommunikationsfluß» einbezogen zu sein: Das ist die Sprache, das zwar nicht einzige, aber doch wichtigste Vehikel der Übermittlung von Informationen. Nach etwa zwei Jahren, in denen er praktisch ständig in einer japanischen Umgebung gelebt hat, täglich eine Lektion aus einem umfangreichen Lehrbuch absolvierend, immerhin seit einiger Zeit mit einer Japanerin verheiratet – nun endlich beginnt sich das Innere des zwischenmenschlichen Gefüges seines Gastlandes für ihn zu erhellen. Über die einfache Umgangssprache hinaus versteht er jetzt meist auch den Inhalt der Fernsehnachrichten und kann mit einigem Bemühen erraten, worum es in einem Zeitungsartikel geht. Den Rest besorgt seine liebevoll nachhelfende Frau, die nicht müde wird, für ihn in einfachen japanischen Worten oder auf deutsch zusammenzufassen, was er noch nicht begriffen hat. Zwischen den beiden hat es – auch ohne Worte – mit der Verständigung nie Schwierigkeiten gegeben. Ihre Liebe hat sie über alle Stolpersteine hinweggetragen und manche Abgründe gnädig überbrückt. Herr Schmidt hat gelernt, mit den Augen seiner Frau wie mit den eigenen zu sehen. Nach *nur* zwei Jahren, so sollten wir vielleicht sagen, hat er einen so weitreichenden Überblick gewonnen, daß er bis auf die immer noch schwerfallende Bewertung von Einzelheiten im Verhalten seiner japanischen Mitmenschen die Strukturen auch der sprachgebundenen Kommunikation im allgemeinen richtig zu deuten vermag.

Er weiß nun, daß die Formen des «Miteinander-Sprechens» grundsätzlich von den von Deutschland her gewohnten verschieden sind. Während er selbst vor allem während seiner deutschen Universitätsjahre gelernt hat, daß der Geist und alles Mitteilenswerte mehr oder weniger unabhängig vom Menschen bestehen, daß sich das Gespräch auf einer entsprechend definierten «geistigen» Ebene bewegt, der Sprechende den «Geist» des anderen zum Partner hat und daß es zum Glück der Menschheit gehört, der Sache selbst zur Klarheit oder zur Lösung zu verhelfen – während er all dies bisher für richtig und allein gültig gehalten hatte, muß er nun feststellen, daß er offenbar in sehr eingeschränkten Kategorien gedacht und gelebt hat. Wie der Mensch als geistbegabtes Sinnenwesen mit starker Gesellschafts- und Umweltbezogenheit vielschichtig «konstruiert» ist, so kann auch das Gespräch nur vielschichtig angegangen werden.

Stellen wir uns eine Situation vor, die für Herrn Schmidt zu dieser Zeit nicht ganz untypisch wäre: Um einen bestimmten

Versuch durchführen zu können, benötigt er ein besonderes Gerät, das im Labor nicht vorhanden ist, wohl aber im benachbarten Institut. So wird auf seine Bitte hin telefonisch zwischen den beiden Direktoren vereinbart, daß Herr Schmidt direkt zu dem dort zuständigen Kollegen X gehen soll, um das gemeinsame Vorgehen zu besprechen. Für Herrn Schmidt, der gern rasch zum Ziel gelangen möchte, läge es nahe, gleich «zur Sache» zu kommen, doch ist er nun schon Japaner genug, um den anderen Ebenen, die bei dieser ersten Begegnung eine Rolle spielen, Rechnung zu tragen. So durchläuft das Gespräch der beiden gleichaltrigen, weißgekleideten Kollegen nach der Begrüßung zunächst mehrere Vorstufen: Bemerkungen über die Herkunft Herrn Schmidts und eine Europareise des Kollegen X, die diesen an vielerlei Orte, nur leider nicht in die Heimatstadt Herrn Schmidts geführt habe; wie es denn Frau und Kind gehe, man habe von der familiären Situation Herrn Schmidts gehört (woraufhin Herr Schmidt sich beeilt, eine entsprechende Gegenfrage zu stellen); dann ein Kommentar zu dem heute wieder so schwülen Wetter; schließlich eine Entschuldigung dafür, daß man so beschäftigt sei und nun schon zum Thema kommen müsse ... Zum Abschied, als sich Herr Schmidt mit dem Gerät unter dem Arm zur Tür begibt, folgt noch die höfliche Einladung, Herrn X unbedingt einmal mit der Familie zu besuchen.

Diese Art der Begegnung, wie sie selbst in Eile befindliche Kollegen pflegen und die in aller Regel nach einem ähnlichen, stereotypen Muster abläuft, hat sicher auch den Charakter eines gesellschaftlichen Rituals und ist wohl in erster Linie als solches zu verstehen (was u. a. bedeutet, daß die abschließende Einladung ebenso leichtherzig ausgesprochen wird, wie sie selbstverständlich normalerweise nicht befolgt wird). Sie zeigt aber auch das gegenseitige Respektieren der «anderen Ebenen»: der besonderen Situation der seltenen Begegnung mit einem Ausländer; des ersten Zusammentreffens mit einem natürlich ebenfalls in gesellschaftlichen Bezügen stehenden Gegenüber (die Frage nach dessen Familie). Die in allen japanischen Gesprächen wiederkehrenden Bemerkungen über das Wetter könnten fast eine Schlüsselstellung bei der Beurteilung nationaler Kommunikationseigenarten einnehmen, gibt es doch, wie das deutsche Beispiel demonstriert, auch die grundsätzlich umgekehrte Haltung, die derart «Unsachliches» ausschließt und auf «Nüchternheit» abzielt.

Aber auch die Privatsphäre des Gesprächspartners wird respektiert, und das bedeutet, daß in der Kommunikation ständig darauf zu achten ist, nicht weiter zu gehen, als es die weiteste Auslegung des Begriffsfeldes des «Intimen» erlaubt. Ein Zögern bei der Antwort zeigt an, daß ein Nachfragen, ein Insistieren nicht geboten ist. Auch ein Nein zu erzwingen wäre für beide Teile unangenehm und in diesem Sinne eine Überschreitung des Zulässigen. Und so ergibt sich für japanische Gespräche insgesamt jene relative Einförmigkeit, ja sogar «Sprachlosigkeit», die Ausländer oft beklagen, wenn sie als Maßstab nur ihre eigene Lust an Diskussionen und geistigen Ringkämpfen kennen. Davon befreit ist allerdings der «trunkene», von gesellschaftlichen Rücksichtnahmen weniger eingeengte Ausnahmezustand der geselligen abendlichen Zusammenkünfte von Kollegen und Geschäftspartnern, über den wir schon gesprochen haben; auch dieser jedoch führt selten zu jener direkten Konfrontation, an der sich abendländische, der Aufklärung verpflichtete Vorstellungen orientieren. Eine weitere Ausnahme stellt in gewissem Maße der heimische Bereich dar und darüber hinaus, sicherlich noch ausgeprägter, die vertrauliche Atmosphäre der Bars und anderer Etablissements des Nachtlebens, die im Zusammenhang mit den japanischen Kommunikationswegen unbedingt nochmals erwähnt werden müssen. Sie sind sicherlich in erster Linie deswegen so viel beliebter als in anderen Ländern, weil sie außer der «üblichen» auch der kommunikativen «Entsorgung» dienen: Über die Probleme des Alltags mit der aufmerksam zuhörenden Bar-Hosteß oder der Besitzerin, die vielleicht nicht ohne Grund offiziell *mama-san* heißt, reden zu können, schafft eine psychische Erleichterung, die mit der zu vergleichen ist, die ein abendländischer Mensch nach der kirchlichen Beichte empfinden mag.

Die Möglichkeit, bei der Kommunikation mit anderen Menschen an ein «totes Ende», in eine Sackgasse zu geraten, wird noch dadurch vergrößert, daß die Gesprächspartner nur in recht seltenen Fällen auf gleicher Ebene miteinander verkehren. Sobald das (Dienst-)Altersgefälle hinzukommt, verringert sich die Wahrscheinlichkeit eines echten Gesprächs, d. h. eines gleichberechtigten Gebens und Nehmens, weiter. Der Vorgesetzte (Ältere) sagt etwas, der Untergebene (Jüngere) nimmt dazu Stellung. Die Gefahr einer zu starken Trennung der Führungs- und der Arbeitsebenen beispielsweise in Unternehmen und Verwaltungsorganen wird durch verstärkte Zurückhaltung der Vorgesetzten und eine gewisse Narrenfreiheit der Untergebenen im Vorfeld wichtiger Entscheidungen eingeschränkt. Eine Maßnahme wird demnach erst dann angeordnet, wenn das Management scheinbar unbeteiligt die scheinbar freie Diskussion der Mitarbeiter untereinander zur Kenntnis genommen hat.

Bei der Makrokommunikation im Staat laufen die Prozesse im großen und ganzen ähnlich ab. Die Regierung hat in einem noch stärkeren Maße als in Deutschland «das Ohr am Puls des Volkes» und kann dadurch mit überraschender Durchsetzungskraft Prozesse in Gang bringen, die die schwerfälligere Bürokratie sich nicht träumen ließe. Eine Art «vorauseilender Gehorsam», der aus dieser Konstellation erwächst, hat z. B. in kürzester Zeit die konkreten Ergebnisse bei den Modernisierungs- und Internationalisierungsprogrammen erbracht, von denen noch zu sprechen sein wird.

Die staatliche Kommunikation, die wir hier meinen, ist nicht die der Medien oder von Meinungsumfragen allein, sondern erfolgt in einem für Ausländer meist unsichtbaren Netz von Beratungs- und Mitbeteiligungsmechanismen. Japan verfügt nicht nur – wie die Bundesrepublik – über zentrale ständige «Konferenzen» der jeweiligen Institutionen (Präfekturen, Hochschulrektoren, Polizeipräsidien usw.), sondern darüber hinaus über eine Unzahl von Beratungskommissionen, die dem Premierminister direkt oder einzelnen Ressorts und Ämtern zugeordnet sind und Vertreter der Verwaltung und Industrie aus allen Teilen des Landes regelmäßig zusammenführen. Das Tagen der Kommissionen in Tokyo erinnert an die Präsenzpflicht der Daimyo am Shogunatssitz während der Edo-Zeit; doch ermöglichen es Züge und Flugzeuge, daß die Mitglieder heute rascher und unauffälliger hin- und zurückbefördert werden, als dies früher der Fall war.

Das eindrucksvollste Mittel zur Kommunikationssicherung ist aber wohl das der unbeschränkten Versetzungspraxis, das wir mit Bezug auf das Geschäftsleben der Firmen bereits erwähnt haben. Es gilt auch im staatlichen Bereich. Beamte der zentralen Ministerien beispielsweise leisten einen Teil ihrer Dienstzeit in der Provinz ab. So ist etwa der Kanzler der Universität Kumamoto, der über die Anstellung Herrn Schmidts als Gastwissenschaftler zu befinden hatte, ein für rund drei Jahre dorthin abgeordneter leitender Beamter des Tokyoter Erziehungsministeriums; seine Loyalität sichert diesem natürlich genaueste Informationen und ruft überdies den Wissenschaftlern wie den sonstigen Angestellten der Universität den «starken Arm» der Regierung ins Bewußtsein.

Da die Presse und die sonstigen Medien teils staatliche, teils private und kommerzielle Träger haben, ergibt sich diesbezüglich ein zunächst etwas verwirrendes Bild. Auch Herr Schmidt war in der ersten Zeit von der Fülle der Zeitungen und Magazine, der ständigen Berieselung durch Fernsehen und Radio wie erdrückt gewesen und hatte sich in den Stunden der Muße in seine eigene Welt der Schallplatten und Tonbandaufnahmen zurückgezogen. Allmählich aber hatte er zu unterscheiden gelernt, die Musiksendungen und die Fernsehprogramme der staatlichen Sendeanstalten, NHK, entdeckt und dann, dem Beispiel der Kollegen folgend, einen Videorecorder gekauft, der ihn von den Sendezeiten unabhängig machte. Auch hatte er an die Zukunft und das Leben in Deutschland zu denken begonnen, in dem seine Frau und er selbst sich nach japanischen Filmen, ja überhaupt nach irgend etwas «Japanischem» sehnen würden. Im letzten halben Jahr sammelt er deshalb mit Hilfe einer Programmzeitschrift systematisch alles, was ihm in diesem Sinn bewahrenswert erscheint, und gewinnt so einen recht guten Überblick über die in Kumamoto verfügbaren acht Fernsehprogramme.

In dem anfänglichen Durcheinander wird, was Radio und Fernsehen angeht, ein vertikal gegenläufiges Strömen von zwei Produktionsflüssen erkennbar, die natürlich als gemeinsames Ziel den Konsumenten, also das ganze japanische Volk, haben. Der eine umfaßt die offiziellen staatlichen Programme, die sich zwar auch nach dem Publikumsgeschmack richten und keineswegs nur erzieherische, staatsfördernde Sendungen bringen, aber im ganzen doch sehr konservativ und ein wenig zu korrekt wirken. Herr Schmidt hat das Gefühl, daß die unsichtbaren, aber allmächtigen Lehrer der Nation ihrem in den Niederungen des Alltags lebenden Volk Belehrung und Unterhaltung wohldosiert zukommen lassen.

Der zweite Produktionsfluß strömt in umgekehrter Richtung: empor aus nicht minder unsichtbaren Quellen, die freilich eher einer Hölle gleichen müssen. Die in ihm vereinten, einander zum Verwechseln ähnlichen kommerziellen Sender bemühen sich ebenfalls darum, eine Mischung aus Ernstem und Unterhaltendem zu servieren, allerdings mit einem deutlich reduzierten Anteil an «Belehrendem». Das Ergebnis ist hier für den rechtschaffen Suchenden (wie Herrn Schmidt) zunächst deprimierend. Auch sanfte Kulturschäfchen, also vom intellektuellen Standpunkt her ernst zu nehmende Sendungen, legen den Wolfspelz der Werbespots an, die in kurzen Abständen ohne

Rücksicht auf den Inhalt eingeblendet werden. Und Original-
programme des kommerziellen Fernsehens sind sozusagen
schon in der Wolle gefärbt; die Reklame ist in ihren Ablauf teilweise bereits eingearbeitet. Bild- und Informationssequenzen
erweisen sich als auf den zu Beginn und am Ende der Sendung
genannten Auftraggeber hin produziert.

Wenn sich Herr Schmidt schließlich trotz seiner Enttäuschung über das langweilige Staatsfernsehen wie über die far-
benfrohe Seichtheit der kommerziellen Programme diesem Medium zuwendet, geschieht das bewußt distanziert und in dem
Bewußtsein, unabhängig und frei wählen und die gewünschten
Sendungen mit dem Hilfsmittel des Videogeräts aus ihrem Kontext weitgehend herauslösen zu können. Aber er ist sich auch
darüber im klaren, daß in seiner Umgebung ein Fernseher «normalerweise» eingeschaltet bleibt und daß vor allem die Weltsicht vieler Kinder von jenen Ausblühungen der Handels- und
Konsumsphäre bestimmt wird.

Bei seiner systematischen Jagd nach interessanten Sendungen fallen Herrn Schmidt bei allen Unterschieden zwischen den
staatlichen und den kommerziellen Programmen eine Reihe
von Gemeinsamkeiten auf, die auf die Publikumserwartung,
letztlich auf die Eigenheiten der japanischen Kultur zurückzuführen sind und das japanische Fernsehen insgesamt deutlich
vom heimatlichen, deutschen abheben. Da sind zunächst die
langen Sendezeiten, die praktisch den ganzen Tag umfassen
und von morgens sechs Uhr bis um Mitternacht (beim NHK)
bzw. bis zwei und bei einem Sender sogar bis vier Uhr früh rei-
chen. Das ist keineswegs nur ein vordergründiger Unterschied.
Quantität wird hier offensichtlich zur «Qualität», wenn das
Bildangebot dem Menschen nicht nur während der freien Stunden nach der Tagesarbeit zur Verfügung steht, sondern ihn praktisch die gesamte bewußt gelebte Zeit über begleitet.

Auch Herrn Schmidt, der ein Frühaufsteher ist, berührt es irgendwie, wenn er morgens beim Anziehen die neuesten Nach-

richten und Berichte und natürlich die Wetteraussichten im Bild abrufen kann. Das Gefühl der Verbundenheit, das durch den Morgengruß des Sprechers und einen ersten Blick vom Dach des Sendegebäudes auf die erwachende Stadt vermittelt wird, intensiviert sich bei den danach in mehreren Programmen ausgestrahlten «ruhigen» Sendungen: Man begleitet den Reporter zu einem Morgenspaziergang in die Berge, zu Bauern, die mit der Arbeit auf den Reisfeldern beginnen, begrüßt am Hafen die heimkehrenden Fischerboote und bestaunt ihren noch zappelnden Fang. Dann folgen – nun schon in heftiger Konkurrenz mit Zeichentrickfilmen und (staatlichem) Sprachunterricht – Spaziergänge in die Nachbarschaft, ein Besuch bei der Kaiserfamilie (nichtstaatlich!) und, ab 8 Uhr 15, wenn die Männer zur Arbeit und die Kinder zur Schule gegangen sind, für die Hausfrauen die (staatliche) Fortsetzungs-Familiengeschichte aus dem japanischen Alltag; das heißt, strenggenommen ist es nicht ganz der Alltag, den Millionen von Japanerinnen da täglich miterleben, sondern die unmerklich idealisierte Geschichte einer tapferen Frau, die trotz vieler Schicksalsschläge immer wieder den Mut zum Weitermachen findet und ihrer Umwelt Zuversicht vermittelt. Danach beginnen die Programme bunter zu werden. Es gibt alte Spielfilme, Sportsendungen, Fernsehfilme und die ersten Quizshows, die am Nachmittag und zum Abend hin immer häufiger werden und in dem flüchtig mitsehenden Gast einer japanischen Durchschnittsfamilie den Eindruck erwecken könnten, das Fernsehen hier bestehe nur aus Quizsendungen und Baseballübertragungen. Das Abendprogramm, das von den Werbefachleuten sicherlich besonders sorgfältig auf die Einschaltquoten hin gesteuert wird, umfaßt Spielfilme, Fernsehdramen, Besuche im «Onsen» (mit nur vom Wasser der heißen Quellen verhüllten weiblichen Schönheiten), Sport und Quiz. Nachts geht es erstaunlich züchtig zu, wenn man von gelegentlichen Sendungen mit «Soft Porno»-Anflügen absieht.

Das Programm eines Wochentags enthält, wie Herr Schmidt

einmal gezählt hat, u. a. einundzwanzig Fernsehspiele («Drama»), neun Zeichentrickfilme, fünf Spielfilme und drei Theateraufzeichnungen; zwanzig «Shows», elf Schlagerprogramme, acht leichte Magazinsendungen («Variety»), sechs Quizsendungen; achtzehn Sportberichte und drei sportliche Gesundheitsratgeber; acht Anleitungen zum Kochen und fünf Hobbysendungen; sieben Reiseberichte, vier Naturfilme, sechs Fremdsprachenprogramme; zwei Berichte über Besuche von heißen Quellen («Onsen») und einen von einem «Matsuri»; je drei der traditionellen Kultur und der modernen Technik gewidmete Sendungen sowie eine über das Kaiserhaus. Hinzu kommen die Nachrichtenprogramme, die Regionalsendungen und zahlreiche Kurzeinblendungen, in denen der Blick auf die Gemeinschaft des japanischen Volks gerichtet wird.

Natürlich kann ein solcher Ausschnitt nicht das gesamte Spektrum wiedergeben, zumal sich darin auch nicht der Stellenwert einzelner, im wöchentlichen Rhythmus ausgestrahlter Sendungen erkennen läßt. Außerdem fehlen in ihm die von Feiertagsprogrammen, besonders am Neujahrsfest, gesetzten Akzente und die schon erwähnte eigenartig intensive Berichterstattung von den jährlich fünfmal stattfindenden Sumo-Turnieren.

Auch sagt die Statistik wenig über den Programminhalt aus. Natürlich bietet eine japanische Musikshow im Grunde das gleiche wie eine deutsche, auch wenn sie andere Akzente, z. B. national-verbindender Art wie beim Silvesterprogramm haben mag, das, wie es heißt, 80 % aller Japaner sehen. Vielleicht läßt sich das über die bloßen Zahlen hinaus Abweichende aber an zwei besonderen Tendenzen festmachen: einer starken Hinwendung zur eigenen Historie, vor allem der Edo-Zeit, die sich u. a. in den täglichen Samurai-Fernsehserien zeigt; und einer in jüngerer Zeit hinzugekommenen Lust an fremden Ländern, an westlicher und südlicher Exotik, die auch den Inhalt vieler Quizsendungen bildet. Eine «nationalistische Internationalisierungstendenz» – so könnte das paradoxe Fazit einer Inhaltsanalyse lauten.

Mit seiner erheblich längeren Sendezeit übertrifft das japanische Fernsehen das deutsche in quantitativer Hinsicht bei weitem. Es wird damit, wie gesagt, zum ständigen Begleiter des Menschen und verliert (oder verzichtet auf) den Charakter des Besonderen. Das Angebot der Sendeanstalten ist allgegenwärtig und inzwischen für die Menschen wohl auch unverzichtbar wie die Luft zum Atmen, die man andererseits aber ja kaum mehr bewußt wahrnimmt. Durch seine ständige Verfügbarkeit gewinnt das japanische Fernsehen gegenüber dem deutschen eine weitere Dimension. Es nähert sich im wahrsten Sinn des Wortes dem Fern-Sehen an, das es im Prinzip jedem erlaubt, das zu sehen, was in der Ferne ist; also von Tokyo aus die ersten Kirschblüten im südlichen Kagoshima, an einem anderen Tag vielleicht eine Bauernfamilie im tief verschneiten Hokkaido – wohlgemerkt, ohne besonderen Anlaß und ohne «Handlung». Derartige Sendungen sind zwar nicht sehr häufig, aber sie verleihen zusammen mit der Art der sonstigen Berichterstattung der japanischen Form dieses Mediums doch einen ruhigeren, nahezu statischen Charakter. Man gewinnt den Eindruck, daß sich das Fernsehen hier, anders als in Deutschland, nicht so sehr vom Theater oder vom Film herleitet, die ja von Dramatik, Spannung und Höhepunkten leben. Zwar gibt es auch reichlich «dramatische» Sendungen (fast vierzig an einem Tag), doch sind diese eingebettet in ein ausgleichendes, «episches» und «lyrisches» Programmumfeld.

Durch die intensive regionale und nationale Berichterstattung und die zahlreichen Sendungen, die Menschen im Alltag zeigen, wird das Fernsehen zu einem, ja *dem* verbindenden Element, das die Einheit des Landes festigt und fördert. Seine Sendungen bieten eine Fülle von Material zur Identifikation mit dem Ganzen, natürlich zentriert auf die Hauptstadt Tokyo, so daß die Verstädterung mit all ihren Begleiterscheinungen, z. B. was Kleidung, Wohnstil, Sprache angeht, bis in die entlegensten Dörfer hineinwirkt. Aber auch besondere Botschaften erreichen die Provinz auf diesem Wege rasch und zuverlässig und werden selbstverständlich beachtet, soweit es die verfügbaren Kräfte zulassen.

Natürlich ist das Fernsehen, das wir wegen seiner überragenden Popularität und Durchsetzungskraft etwas ausführlicher betrachtet haben, nicht das einzige moderne Medium, das für die Kommunikation in Japan eine Rolle spielt. Große Bedeutung kommt auch den Zeitungen zu, die durchweg hochgeschätzte Institutionen sind, wobei politische Lager und die soziale Stellung der Leser kaum ins Gewicht fallen. Ein von dramatischen Übertreibungen lebendes Massenblatt wie die *Bild*-Zeitung gibt es bezeichnenderweise nicht. Die hohen Auflagen zeigen, daß auch einfache Leute mit den Schwierigkeiten, die die japanische Schrift bietet, hinreichend fertig werden. Allerdings sind unter den wöchentlichen Magazinen solche mit Zeichengeschichten («Manga»), auch und besonders pornographischen Inhalts, sehr verbreitet.

Der Rundfunk macht auf Herrn Schmidt im Vergleich zum deutschen einen überraschend vernachlässigten Eindruck. Dafür lernt Herr Schmidt in Kumamoto noch einige besondere Einrichtungen kennen: Es gibt hier, wie in ganz Japan, ein Lautsprechersystem, über das jederzeit Mitteilungen an die Bevölkerung gegeben werden können, z. B. im Fall von Erdbeben- oder Taifungefahr oder bei Smogalarm. Diese Lautsprecher rufen aber auch an jedem Nachmittag um fünf Uhr allen draußen spielenden Kindern zu, die Zeit nicht zu vergessen und nun nach Hause zu ihren Müttern zu gehen. Außerdem freut sich Herr Schmidt allabendlich über das Geräusch aufeinanderschlagender Hölzer, wenn der Nachbarschaftsdienst beim Rundgang durch das Wohnviertel daran erinnert, daß die Feuer zu löschen und die Häuser sicher zu verwahren sind – ein Geräusch, das im Theater wiederkehrt, nur daß es dort nicht das Ende des Tages, sondern den Beginn der Vorstellung anzeigt.

Im bäuerlichen Hinterland von Kumamoto trifft Herr

Schmidt bei entfernten Verwandten seiner Frau auf ein weiteres interessantes Kommunikationsmittel. Als man bei reichlich Sushi und viel Sake den Sonnenuntergang genießt, beginnt plötzlich aus dem Telefon eine krächzende, aber für alle deutlich vernehmbare Stimme zu sprechen: Die Familie hört wie alle Mitglieder der weit verstreut wohnenden Dorfgemeinschaft die neuesten Dorfnachrichten, die aktuellen Gemüsepreise und einen Aufruf zur Beteiligung am kommenden Dorffest. Dieser Telefondienst verbindet die Angehörigen der einige tausend Häupter zählenden Gruppe – so wie das Lautsprechersystem, das Radio, die Zeitungen und insbesondere das Fernsehen die gesamte Nation ständig erneut an ihre Einheit erinnern.

Herkunft und Zielrichtung der übermittelten Nachrichten, die sich bei staatlichen und kommerziellen Fernsehprogrammen so auffällig unterscheiden, spielen aufgrund der von den Empfängern vollzogenen Synthese letztlich keine entscheidende Rolle. Staatliches und Privates fließen zumindest beim Informationskonsum zusammen. Die «neuen Medien», die kurz vor Herrn Schmidts Rückkehr nach Deutschland in Gestalt des «Captain»-Datenabruf-Systems auch Kumamoto erreichen, verstärken diese Tendenz offenbar noch. Bei aller Abgeschlossenheit der einzelnen Gruppen und der gelegentlichen «Sprachlosigkeit» des einzelnen ist die Massenkommunikation allgegenwärtig und erzeugt das ständige Gefühl, in den laufenden Prozeß einbezogen und in ihm zugleich geborgen zu sein.

Ähnliches würde Herr Schmidt von seiner heimatlichen Wirklichkeit nicht sagen und wohl auch nicht fordern. Die Standpunkte der Menschen in Deutschland sind dafür sicherlich zu verschieden; und gerade in der Haltung gegenüber den Medien sieht Herr Schmidt einen Ausdruck möglicher persönlicher Freiheit, die bei manchen seiner intellektuellen Freunde dazu geführt hat, daß sie das Fernsehen generell ablehnen oder sogar auf jede Tageszeitung verzichten. Auch in dieser Hinsicht ist sein Gastland weit von der eigenen Welt entfernt.

Kommunikation 2: Die Sprache

Sprachebenen und das neue Du · Aller Anfang ist leicht: eine schmale Basis und ihr komplizierter Überbau · «Onyomi»: Fluch der Vieldeutigkeit · Das Schwein unter dem Dach und die gar nicht so fürchterliche Schrift · Dunkles und Unlogisches · ... und die Folgen für Nachrichten und Dichtung · Von der Anglisierung (nicht nur) der Wissenschaften · Etwas «Kulturjapanisch»

Mehr noch als die anderen Kommunikationsmittel sagt das primäre Medium, die Sprache, über die Kultur eines Volkes aus. Herr Schmidt hat schon bei seinen ersten Bemühungen um das Japanische bemerkt, daß er sich da auf eine äußerst komplizierte Angelegenheit eingelassen hat; zumindest hatte das Lehrbuch keinen Zweifel daran gelassen. In der Einführung des umfangreichen Werkes war die Rede von den zu beherrschenden unterschiedlichen Sprachstilen – der Schriftsprache, der Umgangssprache von Männern bzw. Frauen, der Kindersprache, von sprachlichen Haltungen «nach oben», d.h. Vorgesetzten und/oder Älteren gegenüber, oder «nach unten», also in bezug auf sozial als tieferstehend empfundene Mitmenschen, usw. Einem solch komplizierten Phänomen konnte Herr Schmidt nur mit Staunen gegenübertreten. Warum mußte es in einer modernen Gesellschaft so vielfältige sprachliche Formen geben? Aber er war entschlossen, sie alle zu erlernen oder doch zumindest kennenzulernen.

In der eigenen Sprache gab es ja ähnliches, wenn auch zumeist «in ferner Vergangenheit»: Bis ins 18. Jahrhundert hinein hatten Adlige, Gelehrte und Bauern verschieden gesprochen,

vor allem auch beim Umgang zwischen den Ständen. Herr
Schmidt selbst hatte miterlebt, wie sich die gesellschaftlichen
Prozesse in der Bundesrepublik auch sprachlich auswirkten: als
mit der Studentenbewegung am Ende der sechziger Jahre und
später mit dem Aufkommen der «Grünen» in den Achtzigern
das unter Erwachsenen normale Sie der Anrede mehr und mehr
dem Du Platz machte, ein Vorgang, der Jahrhunderte zuvor
schon im Englischen, dann auch im Schwedischen zu beobachten gewesen war. Die Entwicklung hin zur gesellschaftlichen
Vereinheitlichung hatte sich im «niedrigeren» Niveau der Sprache gezeigt. Und nun sollte er zum ersten Mal ein Gesellschaftssystem kennenlernen, das eine solche Entwicklung zwar kannte,
diese sprachlich aber offenbar nicht in vergleichbarem Maß
umsetzte.

Freilich ist Herr Schmidt – sollen wir sagen glücklicherweise? – von teilweise überholten Voraussetzungen ausgegan-
gen, und das wissenschaftliche Werk, das er zum Erlernen des
Japanischen hatte benutzen wollen, stimmt mit der Wirklichkeit, insbesondere der, die sich einem Ausländer darbietet, nicht
ganz überein. Auch das Japanische hat seit der Zeit, während
der gelehrte Verfasser zu Studien in Japan weilte, Änderungen
durchgemacht, eine Reihe von Reformen durchlaufen und präsentiert sich nun in einer sehr viel einheitlicheren Form, die von
allen Japanern verstanden und mehr oder weniger auch verwendet wird – «mehr oder weniger» sicherlich, denn es gibt immer
noch genug Abweichungen. Die Grundlage – auch für Herrn
Schmidt – bildet jedenfalls das höfliche Japanisch des Mittel-
standes, dem sich Umfragen zufolge inzwischen 80% der Bevölkerung zurechnen.

Nach den fast zwei Jahre lang brav durchgehaltenen täglichen Übungen gebraucht Herr Schmidt die Umgangssprache
zur Zufriedenheit seiner Mitmenschen und hat außer den beiden Silbenschriften («Hiragana» und «Katagana») von den
1945 chinesischen Schriftzeichen («Kanji»), die für öffentliche

Mitteilungen und in den Zeitungen benutzt werden dürfen, soviel memoriert, daß er sich nicht mehr ganz als Analphabet fühlt. Er könnte nicht sagen, daß er das Japanische beherrscht, aber er kommt zurecht – und er hat einen guten Überblick über die Sprachstruktur und die kulturellen Bedingungen, unter denen diese Sprache lebt und entstanden ist.

Wir schließen uns ihm mit der provozierenden Behauptung an, daß das Japanische «im Grunde» eine äußerst einfache Sprache ist. Das für die tägliche Kommunikation Unverzichtbare, also das grammatische Kerngerüst und einen Grundwortschatz, könnte man in wenigen Stunden erlernen. Lehrbücher[23] verwenden darauf meist nicht mehr als zwei oder drei Lektionen.

Wir wollen die Einfachheit des Japanischen an einem Beispiel erläutern. *Iku* heißt «gehen»; es heißt außerdem: «Ich gehe», «du gehst», «er geht», «sie geht», «es geht», «wir gehen», «ihr geht», «sie gehen», «ich werde gehen», «du wirst gehen» usw. Die Vergangenheitsform («ich ging», «du gingst», «ich bin gegangen», «ich war gegangen») lautet *itta*. Die Aufforderung, «laß (laßt) uns gehen», die einigermaßen häufig vorkommt, heißt *iko* (mit langem «o»). Konjunktivformen (*ittara*) sind selten, denn es gibt keine Nebensätze in unserem Sinn. Dann haben wir noch die Verlaufsform *itte*, und schon ist mit der Reihe *iku, itta, ikō, ittara, itte*, die grammatisch nicht mehr verändert wird und zu der keine Personalpronomina mehr hinzuzutreten brauchen, fast die gesamte Formenlehre des Verbs umschrieben. Ähnlich ist es mit Substantiven. «Der Berg» heißt *yama*; «die Berge» sind ebenfalls *yama*, beides ohne Artikel. Genitiv, Dativ, Akkusativ (oder Ablativ und Vokativ und was sich europäische Sprachen sonst noch ausgedacht haben mögen) gibt es nicht – es sei denn, man drückt Entsprechendes durch den Gebrauch unabhängiger nachgestellter Hilfswörter aus, etwa wie «Berg von» für «des Berges», auf japanisch *yama no*. Recht betrachtet, hat man mit diesem Gerüst und einigen hundert

Wörtern auch alles, was zu einer Verständigung über lebensnotwendige Dinge erforderlich ist.

In der Tat beginnt ein japanisches Kind ungefähr so zu sprechen. Mit drei oder vier Jahren kann es alles, was es tut, tun möchte usw. mit dieser Minimalsprache ausdrücken, die, wohlgemerkt, keine Sondersprache für Kinder ist, wie wir sie mit Wörtern wie «ada ada» kennen (die gibt es im Japanischen auch); sie stellt vielmehr so etwas wie ein «Kernjapanisch» dar. Die Mutter fragt: «*Iku*?» Das Kind ist einverstanden und antwortet: «*Iku.*» Darauf die Mutter: «*Yama ikō*?» Worauf das Kind beifällig nickt oder aber (das haben wir noch vergessen, obwohl es wichtig ist) durch Anhängen der Verneinungsform *nai* an das leicht veränderte Verb mit *ikanai*, regional sogar noch einfacher mit *ikan* ablehnt.

Dieses Kernjapanisch, das wir hier nicht weiter ausführen wollen, ist ohne Zweifel lebendig und bildet seit Urzeiten die Basis der japanischen Sprache. Es ist eine sehr schmale, sehr einfache – vielleicht *zu* einfache Basis; und eben dies hat im Lauf der Jahrhunderte zu Entwicklungen geführt, die die Ausdrucksfähigkeit erweitern. Wenn wir das heutige Japanisch betrachten, können wir uns vor allem zwei Stützmaßnahmen vorstellen, die leicht zu erkennen und auch dem Außenstehenden anhand von Beispielen mühelos zu demonstrieren sind.

Die eine dieser Stützmaßnahmen besteht in der Einführung von Verb-Anhängseln, die das höfliche Umgangsjapanisch heute so deutlich prägen, daß man ihre Wiederkehr in dem noch fremden Klang der Sprache als erstes wahrnimmt und als Erkennensmerkmal dankbar begrüßt. Aus *iku* wird *ikimasu*, aus *itta ikimashita*, aus *ikō ikimashō*, aus *ittara ikimashitara* und aus *itte ikimashite*. Diese Anhängsel haben an sich keine Bedeutung, aber sie zeigen, daß sich der Sprecher eben nicht an ein Kind wendet, sondern an eine Respektsperson, d.h. an einen mindestens gleichrangigen Erwachsenen –

ein Unterschied, den wir im Deutschen z. B. (noch) mit den Personalpronomina du und Sie ausdrücken.

Das japanische soziale Beziehungsgeflecht mit seinen vielfältigen Abhängigkeiten, Rücksichtnahmen und Überlegenheitsgefühlen konte aber offenbar mit einem derart einfachen Hilfsmittel nicht auskommen, sondern mußte Differenzierungen in der Wortwahl vornehmen, wie sie in gewissem Sinn auch das Deutsche kennt: Ein König z. B. «ging» nicht, er «schritt» oder «begab sich» irgendwohin. Im Japanischen ist diese Differenzierung noch sehr lebendig: *Iku* und höflich neutrales *ikimasu* wird regelmäßig zu respektvollem *irasshaimasu*, wenn es die Situation erfordert. Einem Höherstehenden gegenüber würde man das eigene «Gehen» wiederum mit dem Bescheidenheit ausdrückenden Wort *mairimasu»* ankündigen. Zu vielen wichtigen Verben (wie z. B. «kommen», «tun», «wissen», «sagen», «sehen») gibt es im Japanischen entsprechende Parallelformen, die man als Erwachsener gebrauchen muß und nicht verwechseln darf.

Das grammatikalische und lexikalische Eingehen auf die sozialen Implikationen ist aber nur *ein* Merkmal der Entwicklung des Japanischen über seinen Kernbereich hinaus. Es gibt eine Fülle weiterer Vorkehrungen, die die Sprache in die Lage versetzen, weitere Nuancen der Kommunikation und des Denkens zu übermitteln und auch komplizierteren abstrakten Aufgaben gewachsen zu sein. Als Beispiel wählen wir einen beliebigen Satz aus Herrn Schmidts Lehrbuch. Er lautet: *«Yamakawa shi ga sonna erai gakusha datta no nara, anna koto o iwanakereba yokatta to ki ni shite imasu.»* Im Deutschen könnte er heißen: «Ich mache mir Gedanken, daß ich so etwas lieber nicht hätte sagen sollen, wenn Herr Yamakawa ein so hervorragender Wissenschaftler ist.» Würden wir den Satz unverändert in der Wort- und Denkfolge des Japanischen übernehmen, so wäre das Ergebnis etwa folgendes: «Yamakawa Herr der / jener Art hervorragend Wissenschafts-Mensch / gewesen / (Partikel) / wenn, /

dieser Art Sache (Akkusativ- + Objektpartikel *o)* / wenn nicht gesagt würde / war gut / (Meinungs-Anzeigepartikel *to* +) / Sorge (+ Dativ-Objektpartikel *ni*) / machend / sein (höflich).» Vielleicht sollten wir darauf verzichten, die einzelnen Konstruktionen, die hier hilfsweise gebraucht werden, zu erklären, und den Satz in seiner ganzen schrecklichen Form wirken lassen. Im Japanischen besitzt er natürlich die notwendige Geläufigkeit, da die einzelnen Bestandteile immer wieder verwendet und damit im Bewußtsein eingeschliffen sind. Der Weg dahin ist aber auch für einen jungen Japaner nicht leicht, und es erfordert viel Übung, derartige Verschachtelungen und Einzelregeln zu beherrschen.

Mit diesem Mustersatz sind wir an einem Punkt angelangt, der eigentlich jenseits des Kernjapanischen und auch aller «innerjapanischen» Hilfskonstruktionen liegt, und haben ein Gebiet berührt, das im historischen Prozeß des Ausbaus der japanischen Sprache eine große Rolle gespielt hat: das Chinesische. Begriffe für «Sorge», «Gedanken», *(ki)* sowie für «Wissenschaftler» *(gakusha)*, die in unserem Beispielsatz gebraucht werden, waren im Kernjapanischen ursprünglich nicht vorhanden und wurden seit dem 5. Jahrhundert aus dem Chinesischen, das mit dem Japanischen im übrigen gar nicht verwandt ist, übernommen, so wie wir im Deutschen ja auch lateinische und griechische Lehn- und Fremdwörter benutzen. Das Japanische geht dabei jedoch wesentlich weiter als das Deutsche; es hat nicht nur eine sehr viel größere Fülle von Begriffen eingeführt, sondern bildet auch fast alle Wortzusammensetzungen «chinesisch», wohl wegen der, verglichen mit den überwiegend mehrsilbigen japanischen Wörtern, kurzen, da meist einsilbigen chinesischen Entsprechungen. So kommt es, daß auch für ganz konkrete Dinge, die sehr gut japanisch ausgedrückt werden könnten, die chinesische Form, das sogenannte «Onyomi» verwendet wird. Ein Beispiel: «Gehen» heißt *aruku,* «Weg» *michi,* «Brücke» *hashi;* aus der «Gehwegbrücke» (wir sagen «Fußgängerbrücke» – auch im Deutschen ein langes Wort) hätte im Japanischen also «*aruki michi bashi*» oder etwas Ähnliches werden können – doch heißt sie statt dessen *hodōkyō*, die Lesung der Schriftzeichen mit japanisch veränderter chinesischer Aussprache.

Die weitreichenden Folgen dieses Verfahrens sind für einen Außenstehenden nicht leicht abzusehen. Wir wollen trotzdem einen Versuch der Verdeutlichung machen. Dazu bilden wir einen grammatisch möglichst einfachen Satz, der inhaltlich zur Erwachsenenwelt gehört: «Besonders auf wissenschaftlichem Gebiet wird der Austausch mit Japan künftig eine rasche Entwicklung nehmen.» Er würde auf japanisch lauten: «Toku *ni* kagaku *no* bunya *de* Nihon *to no* kōryū *wa* kongo kyūsoku *no* hatten *o togeru deshō.*» Die hervorgehobenen Wörter sind «Onyomi», während der deutsche Satz ohne Lehn- oder gar Fremdwörter auskommt. Wäre das Deutsche aber in derselben Situation wie das Japanische, so würde der Satz vielleicht lauten: «Speziell in szientifischen Arealen wird die Interkambiation mit Japan post-präsentalisch eine fort-veloke Developpation nehmen.» Wir haben ein wenig mit lateinischen Grundlagen experimentiert, um Entsprechungen zum Japanischen herzustellen, wohl kaum mit jenem Geschick, durch das sich eine «natürliche» Sprachentwicklung auszeichnet. Aber das Ergebnis mag andeuten, was hätte geschehen können, wenn gewisse Bestrebungen von «Gelehrten» früherer Jahrhunderte nicht von wirklich Gebildeten gebremst worden wären. Wie weit man schon gegangen war, zeigen Texte des 18. Jahrhunderts, die schwierige Begriffe kurzerhand mit französischen Wörtern wiedergeben. Der «Austausch» hätte somit leicht zum *échange* werden und das erste Wort des Beispielsatzes *spéciale- ment* lauten können – letzteres ist immerhin als «speziell» bis heute neben dem stärkeren «besonders» erhalten geblieben.

Die armen Japaner (und die armen Ausländer, die diesem System folgen müssen)!, so möchte man hier ausrufen, nicht ohne überrascht und zugleich erleichtert die Kraft der eigenen Sprache zur Kenntnis zu nehmen, die so interessante Wörter wie «Wissenschaft», «Gebiet», «Austausch» oder «Entwicklung» geschaffen und erhalten hat, eine Tatsache, auf die erst das Gegenmodell des Japanischen aufmerksam macht.

Übrigens: Auch die Bezeichnung für «Japan» ist, wie die Hervorhebung in unserem Beispielsatz zeigt, ein «Onyomi»-Wort. *Nihon* (d. h. «Sonnen-Ursprung») hat keine kernjapanische Entsprechung, wenn man von dem alten und heute in dieser Bedeutung selten gebrauchten *yamato* absieht.

Herrn Schmidt hat nicht nur die Aufgabe, sozusagen zwei Sprachen lernen zu müssen, geärgert, sondern vor allem die zusätzlich zu diesem Umstand auftretende Fülle von Varianten chinesischer Lesarten, die dadurch entstanden sind, daß die «Onyomi»-Begriffe von buddhistischen Gelehrten mehrfach übernommen wurden, nämlich zu unterschiedlichen Zeiten aus verschiedenen Gegenden Chinas (mit durch die Schrift verbundenen, sonst aber differierenden Sprachen). So stehen dem sie einenden chinesischen Schriftzeichen für unser Beispielwort «gehen» die japanischen («Kunyomi»-Aussprachen *iku, yuku* und *okonau* sowie die chinesischen («Onyomi»-)Aussprachen *gyo, kyo, ko* und *an* gegenüber, die allesamt «gehen», überwiegend sogar ohne soziale Differenzierung bedeuten.

Es kommt erschwerend hinzu, daß die «Töne» des Chinesischen im Japanischen nicht wiedergegeben werden. Die lautlichen Doppelungen und Vervielfachungen, die auf diese Weise im Lauf der Jahrhunderte entstanden sind, lassen sich nur durch sehr umständliche und zeitraubende Umschreibungen oder eben durch das Aufzeichnen der chinesischen Zeichen auflösen. Ein Zeichenwörterbuch führt beispielsweise 250 japanische Wörter auf, die *ko* lauten und zu 99% chinesischen Ursprungs sind, davon 180 mit langem, 70 mit kurzem «o».

Das Chinesische war für Japan immer die Sprache, in der die Lehren des Buddhismus aufgezeichnet waren, und wurde deshalb trotz seiner relativ geringen Eignung und trotz aller Fremdheit dem Japanischen von den Gelehrten aufgezwungen. Das Ergebnis kann nur als überkomplizierte Notlösung bezeichnet werden, läßt sich aber aufgrund der Tradition und der geschaffenen Fakten nicht mehr revidieren. Japanische Schüler dürften an der Last, mit -zig Homonymen konfrontiert zu sein, kaum leichter tragen als ein Ausländer – nur, sie können sich zehn Jahre Zeit damit lassen. Anders als man gemeinhin denkt, ist die Beschäftigung mit «Onyomi» und den dabei auftretenden Problemen viel zeitraubender als das Memorieren der chinesischen Zeichen. «Hiragana» mit seinen 46 Silbenzeichen lernt man schon im Kindergarten; die an sich ähnlichen, im Grunde ganz und gar sinnlosen «Katagana» kommen später fast von selbst hinzu. Und das Lernen und Üben der «Kanji» macht in gewissem Sinn, wie jeder Anhänger von Kalligraphie weiß, auch Spaß, denn viele Zeichen sind ja in erster Hinsicht stilisierte Zeichnungen konkreter Dinge, durch deren Konstruktion man z. T. amüsante Aufschlüsse über das Denken ihrer Erfinder erhält (so, wenn das Zeichen für «Haus» ein «Schwein unter einem Dach» ist, das für «Frieden» eine «Frau im Haus» oder das für «Kirschbaum» ein Baum, unter dessen Blüten sich eine Frau befindet).

Es scheint, daß die Behauptung vergleichender Statistiken zum Weltanalphabetismus, nahezu alle erwachsenen Japaner könnten lesen, d. h. eine Zeitung entziffern, tatsächlich prinzipiell zutrifft. Nach zwei Jahren in Japan und vielen einschlägigen Erfahrungen hat Herr Schmidt jedoch den Eindruck gewonnen, daß das eigentliche Problem des Japanischen nicht in der Schrift, sondern vielmehr im sino-japanischen Vokabular liegt, das auch ein Gebildeter nicht in annähernd gleichem Maß beherrscht wie ein Deutscher den Wortschatz seiner Muttersprache.

Die Unzulänglichkeiten des Japanischen sind somit in zwei Bereichen zu suchen: dem äußerst schmalen und schwachen

Fundament seiner gesamten Struktur und der Verwendung der nur teilweise tauglichen Hilfsmittel aus dem fremden Gebiet des Chinesischen. Wenn wir die Gesamtheit einer organisch gewachsenen Sprache (im Gegensatz zu künstlich geschaffenen, insbesondere den Computersprachen) als Bauwerk betrachten, müßten wir uns das Japanische wie eine umgekehrte Pyramide mit schmalem Sockel und weit ausladendem Dach vorstellen – eine architektonische Form, die vom Natürlichen und von zahlreichen Stützen und Verstrebungen ahnen läßt.

Japanisch

Für das Deutsche dürfte wohl ein umgekehrtes Modell gelten. Die Basis mit ihrer nicht zuletzt unter lateinischem Einfluß weitentwickelten Grammatik ist breit, der germanische Wortschatzanteil relativ groß, und die humanistisch-französischen sowie die in neuerer Zeit hinzugekommenen englischen Lehn- und Fremdwörter halten sich in Grenzen.

Deutsch

Anglizismen etc.

Humanistisch-französische Lehnwörter

Germanischer Wortschatz und Grammatik (z. T. unter lateinischem Einfluß)

Dem Lateinischen und auch dem Chinesischen entspräche wohl ein noch geschlosseneres, blockartiges Modell.

Lateinisch/Chinesisch

(homogener Sprachkörper)

Diesen Unterschieden entsprechend, gestaltet sich auch der Zugang zu jeder der aufgeführten Sprachen anders. Selbst wenn man differierende pädagogische Ansätze beiseite ließe, wäre der Weg zu ihrer Beherrschung sicherlich jeweils verschieden. Wenn für das Deutsche oder das Lateinische gilt, daß «aller Anfang schwer» ist, so müßte es für das Japanische eher heißen, daß das Fortgeschrittenenniveau nur mühsam erreicht wird. Der Beginn im Japanischen, das hat Herr Schmidt in der Realität des Alltags von Kumamoto erfahren, ist äußerst einfach. Er hat den Block des Kernjapanischen in etwa einem Jahr bewältigt und sich auch die notwendigsten sprachlichen Höflichkeitsformen und Hilfskonstruktionen angeeignet. Aber das Weitere läßt sich hart an.

Das Japanische ist ohne Zweifel ein äußerst kompliziertes Kommunikationsinstrument – und das nicht nur für Ausländer. Seine Struktur spiegelt wesentliche Züge der Denkweise der

Menschen wider, die es benutzen und weitergeben. Insofern ist die Sprache, neben den Künsten und vielen gesellschaftlichen Phänomenen, ein weiteres Fenster zu der Kultur, in die alles eingebettet ist.

In diesem Sinne ist auch die «Unklarheit» des Japanischen von einiger Bedeutung – gleichgültig, ob man sie nun als «Grund» oder als «Ergebnis» des kulturellen So-Seins begreifen möchte. Die Wechselwirkung und innige Verbindung von Sprache und Denken lassen jedenfalls plausibel erscheinen, daß im Japanischen zumindest primär nicht Analyse oder logische Zergliederung des Lebens und damit auch keine polaren Setzungen angestrebt werden. Das Japanische betrachtet die Phänomene weitgehend als gleichwertig. Eine Stellungnahme erfolgt kaum, und dort, wo sie am ehesten zu erwarten wäre, beim Sprechenden selbst, wird sie geradezu verhindert; das «Ich» darf, wenn es spricht, sich selbst nicht nennen (es sei denn, es ist unbedingt erforderlich). Ebenso gibt es im Normalfall kein «Du» oder «Er». So kommt es zu jener Kürze, wie sie anhand der Verbreihe *iku* und ihrer «Satz»-Möglichkeiten bereits demonstriert wurde.

Bedenkt man all dies, so kann der bei der Übernahme von Begriffen aus dem Chinesischen erkennbare Mangel an Rezeptionslogik auch als eindrucksvolle Offenheit gedeutet werden. Die fremden Elemente wurden unter Mühen, aber rasch und bereitwillig aufgenommen, in ihrer Erscheinung, d. h. hinsichtlich der Aussprache und Bedeutungszuordnung, angepaßt und fortan äußerst pfleglich behandelt. Offenbar hat es dabei kaum Versuche gegeben, so etwas wie eine Sprachlogik herzustellen, wohl auch deshalb, weil der Logik überhaupt wenig Aufmerksamkeit geschenkt wurde, weil sie, wie wir gesehen haben, keinen Anspruch auf ein «eigenes» Gebiet erheben konnte und kann. Den psychischen, das Irrationale betonenden Zielen etwa des Zen entspricht es wohl auch eher, eine «dunkle», vieldeutige Sprache mit Doppelungen und sich teilweise überdeckenden

Begriffen zu haben, die auch grammatisch einen gewissen Deutungsspielraum nahezu vorsieht und sich unter mancherlei Richtungswechseln ihren Objekten nähert.

Mehrdeutigkeit und Unlogik treten besonders kraß hervor, wenn man an die Klarheit und Unmißverständlichkeit denkt, die die Lehrmeisterin der europäischen Sprachen, das Lateinische, an den Tag legt. Wir, geprägt von diesem Rationalismus, sind daran gewöhnt, daß man uns versteht, wenn wir etwas sagen (falls wir uns korrekt ausdrücken). Japaner aber verstehen einander oft nicht, selbst wenn sie sicher sein können, formal nichts verkehrt gemacht zu haben. Zum Gespräch gehören daher das regelmäßige Nachfragen, die Wiederholung des Gesagten, vielleicht in etwas anderen Worten, und nötigenfalls das «Schreiben» der «Kanji» unklar gebliebener Begriffe mit dem Finger auf der Handfläche. Zettel, Skizzen usw. vervollständigen die Konversation. Nachrichtentexte im Radio werden nicht selten zweimal, in leicht unterschiedlicher Version, verlesen, und im Fernsehen erscheinen die Kernsätze der Meldungen im Hintergrund auf Schrifttafeln, keineswegs nur für Hörgeschädigte, für die auf diese Weise freilich auch gesorgt wird.

Aber Nachrichten und auf konkrete Ziele gerichtetes Reden sind nicht die gesamte Sprache. Eine Unterhaltung kann offenbar auch Unverstandenes, nur Angedeutetes umfassen und die Partner dennoch befriedigen. Ein Charakteristikum des Japanischen stellen in diesem Sinne die «offenen Enden» dar, die sich in unvollendeten Sätzen, in einem «aber . . .» am Schluß der Aussage manifestieren und vom Gegenüber sehr wohl verstanden werden. So kann auch das Nein, das vermieden wurde, übermittelt werden. Oder aber es öffnet sich ein sprachpsychologisches Fenster auf eine dahinterliegende Vorstellung, die der Gesprächspartner nun (in Gedanken und Assoziationen) in die Aussage einbringen *darf*. Die Unabgeschlossenheit und geringe Präzision der Sprache verschaffen ihm einen zusätzlichen Freiraum und der Kommunikation eine unverhoffte Tiefe.

Die japanische Dichtung ist natürlich von diesen sprachlichen Gegebenheiten stark geprägt. Homonyme, das Kreuz der Nachrichtentexter, sind die Golddukaten der Lyriker. Schon wortstatistisch gesehen, erscheint es unmöglich, «Haiku», die traditionellen japanischen Kurzgedichte, in einer anderen Sprache adäquat wiederzugeben. Mit einer Mystifizierung dieser Dichtungsgattung hat das nichts zu tun. Freilich besitzt ja auch die deutsche Sprache genügend Möglichkeiten zu lyrischer Verdichtung und so etwas wie einer «psychischen Öffnung» von Texten.

Ein zentrales Wort-Medium des Japanischen müßte nach alledem auch der Essay sein, der jenseits der wissenschaftlichen Beweisführung Gedanken und Empfindungen miteinander verbindet und den Leser auf eine mitunter recht persönliche Reise mitnimmt. In der Tat ist die japanische Literatur in diesem Sinne in weiten Zügen «essayistisch». Vom berühmten Tagebuch Matsuo Bashos von seiner realen und zugleich spirituellen Wanderung durch die Nordostprovinzen bis hin zu heutigen Veröffentlichungen – das starke Echo, das dieses Genre findet, ist ganz erstaunlich. Auch die Literaturkritik und selbst große Teile der japanischen geisteswissenschaftlichen Forschung zeigen sich dem Ideal einer Mischung aus Wissenschaft und empfindsamer Reaktion verpflichtet – und gehen damit für die ausländische Fachwelt verloren. Hier wird die Frage nach den Kriterien, nach denen «Logik» und «Gefühl» beurteilt werden, äußerst dringlich. Soll etwa die japanische Germanistik angesichts der Übermacht des anderen, «logisch» vorgehenden Lagers verstummen, soll sie sich methodisch anpassen? Wir, die wir im Besitz der wissenschaftlichen Wahrheit zu sein meinen, blicken auf die Arbeiten vieler japanischer Kollegen herab, die uns zu persönlich, zu wenig klar erscheinen. Aber sind nicht eher wir es, die gerade in den Dingen des Geistes und der zwischenmenschlichen Beziehungen aufgrund der Vorherrschaft der «Logik» verarmt sind?

Allerdings – Leistung und logisches Denken scheinen ja eng miteinander verbunden zu sein, und so ergibt sich auch in Japan in leistungsorientierten Zusammenhängen ein anderes Bild. Die naturwissenschaftlichen und technologischen Disziplinen wie auch zunehmend die Medizin haben einen vom übrigen «Gespräch» verschiedenen Klang. Nicht nur die Methoden und Rhythmen der Forschung und Entwicklung, auch die dabei verwendete Sprache weichen vom Traditionellen mittlerweile deutlich ab. Unter dem Einfluß des Englischen (das Deutsche als Sprache der Medizin ist dagegen zurückgetreten) hat sich das technologische Japanisch stark verändert und mit ihm die Haltung, in der man den Dingen gegenübersteht. Es könnte sein, daß die vielfach beklagte Überfremdung der japanischen Sprache durch englische Begriffe ein Element des Wandels im Sinne einer «Logisierung» der Denk- und Verhaltensabläufe darstellt, wie sie im Zeitalter der Moderne sowohl für Produktion und Vermarktung als auch für die «Internationalisierung» Japans als notwendig erachtet werden mag. Ein solcher gewiß nicht bewußter oder gar zentral gesteuerter Prozeß würde dann der Einführung des Chinesischen vor vielen Jahrhunderten entsprechen, als es darum ging, den als staatstragend begriffenen buddhistischen Glauben zu adaptieren, später insbesondere auch die Lehre des Zen, die in ihrem «Koan»-Erleuchtungsstreben so sehr von der Un-Logik der Sprache begünstigt werden sollte.

Sprache, um das nicht ganz zu vergessen, besteht natürlich nicht nur aus Haltungen, Strukturen und Formen, sondern in allererster Linie aus Inhalten; und diese sind es, die, wie jeden Lernenden, auch Herrn Schmidt am meisten interessieren. Glücklicherweise gibt es genügend kongruente (oder doch kongruent erscheinende) Begriffe im Deutschen und Japanischen, so daß der Brückenschlag hier leichtfällt. Mit zunehmenden Kenntnissen merkt Herr Schmidt aber auch, daß man in Japan mit vielen Wörterbuchentsprechungen ganz andere Vorstellungen verbindet, obwohl in beiden Ländern doch *Menschen* die Sprache geschaffen haben und mit ihrer Hilfe kommunizieren. Am deutlichsten wird dies in Fällen, die direkt mit Gefühlen und gesellschaftlichen Beziehungen zu tun haben.

Auf der deutschen Seite spielen zum Beispiel Begriffe wie «Herz», «Gemüt», «Gemütlichkeit», «Neugier», «Allgemein-» und «Herzensbildung», «Bewußtsein», «Vernunft», «Urteilskraft» eine große Rolle. Ihre Übersetzung ist nicht leicht und in einigen Fällen sogar ganz unmöglich, da die «Entsprechungen» im Japanischen zum Teil eine neue Farbe und möglicherweise ein zu «leichtes» Gewicht aufweisen.

Genauso verhält es sich mit den japanischen «Schlüsselbegriffen». «Sabi», «Wabi» und «Shibui», die wir als Wegweiser für eine Richtung der philosophisch-ästhetischen Wertewelt kennengelernt haben, gehören dazu. Zentraler noch sind die Termini, die die Angelpunkte des gesellschaftlichen Systems kennzeichnen: *on* und *giri* als zwei Vorstellungsformen zwischenmenschlicher Verpflichtungen – innerhalb eines größeren Kontextes, der von *ninjo*, dem menschlichen Lebensgefühl, und von *amae*, der Erwartung verständnisvoller Aufnahme durch die Gesellschaft, gebildet wird;[6] *tatemae* und *honne* als Bezeichnungen des (schamhaften) Empfindens des einzelnen vor der Gruppe; *ganbaru* als neueres Leitwort für das erwartungsgemäße Sichbemühen des einzelnen in der Gesellschaft; *komaru* als Ausdruck seiner Betrübnis bei Mißerfolgen; *kimochi* als Begriff für das augenblickliche Befinden und *kokoro* als das Zentrum, das «Herz» aller Dinge. Der eigene Lebensbereich *ie* (das Haus) ist auch in weiterem bzw. übertragenem Sinn als «Richtung», «Schule» geläufig. Wer sich von seinem Lehrer absetzt und einer Lehre eine neue Richtung gibt, wird zum *iemoto*. Das Leben der Gruppe findet im (realen oder vorgestellten) «Dorf», *mura*, statt. Die Menschen einer sozialen Gruppe werden eingeteilt aufgrund der Anciennität; sie sind *sempai* (Ältere), *kohai* (Jüngere) oder *doryo* (gleichgestellte Kollegen).

250

Viele erkennen einen ihrer meist wesentlich älteren Lehrer als *oyabun* an und fühlen sich zeitlebens als dessen *kobun* (ein Verhältnis, das in der an deutschen Universitäten noch vorhandenen Institution des «Doktorvaters» eine gewisse Parallele hat).

Diese Reihe ließe sich fortsetzen, fast beliebig, möchte man sagen, da die ausgewählten Beispiele eigentlich nur die «Spitze des Eisbergs» darstellen und im Grunde die ganze japanische Sprache einbezogen werden könnte. Es ist fast wie mit der Definition des «Göttlichen» in Natur und Kunst: Die übereinstimmende Kennzeichnung eines Begriffs durch eine größere Zahl von Menschen erhebt ihn aus der normalen Sprache in den Ritualbereich, macht ihn über seinen eigentlichen Inhalt hinaus zum Signal und läßt ihn dann auch sehr häufig als «Logo» auf einer höheren Ebene ein zweites, zusätzliches Leben führen.

Bei den von uns ausgewählten Beispielen, die aus dem kulturellen und zwischenmenschlichen Bereich stammen, besteht eine enge Beziehung zwischen den verschiedenen Ebenen, und ein gebildeter Mensch wird diese Worte stets im Bewußtsein der Existenz zahlreicher Querverbindungen gebrauchen. Ja, man könnte sogar sagen, daß «Bildung» im japanischen Kulturleben durch den Grad definiert ist, in dem das Bewußtsein eines Menschen von den sprachlich fixierten Begriffsinseln dieses Bereichs geformt wird. Sie spielen im Verhältnis zu dem ganz anders gearteten «Bildungsgut», das ein Deutscher besitzen muß, um als «gebildet» zu gelten, eine erheblich größere Rolle.

Auf der anderen Seite darf man aber auch nicht vergessen, daß die Ritualisierung der Sprache noch in eine andere Richtung führen kann, z. B. bei der Produktwerbung, die im allgemeinen ja keinen Wert auf «Tiefe» legt, sondern ihre Signalwörter im Gegenteil auf ein möglichst wenig ausgestaltetes, weiches Assoziationspolster bettet. Auch hier hat sich das Japanische als äußerst fruchtbares Medium erwiesen. Zumindest in der Freude an ihrer Sprache liegt etwas, das japanische Werbetexter und Haiku-Dichter miteinander verbindet.

Die konkrete Utopie und das 21. Jahrhundert

Ein Bericht über Technopolis, Teletopia, Wissenschaftsstädte und die Neustrukturierung des japanischen Inselreichs · Von intelligenten Gemeinschaftsbauten und dem Grad des Anspruchs an Zivilisationsgüter · Abschließende Hypothese über das Zusammenwachsen von Fortschrittsinseln zu einem Festlandsbereich

Der Winter in Kumamoto ist nach deutschen Begriffen sehr mild, aber man merkt ihn doch, vor allem, weil viele Gebäude, auch die Universität, nur unzureichend oder gar nicht beheizt werden. Doch im Februar schon blühen die Pflaumenbäume, Ende März die Kirschbäume, und ganz Japan beginnt sich vom Süden her in ein Blütenmeer zu verwandeln.

Der Frühling nähert sich den Schmidts jedoch in noch viel deutlicherer Gestalt. Sie bekommen ein Töchterchen. Es erhält den Namen Hanako («Blütenkind»), der an die Pracht dieser Zeit erinnern soll und auch für Deutsche leicht auszusprechen ist. Herr Schmidt schickt allen Freunden und Verwandten die frohe Nachricht.

Unter den Glückwunschschreiben ist auch ein dicker Brief von den Tanakas, von denen man lange nichts gehört hat. Sie sind offenbar sehr zufrieden mit allem, was sie in Deutschland angetroffen haben, berichten von manchem Merkwürdigen, aber auch von vielem, was ihnen das Leben erfreulich macht: dem Zusammensein mit Menschen in der kleinen Stadt (auch wenn alle immer so geschäftig seien), der Stadt selbst mit dem Bezirk um Kirche und Burg und der Altstadt mit den schönen Geschäften; sie schreiben von Frühstücksbrötchen, von den vielen Apfelsorten (das haben sie also nicht vergessen, Herr Schmidt ist gerührt), von Weihnachten und vom Schlittenfahren. Nur zwischen den Zeilen klingt an, daß sie wohl auch etwas Heimweh haben, besonders da, wo sie von den deutschen Ausländerbehörden und dem Gastarbeiterproblem berichten, das sie selbst aber ja glücklicherweise nicht betreffe, wie sie als Japaner überhaupt immer eine besonders freundliche Aufnahme gefunden hätten . . .

Nach der Lektüre dieses langen Briefes steht den Eheleuten Deutschland gewissermaßen vor Augen: Für Herrn Schmidt ist dies mit einem Gefühl des Wiedererkennens verbunden und mit dem Impuls, das so begonnene Gespräch mit der fernen, ihm nun aber so nahestehenden Familie Tanaka gleich fortzusetzen; bei seiner Frau wächst die Sehnsucht nach dem «Gelobten Land», mit dem sie sich so lange beschäftigt hat und das sie nun bald zum ersten Mal betreten wird, um dort für lange Zeit, vielleicht für immer zu bleiben. Wie wird sie mit den «geschäftigen Deutschen» auskommen? Diese etwas bange Frage mischt sich in die Vorfreude, mit der sie zusammen mit ihrem Mann den Umzug vorzubereiten beginnt. Die Wochen bis dahin sind jedoch insgesamt von einer erwartungsvollen Heiterkeit erfüllt, die der euphorischen Stimmung Herrn Schmidts in den Monaten nach seiner Ankunft in Japan nicht ganz unähnlich ist.

Für Herrn Schmidt bringt diese letzte Zeit aber auch noch eine besondere Aufgabe: Sein Heimatinstitut erbittet einen abschließenden Bericht über den Japanaufenthalt, der sich doch auch mit der gegenwärtigen Lage von Wissenschaft und Technologie beschäftigen möge. Mit einem gewissen Erschrecken erkennt Herr Schmidt die Berechtigung dieser ziemlich direkten Erinnerung an das an, was die Kollegen daheim an Japan tatsächlich interessiert. Nicht zuletzt durch sein zurückgezogenes Leben in Kumamoto und das Zusammensein mit seiner Frau hat er sich um diesen Aspekt der «Wirklichkeit» viel zu wenig gekümmert, und auch seine eigene Wissenschaft ist ihm unter dem Einfluß der jungen Liebe mehr zur dienstlichen Beschäftigung denn zum «Beruf» geraten.

Und so sammelt er in konzentrierter Eile alles, was er an einschlägigen Veröffentlichungen und Zeitungsausschnitten finden kann, läßt sich auch von den Kollegen manche Hinweise geben und fährt schließlich noch kurz entschlossen für einige Tage gen Norden, bewaffnet mit Lageplänen, Notizblöcken und seinem Fotoapparat, um sich zumindest so kundig zu machen, daß er sich später nicht blamieren muß. Was er in den Planungsämtern von Osaka und Tokyo erfährt, mit eigenen Augen in den Industriegebieten um Okayama und Nagoya sieht, vor allem aber auch in den für ihn interessanten «Wissenschaftsstädten» Tsukuba (bei Tokyo) und in der «Kansai Gakuen Toshi» (in der Mitte des Städtedreiecks von Kyoto, Nara und Osaka), all das wollen wir der Einfachheit halber ähnlich systematisiert wie in seinem Bericht zusammenfassen.

Herr Schmidt läßt seine Ausführungen mit einer Würdigung des Weitblicks des früheren japanischen Regierungschefs Tanaka beginnen (diesen Allerweltsnamen nennt er in Gedanken an seinen fernen Freund nicht ohne Belustigung), der 1972 in seiner Diesseitigkeit als erster die Kraft besessen habe, Visionen für eine «Neustrukturierung des japanischen Inselreichs» zu propagieren. Schon auf der Fahrt hat Herr Schmidt Kartenskizzen zusammengestellt, mit denen er nun sein eigenes Erstaunen darüber veranschaulicht, wieviel von dem damaligen «Propagandagerede» schon Wirklichkeit geworden ist und wie sehr sich Japan seither verändert hat. Nicht nur zwischen den Zeilen läßt er erkennen, daß er selbst keinen Zweifel daran hat, daß sich die Entwicklung dieser eineinhalb Jahre geradlinig auch in der gleichlangen weiteren Zeitspanne bis zum Beginn des 21. Jahrhunderts fortsetzen wird, bis zu dem Punkt also, den er überall als Zieldatum für den gesamten Wandlungs- und Modernisierungsprozeß fixiert findet.

Was sein eigenes Land, die Bundesrepublik Deutschland,

nach der Teilung und dem Verlust der dominierenden Hauptstadt Berlin sofort in Angriff genommen hat, findet in Japan also
mit einer Phasenverschiebung von zwanzig Jahren ebenfalls
statt: die Schaffung einer neuen Infrastruktur, die zunächst mit
einem fortschrittlichen Verkehrsnetz die Mobilität erleichtern
und eine «Entzerrung» der Ballungszentren bewirken soll. Der
Superexpreß «Shinkansen» verbindet tatsächlich, wie vorgese-
hen, den Süden Kyushus mit dem Ende Honshus im Norden
und, über eine andere Linie, Tokyo mit Niigata am Japanischen
Meer (dem Wahlbezirk eben des Ministerpräsidenten Tanaka).
Der Seikan-Meerestunnel, der längste der Welt, zwischen Honshu und Hokkaido, ist nahezu fertiggestellt und wird in abseh-
barer Zeit die Verbindung sogar bis Sapporo erheblich erleichtern. Shikoku wird gerade durch drei Brückensysteme angebun-
den. Autobahnen, 1972 wie die «Shinkansen»-Strecke noch auf
die Verbindung Tokyo–Osaka beschränkt, gibt es nun in allen
Teilen des Landes. Eine Reihe neuer Flughäfen ist im Bau, zum
Teil mitten im Meer und weit genug von der Küste entfernt, um
Umweltproblemen einigermaßen aus dem Weg zu gehen und
endlich sogar den Nachtflugverkehr zu gestatten.

Den zweiten, wichtigsten Schritt zur Dezentralisierung findet
Herr Schmidt dann in einer Reihe von in dieser Form für ihn in
keinem anderen Land der Welt vorstellbaren Maßnahmen. Die
bedeutendste, 1984 begonnen, ist aus seiner Sicht das «Technopolis»-Projekt, bei dem bis dahin relativ unbekannte Kleinstäd-
te in der Provinz in Zentren moderner Technologie umge-
wandelt werden. Neunzehn Orte haben, u. a. unterstützt durch
erhebliche Steuervorteile, damit angefangen, Industrieunter-
nehmen aus dem In- und Ausland mit besonders günstigen Bedingungen anzulocken, und wirtschaftliche Einrichtungen aus
den Großstädten aufgenommen. Die «Technopolis», das weiß
Herr Schmidt aus seiner näheren Umgebung ja sehr gut, sorgt
selbst für zentrale Forschungseinrichtungen und gemeinsame
Dienste und stellt Baugelände zur Verfügung. Auch seine «Hei-

matstadt» Kumamoto hat sich an diesem Plan beteiligt, obwohl sie als Provinzhauptstadt mit einer Einwohnerzahl von 453 000 an der oberen Grenze der in Frage kommenden Gemeinden liegt. Die Bevölkerung ist begeistert dabei, und Herr Schmidt hat in den zwei Jahren seiner Tätigkeit dort miterleben können, wie auf dem gerade planierten Sondergelände in der Nähe des Flughafens supermoderne Gebäude entstanden und sich ein bis dahin ganz und gar ländliches Gebiet mit geschäftigem Lärm zu füllen begann. Während hier quasi ohnehin bestehenden Wünschen nachgekommen wurde, muß die Ernennung zur «Technopolis» an vielen anderen Orten eine lokale Revolution bedeutet haben, zum Beispiel in Nagaoka (der Heimatgemeinde von Kakuei Tanaka), dessen Einwohnerzahl nach Abschluß des Ausbaus von bisher 170 000 auf 400 000 ansteigen soll. Das vor allem aus einer Reihe von Dörfern bestehende Nagaoka hat, als Herr Schmidt diese Daten einer aktuellen Zeitschrift entnimmt, bereits eine technisch orientierte Reformuniversität erhalten, ist durch die neue Autobahn und die «Shinkansen»-Strecke rasch zu erreichen und hat die besten Voraussetzungen, den Erwartungen gerecht zu werden.

«Technopolis» – dieser so unjapanische Ausdruck, jedoch sorgfältig nach seiner Aussprachemöglichkeit im Japanischen ausgewählt, ist nach Herrn Schmidts Ansicht ein hervorragendes Beispiel für die Art, in der Neuerungen in Japan eingeführt werden. Offenbar ist man dabei, auch eine andere, bisher nicht berührte Sphäre anklingen zu lassen, wenn man statt des Chinesischen und Englischen hier eine neoklassische, «griechische» Vokabel verwendet.

Ein ähnlich futuristisches Projekt, ebenfalls im Jahre 1984 initiiert, ist das der «Teletopia»-Städte. Es handelt sich dabei um in einem Wettbewerb ermittelte Gemeinden, die sich verpflichtet haben, moderne nationale und lokale Mediensysteme zusätzlich zu den bestehenden einzuführen. Kumamoto, Herrn Schmidts Paradebeispiel, gehört wiederum dazu; überall in der

Stadt – im Rathaus, in Hotels und auf den Bahnhöfen – hat man Datenterminals aufgestellt, die jederzeit kostenlose Informationen des japanischen CAPTAIN = «Character and Pattern Telephone Access Information Network»)-Systems über die Börse in Tokyo, das Wetter in Frankfurt und alles mögliche liefern, aber auch solche des lokalen KINGS (= «Kumamoto Information Guide Systems»), des CAIS (= «Comprehensive Administration System»), des «Health Management Information System» und des «Technopolis Information System» über die Industrieentwicklung, über Ladenpreise, touristische Attraktionen usw. Natürlich können und sollen derartige Empfangsstationen auch in den Betrieben und in privaten Haushalten gegen Gebühr aufgestellt werden, denn die erforderliche Verkabelung ist in großen Teilen Japans – unter Bevorzugung der «Teletopia»-Städte – weitgehend abgeschlossen.

Die Modernisierung Japans als Vorbereitung auf das «21. Jahrhundert» ist auch das Hauptthema aller großen Technologieausstellungen seit der «Osaka-Expo» im Jahre 1970 gewesen. Die «Meeres-Expo» in Okinawa, die «Portopia» in Kobe und vor allem die große «Tsukuba-Expo» haben sich nach Herrn Schmidts Einschätzung in diesem Sinne dem Bewußtsein des Volks tief eingeprägt.

Vor allem die letztgenannte Technologiemesse aus dem Jahre 1985 muß in Japan selbst ein großer Erfolg gewesen sein, auch wenn sie von vielen Ausländern mit einem Jahrmarkt verglichen wurde. Mit ihren in den Vordergrund gestellten «Spielereien» hatte sie geschickt auf die Empfänglichkeit der japanischen Öffentlichkeit für solche Dinge gesetzt und auf diese Weise die technische Botschaft zu vermitteln gewußt. Elektronische Geräte, Datenverarbeitung, Gentechnologie, aber auch verstärkte Aufmerksamkeit für die Dinge der Natur und der eigenen Kultur – all dies ist aktueller denn je.

Die Wahl des Standorts dieser wichtigen Ausstellung hatte wohl auch die Funktion gehabt, die seit 1975 entstandene Wissenschaftsstadt Tsukuba selbst mit ihren zwei Universitäten und weiteren fünfundvierzig unabhängigen neuen Forschungsinstituten sozial «anzubinden» – eine Aufgabe, die offenbar nicht leicht zu erfüllen war. Aber man war dem Ziel nähergekommen. Tsukuba, vor 1975 noch eine dünnbesiedelte landwirtschaftliche Ebene auf einem ehemaligen Truppenübungsgelände nördlich von Tokyo, heute Zentrum eines Großteils der modernen Forschung Japans, betrachtet Herr Schmidt als das bisher bedeutendste Einzelprojekt bei der Neustrukturierung des Landes. Und es ist nicht das einzige seiner Art. Schon ist ja im Kansai-Bereich die zweite Wissenschaftsstadt im Bau, die die Lage der Forschungseinrichtungen in den dortigen Ballungszentren entspannen und einen Gegenpol zu dem Tokyoter Tsukuba-Projekt schaffen soll. Von weiteren Plänen haben die Kollegen bereits gehört; bisher scheint es sich dabei freilich «nur» um einzelne, kleinere Verlagerungen zu handeln.

Die Stadt Osaka selbst, so wird Herr Schmidt informiert, sei ebenfalls dabei, ihr Gesicht zu verändern. Sie solle ihr bisheriges Erscheinungsbild als graue Industrie- und Handelszentrale ablegen und statt dessen zu einer grünen Gartenstadt werden; und nach allem, was man bei der Vorbereitung auf diesen Wandel beobachten könne, werde sie diesem Ziel wohl auch nahekommen: Ein internationales Symposium über «Pflanze und Mensch», bei dem ein berühmter deutscher Philosoph, Bollnow, den Festvortrag hielt, hatte die Aktion eingeleitet; mit 10 000 Sängern sei der Schlußsatz von Beethovens *Neunter Symphonie* aufgeführt worden; der Kaiser hatte den ersten Baum gepflanzt; eine Super-Gartenschau werde der nächste Schritt sein. Und auch Osaka werde mit einem umfassenden Informationsdatensystem versehen, das die Bewohner leicht und rasch zu den neu entstehenden Kultur- und Erholungszentren führen solle. Ein finanziell großzügig ausgestattetes «Komitee für das 21. Jahrhundert» werde für emotionalen Rückhalt sorgen.

Als weiterer Schritt auf dem Weg in das neue Jahrhundert sollte dann die Sanierung des freundlichen Molochs Tokyo selbst folgen, unter anderem mit der Entlastung seiner schlimmsten Ballungsgebiete durch den Bau einer gigantischen Brücke über die Bucht von Kawasaki nach Kitarazu, um so das bisher wenig genutzte Gebiet der Präfektur Chiba in den Großraum der Hauptstadt einzubeziehen. Auch für den Bau einer Insel inmitten der Bucht gibt es Pläne; dort soll ein weiterer großer Flughafen entstehen, der die beiden bisherigen, Haneda und Narita, entlasten oder sogar ablösen könnte . . .

All dies sind für Herrn Schmidt freilich nur Beispiele. Japan lebt, wie er es deutend formuliert, insgesamt in einer «konkreten Utopie». Es glaubt daran, alle diese Vorhaben realisieren, die selbstgegebenen Versprechen einlösen zu können.

Beispiele für eine infrastrukturelle Veränderung, die stärker mit gesellschaftlichen Entwicklungen zu tun haben dürfte, sieht er in bestimmten Phänomenen des Städtebaus; an den Orten, die er auf seiner kurzen Rundreise berührt, findet er im großen das bestätigt, was er ansatzweise selbst in der kurzen Zeit seines Aufenthalts in der eigenen engeren Umgebung hat beobachten können. Überall gibt es neue bauliche Akzente, architektonisch auffällige Gebäudegruppen mit ungewöhnlich sorgfältiger Verarbeitung und Ausstattung (z. T. so sehr durchelektronisiert, daß man von «intelligenten Gebäuden» spricht), die in Japan bisher nicht erreichte Dimensionen aufweisen. Die großzügigsten unter ihnen hat er schon vorher gesehen, die Wolkenkratzer Tokyos, hat sie auch bei dieser Reise nicht nur wegen ihrer Größe in dem ansonsten relativ flachen Stadtgebiet bestaunt, sondern auch wegen ihrer in den tieferen Geschossen gelegenen Gemeinschaftseinrichtungen (leider hatte er keine Gelegenheit, eine Konzertaufführung in der großen Suntory-Halle zu erleben). Vor allem merkt er nun, daß dieser Bauboom nicht auf die Zentren des Großkapitals beschränkt ist, sondern daß plötzlich jede Landgemeinde ihr eigenes Kulturzentrum mit Ausstellungsräumen, Konzertsälen, Fortbildungseinrichtungen besitzt – Herr Schmidt kann in Erinnerung an die beengten deutschen Volkshochschulen nur staunen. Der Museumsführer, den er bald nach der Ankunft gekauft hat, liefert ihm weitere «Beweisdaten» dafür, daß da etwas im Gange ist: Der Band verzeichnet wirklich Beachtliches, so viel, daß Herr Schmidt ihn selbst «daheim in Kyushu» nicht ausschöpfen konnte; und nun sieht er das Buch in einer Neuauflage, fast doppelt so dick[9] – es müssen Hunderte neuer Museen aus dem Boden geschossen sein, hat er den Eindruck, wie Pilze nach einem warmen Regen!

All dies kann nicht nur eine natürliche Folge des japanischen Wohlstandes sein; dieser allein würde auch nicht die Schwerpunkte im öffentlichen Bereich erklären, die in nur zu deutlichem Kontrast zu den nach wie vor bescheidenen privaten Wohnungen stehen. Nein, auch diese Veränderungen müssen als gemeinschaftlicher Wandel zu deuten sein, der außer dem «Kapital» auch die innere Entwicklung des Landes betrifft.

Hier kommt als weiteres Indiz noch eine Beobachtung zum «Grad des Anspruchs an Zivilisationsgüter» hinzu. Herr Schmidt glaubt festgestellt zu haben, daß nicht nur auf kunsthandwerklichem Gebiet, sondern auch auf dem der modernen Technologie die Bandbreite der Qualität von Handelswaren auf das obere Drittel einer für die Bundesrepublik gültigen Skala beschränkt ist. Während daheim auch «Billigware» (aus der eigenen Industrie oder aus osteuropäischen, vielleicht chinesischen Importen) vermarktet werde, so die These, finde man in Japan wesentlich mehr anspruchsvolle Produkte – was auch ein Handelshemmnis für deutsche Exporteure bedeuten müsse. Japan, ein Land, in dem Woolworth nicht Fuß fassen könne (Herr Schmidt meint das im übertragenen Sinn, ohne seine Behauptung wirklich überprüft zu haben), sei eben auch innerlich anders. Im Unterschied zu den USA besitze es keineswegs «unbegrenzte Möglichkeiten», sondern habe sich sozusagen der eigenen Bestleistung verpflichtet (und auf diese beschränkt). Japan, das «Land der hohen Maßstäbe», verfüge somit hinsichtlich seines Wachstums in Richtung des von der Utopia gesetzten Ziels über eine äußerst günstige Basis, die einer kontinuierlichen Fortentwicklung große Wahrscheinlichkeit verleihe – wenn alles gutgehe und sich keine unvorhergesehenen Einbrüche in Politik und Weltwirtschaft in den Weg stellten . . .

Herr Schmidt fühlt sich verpflichtet, einiges Theoretische über die Hintergründe der wirtschaftlichen Erfolge der Japaner beizufügen. Er führt die bekannten «typisch japanischen» Vorgehensweisen in der Industrieproduktion an: die genaue Beobachtung der Vorbilder, deren ruhige, nicht-revolutionäre weitere Entwicklung, das Zusammenstehen der an der Produktion Beteiligten und ihre kollektive Beschäftigung mit der graduellen Verbesserung des Hergestellten. Hier läßt er Eindrücke von der Betriebsbesichtigung einfließen, die er ein Jahr zuvor unternommen hat, um soziologische und arbeitspsychologische Gesichtspunkte besser beurteilen zu können. Für ihn belegen die äußere Ordnung der Produktionsstätte und das reinlich-uniformierte Erscheinungsbild der offenbar uneingeschränkt einsatzfreudigen Arbeiter, daß die Produktion in «positivem Geist» erfolgt. Zu dem Bild der Sauberkeit und Korrektheit gehört auch die moralisch (und nicht unbedingt materiell) begründete Kooperationsbereitschaft jedes einzelnen im Hinblick auf die Verbesserung der Arbeitsgänge und Produkte. Nirgendwo sonst, so behauptet Herr Schmidt, manifestiere sich das Zusammenwirken der Gruppe und des einzelnen besser als hier.

Der in erster Linie gesellschaftlich bedingte Fortschritt müsse sich zwangsläufig fortsetzen, wenn (wie seit einiger Zeit erkennbar) vor allem diese beiden fördernden Momente noch verstärkt würden: die wissenschaftliche Grundlagenforschung (in seinen Augen sozusagen ein «deutsches Element») und der Kapitaleinsatz (den er der «amerikanischen» Entwicklung zurechnet). Seit nämlich diese Komponenten zusammenträfen, also etwa seit den siebziger Jahren, habe das «japanische Wunder» entstehen und sich weiter entfalten können. Mit dem Einzelerfolg, mit der Konzentration der Kräfte und allmählich verbesserten Kooperationsbedingungen habe sich zwangsläufig auch die Qualität der Arbeitsleistung geradezu explosionsartig steigern müssen. Die gegenüber dem deutschen Nachkriegswirtschaftswunder verzögerte japanische Entwicklung beschleunige sich nach einer langsamen Anfangsphase nun rapide und weise über die Verbesserung der Produkte und des Lebensstandards hinaus zunehmend innovative Züge auf.

Es sei verständlich, daß im Laufe dieses Prozesses einzelne, klar definierte Sektoren vor allem in den Augen ausländischer Beobachter scheinbar isoliert hervorgetreten seien. Aber die Zahl solcher «Inseln» habe sich schon vergrößert. Zu den Erfolgen in der Autoindustrie seien die bei Schienenfahrzeugen und in der Schiffahrt sowie in der Weltraum- und Satellitenforschung hinzugekommen. Teilgebiete der Optik und Elektronik würden zunehmend mit neuen Gesichtspunkten der Datenverarbeitung verknüpft und in dem übergreifenden Feld der Erforschung und Entwicklung «künstlicher Intelligenz» zu einer Synthese gebracht. Die Technologie der Gene und biologischer Prozesse überhaupt werde sich auf dem Nährboden der traditionellen Fermentationsverfahren der japanischen Nahrungs- und Genußmittelherstellung noch wesentlich weiter entfalten. Das Defizit, das in Japan gegenüber den kapitalkräftigeren USA hier zur Zeit noch bestehe, werde mehr und mehr durch die Kooperationsbereitschaft weiter, diesen Prozeß bejahender Kreise wettgemacht, und es sei nur eine Frage der Zeit, daß es auch in der Biotechnologie zu einer «Explosion» käme, wie sie andere Gebiete schon erlebt hätten. Die «Inseln» der japanischen Erfolge begännen zu einem Festlandsbereich zusammenzuwachsen.

Damit schließt Herr Schmidt seinen Aufsatz. Noch während er ihn auf Schreibfehler durchsieht, kommen ihm Zweifel. Ob er aus seiner «paradiesischen» Provinzperspektive die Dinge nicht vielleicht doch etwas zu positiv sieht? Und wie sollte man auch die Zukunft vorhersagen können, wenn doch vieles in der Welt so unsicher ist? So setzt er schließlich in einem Nachsatz hinzu, daß selbstverständlich alle seine Schlußfolgerungen nichts anderes als Hypothesen seien, freilich eine gewisse Wahrscheinlichkeit besäßen, anregen wollten ...

Dann steckt er das Ganze in einen Umschlag und schickt es ab. Der Kollege Tanaka erhält eine Kopie, nur so, vielleicht auch als Ersatz für den ausstehenden Antwortbrief. Denn dazu kommt Herr Schmidt nicht; es gibt noch so viel zu tun, ehe der Umzug mit dem großen Hausstand geregelt ist. Und außerdem heißt es ausgiebig Abschied nehmen.

Von verlorener
und bewahrter Mitte

*Rückkehr · Symposium über «Phänomene und ihre
Grundlagen» · Von nach innen gerichtetem Nationalismus ·
Der Minderheitseffekt · «Grüne», amerikanische und
japanische Alternativen · Eine pädagogische
Feuerzangenbowle · «Mitte», «kultureller Weg» und
«Welt-Gesellschaft»*

Zwei Monate sind vergangen. Herr Schmidt ist mit seiner Frau
und dem Töchterchen in die süddeutsche Kleinstadt und in den
Kreis der Kollegen zurückgekehrt. Alles Äußere hat sich zu ordnen begonnen; für Herrn Schmidt ist es eine geschäftige Zeit, in
der seine Frau eine nicht unwichtige Rolle spielt – wenn auch
eben «nur» als Ehefrau und weniger in ihrer Eigenschaft als Japanerin, zumal ihre Integration in die deutsche Umgebung ohne
Probleme verläuft. Erst, als man Besuch von den Tanakas bekommt, wird Herr Schmidt an die Besonderheit seiner Ehe, diese zusätzliche «Kleinigkeit», erinnert.

Die Einladung, die ihm Herr Tanaka im Auftrag der
Deutsch-Japanischen Gesellschaft überbringt, wirkt wie der
auslösende Funke: Das in Japan Erlebte durchdringt die Wand
der deutschen Hektik, die Gedanken sammeln sich – er sieht seine Frau liebevoll an – ja, gerade auch ihr und Hanako-chan zu-
liebe wird er gern an dem «Symposium» teilnehmen, das die
Gesellschaft an einem der nächsten Wochenenden in einem
Berghotel abhält. Auch der Name des Leiters der Veranstaltung
reizt ihn – es ist ein bekannter Schweizer Journalist, dessen Japanbuch er mit besonderem Vergnügen gelesen hat.[4]

So kommt es, daß die Herren Schmidt und Tanaka wieder

nebeneinandersitzen und, ab und zu flüsternd ihre Meinungen abstimmend, verschiedenen Beiträgen zum Thema «Japan und Deutschland heute: Phänomene und ihre Grundlagen» lauschen.

Aus dem Gesagten und Diskutierten wollen wir das herausgreifen, was auch in den Notizen, die Herr Schmidt sich macht, besonders breiten Raum einnimmt.

Zunächst hat man sich mit den kulturellen Wurzeln der japanischen Gegenwart beschäftigt. Alles damit Zusammenhängende sehe man dort nicht als vom Bisherigen abgehoben, sondern in der Umgebung der Traditionen und mit diesen verschmolzen. Es handle sich um ein verglichen mit anderen Ländern grundsätzlich anderes Selbstverständnis. Das Phänomen der «Zeitlosigkeit» psychischer und kultureller Abläufe betreffe offenbar auch den Bereich der gesellschaftlichen Veränderung. Innovationen auf dem Gebiet der Technik, die man anderswo besonders gern als «Revolutionen» bezeichne, bedeuteten hier nicht die Abkehr vom alten (die «Hinrichtung der Könige»), sondern eine gemeinsame Neuorientierung, da es zwischen Mensch und Ideologie keinen Abstand und erst recht keinen Widerspruch gebe. In den westlichen Ländern sei Vergleichbares nie festgestellt worden. Alle hätten geschichtliche Entwicklungen mit inneren und äußeren Revolutionen, mit ständigen Kämpfen gegensätzlicher Kräfte um die Vorherrschaft hinter sich; ja, es sei seit der Teilung der Menschheit in eine «kapitalistische» und eine «sozialistische» Sphäre zur Selbstverständlichkeit geworden, in den Polaritäten des «Alten» und des «Neuen» zu denken und von einem «konservativen» und einem «progressiven» Lager zu sprechen.

Japan sei das einzige Industrieland, das aufgrund seiner Kultur eine Alternative zu den bisher vorhandenen Modellen anzubieten vermöge. Auf der Suche nach den Gründen hierfür vergleicht einer der Symposiumsteilnehmer Japan mit dem Deutschen Reich des Mittelalters und führt seine inneren Strukturen

266

auf den Feudalismus zurück. Die Vertikalstruktur der Gesellschaft, das patriarchalische Entscheidungssystem, das Gruppengefühl des einzelnen und die angestrebte Statik der Staatsordnung – diese Züge habe der mittelalterliche europäische Staat auch aufgewiesen. Zugleich würdigt er aber auch die freiheitliche Rechtsordnung, die Japan genau wie die westlichen «postrevolutionären» Staatswesen besitze, die jedem Japaner die Gestaltung seiner Existenz selbst überlasse – soweit er es wünsche und sich nicht aus tieferer Einsicht, aus traditioneller Bindung oder inneren «religiösen» Zwängen dem größeren Wertgefüge seiner Kultur unterwerfe. Aber dies tue eben nicht nur eine Minderheit, vielmehr gelte es für «die Japaner» schlechthin!

Damit ist man bei einem wichtigen Stichwort, das Herr Schmidt dick unterstreicht: «Nationalsozialismus» – Feststellung nationaler Werte und Bekenntnis der Menschen eines Landes zu ihnen. Die Diskussion über «das Japanische» nimmt einen breiten Raum ein. «Nihonjin-ron», wie der japanische Begriff lautet, erinnert an die Devise vom «deutschen Wesen» (an dem sogar «die Welt genesen» sollte) – obwohl er, wie zu bedenken gegeben wird, in die so stark entwickelte Toleranzidee eingebettet sei und einen ganz anderen Charakter habe. Trotz aller außenpolitischen Abenteuer in der ersten Hälfte des 20. Jahrhunderts sei das für Japan in erster Linie Bedeutsame und Typische in dem «nach innen gerichteten Nationalismus» zu erblicken, der heute freilich durch eine gewisse wirtschaftliche Aggression partiell nach außen gelenkt werde.

Die Kraft, die Japan auf seinen heutigen Weg gebracht habe, komme auch aus dem Zusammenprall zweier entgegengesetzter Impulse – des seine Substanz stärkenden nationalen Identitätsbewußtseins und der modernen Internationalität –, wie es in der Devise der Gründerjahre formuliert sei: «Wakon Yosai», d. h. japanisches Bewußtsein und westliche Form als neue Synthese. Mit dem Fehlen einer solchen Polarität in Deutschland bleibe die Produktivkraft geringer. Sie könne sich hier nur auf ein «preußisches» Pflichtbewußtsein stützen, zusätzlich vorübergehend auch auf den forcierten Fleiß nach den Zerstörungen des Krieges, auf die besonderen Leistungen der Flüchtlinge aus dem Osten – gute Motivationsquellen zwar, aber doch insgesamt schwächer als die japanischen, weil mit jeder Normalisierung ihre Kraft schwinden müsse. Die japanische Kultur sei, grundsätzlich betrachtet, die einer kleinen, starken Minderheit; der «Minderheitseffekt», der den deutschen Flüchtlingen vorübergehend zusätzliche Kraft verliehen habe, komme Japan mit seiner seßhaften, niemals entwurzelten Bevölkerung in vielerlei Hinsicht *permanent* zugute.

Die Entwicklung Japans und Mitteleuropas sei seit dem Mittelalter in vielen Zügen entgegengesetzt verlaufen. Dort, wo in Japan eine Konzentration der Kräfte erfolgt sei, habe das Zeitalter der Aufklärung und der frühen Industrialisierung eine Zersplitterung hervorgerufen, die durch gleichzeitige starke Außenimpulse – Kriege, Revolutionen – zwar die vorübergehende Freisetzung von Energien begünstigt, insgesamt aber auch eine Verdünnung der Substanz mit sich gebracht habe. Die relativ lange Friedensperiode seit dem Ende des Zweiten Weltkriegs und das Ausbleiben zusätzlicher Anreize habe, so einer der Wissenschaftler, die Bundesrepublik wie auch die DDR in Lethargie verfallen lassen. Vor allem in der Bundesrepublik dominiere wohl ein Gefühl der Sättigung.

Allerdings habe vor dem Hintergrund der modernen Fehlentwicklungen ja auch die gesellschaftliche Auseinandersetzung und das Suchen nach Alternativen wiederbegonnen. Themen wie die strukturelle Arbeitslosigkeit oder das Waldsterben, die die Regierung noch als bloße Verwaltungsaufgaben behandle, seien für einen Teil der Deutschen schon zu Existenzfragen geworden. Auch eine neue Art zwischenmenschlicher Beziehungen werde gesucht, vielleicht eine ganz neue Gesellschaftsordnung – obwohl viele der sogenannten «Grünen» über ihre ökologischen Ausgangsprobleme vielleicht nicht weit hinausblickten. Doch die Auseinandersetzung, die da begonnen habe, ziele auf Grundsätzliches, nehme die bürgerlich-kapitalistische Gesellschaftsform aufs Korn, in der einzelne Fragen der Existenz, vor allem eben das Ökonomische, einseitig und übermäßig hervorgerufen würden. Sie richte sich auch gegen das Gleichmachende der amerikanischen Kultur, die als dominierende Kraft überall in Europa Fuß gefaßt habe. Dabei seien mit «amerikanischer Kultur» nicht so sehr die bekannten Äußerlichkeiten gemeint, das Tragen von Jeans und Trinken von Coca-Cola zum Beispiel, Dinge, die unter dem Aspekt der Zweckmäßigkeit sicher ihre Berechtigung hätten und im übrigen genauso zu Amerika gehörten wie Jazzmusik und Gershwin, der Wilde Westen und Hollywood. Es gehe vielmehr darum, daß der «American way of life» nicht nur Neues, nämlich eine für den nordamerikanischen Kontinent gültige eigene Kultur, also ohne Zweifel Positives, geschaffen habe, sondern teilweise und in seiner Wirkung nach außen zugleich auch in der Negierung anderer Kulturen, ja von «Kultur» überhaupt bestehe. Die von den Siedlern erkämpfte Lebensform, die heute in den USA fest verwurzelt sei, lebe ja gerade von der Simplifizierung des geistig-kulturellen Geflechts und Linienwerks, das die gesellschaftlichen Strukturen bilde, und sei somit der deutschen (europäischen) wie erst recht der japanischen weitgehend entgegengesetzt. Denken und Verhalten seien überdies von einer Massengesellschaft (im Gegensatz zur Gruppengesellschaft Japans und der Individualgesellschaft Deutschlands) geprägt. Mit großem Bedauern müsse man den starken Einfluß der Idee des «Amerikanischen» in beiden Ländern feststellen, der in erster Linie das Vorhandene vernichte und nur wenig von seiner eigenen Substanz übermitteln könne. In Deutschland sei die kulturelle Verarmung in diesem Sinne schon weit fortgeschritten, aber es könne nur eine Frage der Zeit – «von ein oder zwei Generationen» – sein, bis auch in Japan jahrhundertealte Strukturen geschwächt oder gelöscht würden. Die im Westen wirtschaftlich, wissenschaftlich, militärisch und aufgrund der Größe des Landes mit Abstand dominierende Macht werde sich gegenüber den isolierten Einzelstaaten und -kulturen ohne Zweifel durchsetzen, wenn diese nicht einen Weg fänden, ihre eigenen inneren Kräfte zu regenerieren.

Auch dies sei also ein wichtiger Grund dafür, den Dialog der deutschen und der japanischen, der europäischen und ostasiatischen Kulturen zu verstärken. In zugleich konservativer und progressiver Abstimmung müsse man die kulturellen Werte bewußtmachen und ausbauen und überhaupt angesichts der materialistischen Tendenzen der Zeit kulturelle Ziele stärker betonen. Man müsse eine kulturell und gesellschaftlich begründeten neuen Internationalismus gerade der gegensätzlichen, aber jeweils stark fundierten Kulturbereiche schaffen. Hier liege die Chance einer wirklichen Alternative zur kommerziell manipulierten leeren Freiheit des Coca-Colismus wie auch zum grauen Verordnungssozialismus der Sowjetunion. Der Sozialismus könne – nebenbei bemerkt – bei einer Suche nach Alternativen auch deshalb nicht die erhoffte Lösung sein, da seine Idee auf einer zu schmalen Basis, dem «Sozialvertrag», gründe, das Gesellschaftliche ja aber nur ein Teil des Kulturellen sei.

Die Feststellungen, die sich aus dem Vergleich der Systeme Deutschlands, Amerikas und Japans für die Teilnehmer des Gesprächs quasi von selbst ergeben, sind nicht von revolutionären Untertönen begleitet, denn alle wissen, daß sich gesellschaftliche Systeme historisch, auf dem Boden der jeweiligen Gesamtkultur entwickeln. Es geht nur um das Verständnis der Situation, auch wenn gerade bei diesem Beisammensein die Hoffnung zu spüren ist, daß Besserung doch möglich sein müßte. Daß dringend «irgend etwas geschehen» muß, darüber ist man sich ebenfalls einig. Die Bundesrepublik Deutschland könnte ihre Stagnation überwinden und Bedrohungen abwehren, wenn sie das Übermaß an Hektik und selbstauferlegten Beschränkungen überwände, die sie zur Zeit beherrschten und ihre Kreativität eindämmten.

An dieser Stelle gibt es eine Unterbrechung der recht akademischen Diskussion, weil das gemeinsame Abendessen wartet. Doch das Bewußtsein, Alternativen wenigstens von ferne erblickt zu haben, weckt in den Herren Schmidt und Tanaka wie auch in den anderen deutschen und japanischen «Experten» die Erwartung, daß das Gespräch eine positive Fortsetzung finden möge.

Und es läßt sich in der Tat gut an: Als man wieder zusammenkommt, findet man in dem vorher so nüchternen Sitzungszimmer einiges umgeräumt, und in der Mitte der Sesselrunde funkeln die Gerätschaften für eine Feuerzangenbowle. Während der spielerischen Zeremonie von Zubereitung und Genuß des klassischen deutschen Getränks entsteht eine ganz eigene Atmosphäre, die die Phantasie der Anwesenden beflügelt.

Der Gastgeber rekapituliert das schon Gesagte, Geläufige: Der erste Schritt in die Zukunft wäre die wirkliche Inbesitznahme des eigenen kulturellen Erbes. Dabei sollte es keine Rolle spielen, ob dies in Form der abendländischen «Gipfelschau» oder durch das ostasiatische Sichmittreibenlassen in der «Meeresströmung» der Traditionen erfolgt. Das gemeinsame Ziel müßte jedenfalls sein, ein Gefühl für die Tiefe des eigenen historischen Hintergrundes zu erlangen (zu dem auch Episoden und ganze Kapitel aus Nachbar- und Vorgängerkulturen gehören) und mit ihm einen festen Standpunkt, eine Identität zu gewinnen. In der Kenntnis und Anerkennung des Eigenen liege die Voraussetzung dafür, das Fremde sehen und verstehen zu können. Zugleich mit einer solchen Bemühung um ein besseres historisches Bewußtsein könnte man damit beginnen, aus den Erkenntnissen der vergleichenden Kulturanalyse zu lernen und organisatorische Folgerungen zu ziehen.

So wäre sicherlich im Erziehungsbereich beider Länder manches zu ändern. In Deutschland müßte wohl vor allem daran gearbeitet werden, die grundsätzliche Bereitschaft zur Erziehung zu verstärken, die elitäre Beschränkung der sogenannten höheren Bildung auf einen kleinen, ausgewählten Kreis besonders Begabter zu überwinden und damit auch die Verbindung von Bildung und Klassenzugehörigkeit abzubauen. Für Japan müßte es auf der anderen Seite darum gehen, der Nachkriegssituation geschuldete Anachronismen zu beseitigen und das Erziehungswesen dem bereits optimal entwickelten Bildungsbedürfnis anzupassen; so sollten die Eingangs- durch Abschlußprüfungen ersetzt, die Lehrerqualifikation müßte gesichert und die Klassenstärke reduziert werden – an sich ohne Zweifel Kleinigkeiten, die keiner Diskussion bedürften und Inhaltliches an sich kaum zu berühren schienen. Auch sollte der Fremdsprachenunterricht in Deutschland das Japanische stärker einbeziehen und in Japan nach deutschem Muster in das Kindesalter vorverlegt werden, wodurch wohl auch eine milde Korrektur des Weltbildes eingeleitet würde.

Die guten Ansätze beider Länder auf dem Gebiet der beruflichen Bildung bzw. Weiterbildung wären miteinander zu verbinden: Die besser fundierte Berufsausbildung des deutschen, die spezialisiertere, aber durch häufige Versetzung auch einen größeren Überblick verschaffende des japanischen Systems könnten in einer «lebenslangen Weiterbildung» integriert werden. Gleichzeitig könnte die in den größeren japanischen Betrieben und Verwaltungseinheiten übliche Freistellung zur Weiterbildung und die Laufbahngarantie zum Muster für optimale Personalführung genommen werden. Im Wechselspiel von Anleitung durch die übergeordnete Organisation und freiem Entschluß des Arbeitnehmers könnte im Zeitalter des sozialen Kompromisses ein Modell für ein flexibles Gesellschaftssystem entstehen. Durch die Ausweitung der Bildungsperiode und die lebenslange Weiterbildung wäre für beide Gesellschaften, vor allem aber für die auf diesem Gebiet defizitäre deutsche wohl endlich eine größere berufliche Flexibilität zu erzielen, insbesondere aber ließe sich auch die Furcht vor der Entstehung eines «akademischen Proletariats» reduzieren, die, ein Relikt des Feudalismus, die deutsche Bildungsszene zu lähmen drohe. Durch ein Mehr an Bildungs- und Weiterbildungsmöglichkeiten müßte und könnte für alle Lebensalter das Pendeln zwischen bislang als «höher» und «niedriger» eingestuften Berufstätigkeiten erleichtert und deren soziale Bewertung im Sinne eines «Oben» und «Unten» relativiert werden.

So wichtig es sei, wenn sich die Fachleute zweier Länder zu einem Erfahrungsaustausch zusammensetzten, noch viel wirkungsvoller und unverzichtbarer sei es, die Menschen in größerer Zahl in Kontakt miteinander zu bringen.

Es ist sicher nicht nur dem Einfluß des die Gedanken flexibler machenden Weins zuzuschreiben, sondern wohl auch der japanischen Form geistiger Realität, daß die Herren sich nun dem Gedanken zuwenden, daß es nicht der Intellekt ist, der im Menschen dominiert. Denn wäre dies der Fall, könnten bloße Verwaltungsakte ausreichen, um Fehlentwicklungen zu korrigieren und fremde Erkenntnisse für einen selbst fruchtbar zu machen, eine Politik des Friedens zu betreiben und die Linderung aller möglichen Beschwerden rasch herbeizuführen. Aber ganz offensichtlich sei ja auch unter den kulturell am höchsten stehenden Völkern, ja selbst unter einander nahestehenden Menschen eine solche rein rationale Verständigung nicht möglich. «Verständnis» entstehe erst durch emotionale Gemeinsamkeiten, gleiche Zielsetzungen, verbindende Erlebnisse, die in ihrer Komplexität nicht leicht zu analysieren und noch weniger auf dem Weg bloßer Information zu übermitteln seien. Kurz, über den kleinen Kreis sie vertretender Experten hinaus müßten die Menschen verschiedener Kulturen über eine ausreichende Zeitspanne hinweg miteinander leben und möglichst viel von dem emotionalen Teil ihrer Existenz miteinander verwachsen lassen. In der Heimat würde sich das mit dem Eigenen vermischte Fremde in Spannungen und Steigerungen weiterentwickeln und Neues erzeugen, sofern es in ausreichendem Maß Unterstützung – und nicht Abwehr – erfahre. Das aber bedeute, daß «Langzeitkontakte», also Aufenthalte im anderen Land von ausreichender Dauer in großer Zahl zugelassen bzw. herbeigeführt werden müßten – eine Erkenntnis, die im Falle unmittelbarer Nachbarn ja keine allzu großen Kopfschmerzen bereite, in dem von Ländern wie Japan und Deutschland aber deutlich die Grenzen aufzeige. So zuckt die Feuerzangenbowlenrunde denn auch sichtbar zusammen, als jemand von einer Übertragung des deutsch-französischen Modells spricht, von den Millionenzahlen beim Kulturaustausch, und den Blick träumerisch in seinen Weinbecher versenkt. Aber ja, das ist es, was man braucht, und wenn es nicht Millionen sind, dann sollten es wenigstens «bescheidene» Zehntausende sein, die alljährlich im richtigen Alter, als Austauschschüler, ins andere Land, in die Gastfamilie überwechseln. Nur so, darin ist man sich einig, könne man dem eigentlichen Ziel näherkommen, auch solche «inneren» Werte und ein moralisches oder gesellschaftliches Bewußtsein zu vermitteln, die zwar beschreibbar, aber nicht ohne unmittelbare Beteiligung, ohne ein gewisses kulturelles Verwurzeltsein übertragbar seien.

Glücklicherweise gebe es zwischen Deutschland und Japan eine Reihe von Gemeinsamkeiten, die trotz unterschiedlicher Vorzeichen eine rasche Übereinstimmung herbeiführen könnten und im übrigen ja auch Ausgangspunkt der traditionellen deutsch-japanischen Freundschaft gewesen seien: Eigenschaften wie Zuverlässigkeit, Fleiß, Höflichkeit, das Bemühen um Qualität; auch der Sinn für Ordnung und Sauberkeit sei sicherlich hinzuzurechnen.

Schwieriger werde es bei der «Ordnung des Geistes», der Logik des Denkens und der Argumentation, die die Deutschen stets im Auge hätten und die sie ganz selbstverständlich ebenso zum menschlichen Wesen rechneten wie den sprichwörtlichen «aufrechten Gang». Der innige Kontakt beider Kulturen würde möglicherweise beiden Seiten helfen, einen besseren Weg zu finden: der japanischen durch eine gewisse Straffung und mehr Disziplin, etwa in der geisteswissenschaftlichen Forschung; und auch rein äußerlich, z. B. im Verkehrswesen, wo Hinweisschilder und Straßennamen bislang weithin fehlten; für die deutsche Seite wiederum könnte es heilsam sein, wenn ihre Tendenz zur Überorganisation, zum Ersticken des Menschlichen in Gesetzen und Verordnungen abgebaut würde.

Dieser Punkt stellt sich den Versammelten als zentral für den deutsch-japanischen Kulturvergleich dar: Während der japanischen Seite nur eine geringfügige «technische» Hilfe gewährt werden müßte, gehe es auf der deutschen um etwas viel Tieferliegendes, um die Vermenschlichung der ganzen Existenz. Wie in den Künsten werde ja die spontane Verbindung zwischen dem Ich und dem Objekt ständig in Frage gestellt, auf den größeren Zusammenhang hin relativiert und oft – wegen ihrer scheinbar so geringen Bedeutung – rasch verworfen. Davon sei nicht nur die Gefühlswelt des einzelnen betroffen; denn selbstverständlich leide unter dem Zwang zur Objektivierung auch die menschliche Wärme und gesellschaftliche Verbundenheit. Kunstgenuß und künstlerische Produktion seien ebenfalls beeinträchtigt. Die Erfahrung, daß erste Schaffensbemühungen neben Meisterwerken nicht bestehen können, bringe die Kreativität zum Erliegen, wenn die Ermutigung ausbleibe.

Auch wenn es in beiden Kulturen auf diesem Gebiet mangele, gebe es doch auch jeweils Ansätze, die der Partner erkennen und nutzen könne. Einer dieser möglichen Ansätze sei die in den traditionellen japanischen Künsten bestehende Offenheit, die es dem Liebhaber ermögliche, unter vielseitiger Anerkennung seiner Neigung nachzugehen – oftmals ja mit durchschlagendem Erfolg. Eine Horizonterweiterung für die Kreativität also; und ihr könnte die Öffnung der inneren Augen für bisher nicht Wahrgenommenes der anderen Kultur und schließlich wohl überhaupt vieler fremder Dinge in dieser Welt folgen. Neugier, im respektvollen japanischen Leben geradezu mit einem Tabu belegt, wäre im geistigen Bereich sicherlich sehr von Nutzen. «Allgemeinbildung» auf der einen, «Herzensbildung» auf der anderen Seite könnten Handelsgüter ersten Ranges in einem großangelegten Kulturaustausch sein. Eine (Wieder-) Verstärkung der Rituale in den Formen des Zusammenlebens würde es in Deutschland erleichtern, die Intimsphäre des anderen mehr zu respektieren, ihm nicht «zu nahe zu treten». Umgekehrt könnte die vernunftorientierte Erziehung zur Mitverantwortung des einzelnen auch bei eher fernliegenden Angelegenheiten die oft engen Grenzen japanischen Gruppendenkens erweitern helfen.

Ein anderes wäre die Anerkennung auch des «langsamen Fortschritts», wie er sich in den japanischen Künsten und im gesamten japanischen Leben offenbare – ohne den «raschen Fortschritt», ja die Utopie zu verhindern. «Eile und Weile» widersprächen einander nur für ein vordergründig «logisches» Denken; im Leben des einzelnen und der Gemeinschaft gebe es solche Konflikte nicht, falls einseitige Einflußnahme vermieden werden könne. Die Öffnung des Herzens zum Gegenüber und das Bewußtsein weitreichender Verbundenheit, die Liebe zum Augenblick und die Begeisterung für die Zukunft – diese Begriffspaare enthielten nicht jene Widersprüche, die logisches Denken zu erkennen meine; sie seien vielmehr miteinander verbunden und nur verschiedene Ausdrücke derselben Sphäre, deren Mitte im Herzen des Menschen liege. Das Bewußtsein einer solchen Mitte zu haben, geistige, psychische und sinnliche Wahrnehmung in Einklang zu bringen, ein solcher Zustand müßte für das «Menschsein» höchste Erfüllung bedeuten.

Nicht alle in der träumerischen Runde Versammelten erkennen die Anspielung aus dem Munde eines Kunsthistorikers. Doch gleich wird deutlich, daß dieser, an zuvor Gesagtes anknüpfend, an eine jahrhundertealte Debatte gedacht hat, an die sozusagen «innerabendländische Fehde» der Bewahrer und Erneuerer, und ganz besonders an jene berühmte Auseinandersetzung zwischen christlicher und avantgardistischer Kunst, die den Intellektuellen-Bestseller der Nachkriegszeit *Verlust der Mitte* hervorgebracht hat.[11] Sicherlich habe der Autor dieses Werks, Hans Sedlmayr, seine Idee einer «Mitte» wie auch die Vorstellung, daß gerade diese Mitte leer oder vergessen sein könnte, ganz anders verstanden, als es jetzt in diesem Zusammenhang klinge. Ihm, Sedlmayr, sei es natürlich um das Religiöse in dem Sinn gegangen, wie er selbst es durch das Christentum kennengelernt habe, doch wenn man sich von der christlichen Vorstellung ein wenig zu lösen vermöchte, wenn man die christliche Gottesidee durch den Göttlichkeits- oder eher «Menschlichkeits»-Gedanken der japanischen Gesellschaftslehre ersetze, dann gewinne man nicht nur ganz neue Voraussetzungen für die Betrachtung des damaligen Problems, sondern überhaupt eine völlig andere Perspektive der eigenen – deutschen, «abendländischen» – Position. Wie tröstlich wäre es für den verzweifelten christlichen Kunstphilosophen Sedlmayr gewesen, hätte er die geistigen Alternativen gekannt, die doch schon längst existierten! Aber gerade das sei ja vielleicht die wirklich neue Erkenntnis, daß er, der sicher intellektuell von anderen Kulturen gewußt habe, keine von ihnen *existentiell* habe wahrnehmen können, daß jedoch seit den Tagen seines Ringens mit dieser Problematik eben dies zunehmend möglich geworden sei. Natürlich hätten Menschen wie Sedlmayr in der japanischen Kultur bzw. überhaupt in der Kultur anderer Länder keine Alternative gesehen. Aber sie, die hier auf dem Berge Versammelten, sie könnten es, könnten im Zwiegespräch mit ihr leben und wachsen.

Mitternacht ist schon vorüber, als man im Gefühl, an einem Ziel angelangt zu sein, bei der im Hintergrund wachenden Wirtin noch eine letzte Runde bestellt. Doch als man weinselig die Becher aneinanderschlägt, setzt der Schweizer Gastgeber noch einmal an: Im Gegensatz etwa zu Orwells Kulturpessimismus sehe er die weitere Entwicklung durchaus positiv. Zugleich mit der sich abzeichnenden Überwindung des Industriezeitalters rechne er mit einer Humanisierung der Welt und des Zusammenlebens. Wissen und Information seien die tragenden Elemente der Zukunft, und wenn es gelänge, ihnen als dritte Säule, wenn nicht gar als Fundament das Bewußtsein der alten Kulturen und der wechselhaften geschichtlichen Wege der Menschheit beizugeben, müßte es auch möglich sein, eine Ära des Humanismus in einem neuen Sinne heraufzuführen, eine Zeit, in der der agonale Individualismus zurückgehe und das gesellschaftliche Miteinander zunehme.

Ohnehin seien die Idealvorstellungen der einzelnen Kulturen ja längst in Veränderung begriffen und hätten sich gegenseitig zu durchdringen und zu ergänzen begonnen. Von Einzelgesellschaften zu sprechen, sei sicher bereits nicht mehr zutreffend, eine «Welt-Gesellschaft» sei durchaus schon im Entstehen. Die durch ein zeitgebundenes Mißverständnis (betreffend den überbewerteten Komplex des «Kapitals») erklärbare Polarität zwischen den sogenannten Supermächten USA und UdSSR werde sukzessive abgebaut werden.

Der deutschen und der japanischen Kultur, sicher auch noch anderen, falle die Rolle zu, gemeinsam den Vorreiter zu machen, das Bewußtsein für die Alternative zu wecken, einen – und hier gebrauche er absichtlich einen japanisch wirkenden Begriff – beispielhaften «kulturellen Weg» zu gehen. Man denke nur an die japanischen oder allgemein ostasiatischen Beispiele, die ihm gerade einfielen: den «Weg des Tees» oder den des «Bogenschießens», diese Begriffe seien ihnen doch allen geläufig, auch den «Weg der Götter» wolle er dazu rechnen; und sie alle meinten doch wohl nicht das Objekt, mit dem sie verbunden seien, den Tee, das Bogenschießen usw., sondern das Leben der Menschen in der mit ihnen verbundenen Idee und die psychischen Prozesse, die bei diesem Miteinander abliefen. Und so verstehe er auch seinen Vorschlag eines «kulturellen Weges»: Nicht Objekt der Aufmerksamkeit dürfe die Kultur, dürften die einzelnen Künste sein, sondern Medium und bestimmendes Attribut des Lebens, das alles andere trage und in seiner Erscheinung beeinflusse, vor allem natürlich den Menschen selbst. Sei das nicht ein Leitbegriff, der es lohne, über die heute gängigen und leider alles beherrschenden Begriffe wie «Macht», «Wettbewerb», «Wohlstand», ja selbst über die so essentielle «Freiheit» gestellt zu werden?

Sie, die sie hier versammelt seien, die ruhigen Träger der kulturellen Strömungen ihrer Länder, sie alle seien dazu aufgerufen, die Politiker so zu wählen, daß mit aller Geduld schließlich ein solches friedliches Ziel erreicht werde!

Die anderen Herren haben diesem Ausbruch frühmorgendlicher Energie mit Staunen, aber auch mit ergriffener Zustimmung gelauscht. Wenig später geht man glücklich, wenn auch ein wenig schwankend zu Bett.

Als man sich am nächsten Tag beim Frühstück wiedertrifft, ist man in jeder Beziehung nüchterner. Man weiß, daß die Realität anders, nicht annähernd so verheißungsvoll ist, wie man sie sich wenige Stunden zuvor erträumt hatte. Einer der verkaterten deutschen Teilnehmer macht eine scherzhafte Bemerkung über die Einsamkeit des Experten für fremde Kulturen, der in der Heimat naturgemäß auf Ablehnung stoßen müsse, weil das Fremde zunächst immer zurückgewiesen werde. Und so sei gerade die Idee eines (wieder) menschlicheren Lebens, diese so vernünftige Zielsetzung, in der Gefahr, das Opfer einer «allzu menschlichen» Reaktion der sonst so auf Vernunft bedachten Allgemeinheit zu werden . . .

Trotzdem ist man nicht unzufrieden. Man hat sich selbst in der Beziehung zu dem räumlich fernen Gegenüber gesehen, Gemeinsames und Ergänzungsmöglichkeiten erkannt, Sehnsucht empfunden und ein Gefühl für eine eigene Aufgabe bekommen.

Die Vision der schönen neuen Welt der Menschlichkeit ist noch nicht verblaßt.

Und zumindest von den Herren Schmidt und Tanaka, die bald gemeinsam ihren Familien zustreben, wissen wir, daß sich in ihrer Freundschaft das noch Getrennte der Kulturen weiter zu einer neuen Mitte entwickelt.

Anregungen zu weiterer Lektüre

Die folgende Auswahl von Büchern über Japan ist subjektiv; sie könnte die Bibliothek des Herrn Schmidt am Ende seines Japanaufenthalts (und vielleicht während einer anschließenden Nachbereitungsphase) darstellen. Aufgenommen sind nur Veröffentlichungen in deutscher und englischer Sprache, die allgemein zugänglich und fast alle noch im Handel erhältlich sind. Japanologische wissenschaftliche Fachliteratur würde erst im nächsten Stadium der Beschäftigung mit dem Thema hinzukommen.

1 Reiseführer

Als besten Reiseführer könnte man wohl den von Josef Kreiner, *Japan* (Stuttgart 1979) bezeichnen. Der Autor ist Japanologe, Professor an der Universität Bonn, hat lange in Japan (u. a. in Kumamoto) gelebt, ist mit einer Japanerin verheiratet und besitzt so als Theoretiker und Praktiker die besten Voraussetzungen für ein solches Werk. Außerdem hat das Buch ein für die Reise ideales Format und ist sauber gearbeitet (mit guten Karten und Hinweisen).

Gut, allerdings unhandlich und etwas zu «neutral», ist *Baedekers Japan* (Freiburg i. Br. 1983/84); Immoos/Halpern, *Japan; Tempel, Gärten und Paläste* (Köln 1974 u. ö.) ist sehr persönlich und anregend, stark auf die großen Zentren und Touristenrouten bezogen; Ian McQueen, *Japan selbst entdecken* (Zürich 1982) stellt die Arbeit eines «Pioniers» dar, der vieles selbst gefunden hat und anregend beschreibt, an etlichem aber vorübergeht; und natürlich ist der offizielle Reiseführer der Japan National Tourist Organization zu nennen: *Japan. The New Official Guide*, der sehr umfangreich ist, aber leider keine Wertungen oder Empfehlungen enthält.

2 Für weitere Informationen über Hintergründe und den Ablauf japanischer Feste – die wichtigeren unter ihnen, immerhin 355, werden dargestellt – ist Helen Bauers und Sherwin Carlquists *Japanese Festivals* (Tuttle, Tokyo 1965) nach wie vor sehr nützlich.

3 Die Reiseberichte deutscher Forscher des 17. und 19. Jahrhunderts

über Japan (Engelbert Kaempfer, Georg Heinrich von Langsdorff, Philipp Franz von Siebold) wurden unter dem Titel *Reisen in Nippon* von Herbert Scurla herausgegeben (Berlin 1968 u. ö.).

4 Allgemeine «Japanbücher»

Wir haben bei unserem «Symposium im Berghotel» natürlich keine bestimmten Personen im Auge, und das, was der «Schweizer Journalist» dort sagt, ist in keinem Punkt Zitat oder auch nur bewußte Übernahme von einem bestimmten Autor. Möglicherweise hätte es auch dem Schweizer Journalisten, dem wir mit diesen Seiten unseren Dank für sein Werk ausdrücken wollen, gar nicht behagt, solch realitätsüberschreitende Sätze in den Mund gelegt zu bekommen.

Der hier gemeinte Autor ist der 1981 verstorbene Lorenz Stucki, dessen Buch *Japans Herzen denken anders* (Bern und München 1978) nach wie vor eines der besten und anregendsten ist, die es über Japan gibt. Und es ist mit seiner unmittelbaren und unakademischen Darstellung vielleicht das erste, dem es gelungen ist, auch dem Nichtgereisten die Ferne in ihrer Andersartigkeit näherzubringen. Vor allem bietet Japan für Stucki aber auch mehr als nur «Andersartiges», Exotisches; es rückt ihm als Alternative in persönliche Nähe. Der lange Untertitel sagt dazu Entscheidendes: «Die alternative Art, modern zu sein – Was wir von der einzigen nichtwestlichen Industriegesellschaft lernen könnten». Sehr zur Lektüre empfohlen!

Aus der langen Reihe der «Japanbücher», die sich einem «Herrn Schmidt» im Handel oder in Bibliotheken anbieten, ragen auch einige andere deutlich heraus. Gleich nach Stucki sind zu nennen: Helmut Erlinghagen, *Japan – Ein deutscher Japaner über die Japaner* (Stuttgart 1974), das eine Fülle von Informationen bietet und in seiner Darstellung weithin als zuverlässig gelten kann, sowie als aktuelle Ländermonographie: Manfred Pohl (Hrsg.), *Japan. Geographie, Kultur, Religion, Staat, Gesellschaft, Bildungswesen, Politik, Wirtschaft* (Stuttgart und Wien 1986).

Außer diesen wichtigen Büchern der «neuen Generation» sind noch drei oder vier «Klassiker» hervorzuheben, die unverändert lesenswert sind. Mit Abstand das beste ist Ruth Benedict, *The Chrysanthemum and the Sword* (Tuttle, Rutland und Tokyo 1954; zuerst 1946 veröffentlicht). Es steht inhaltlich zwischen den hier zitierten «Japanbüchern» und den eher soziologischen und psychologischen Untersuchungen von Chie Nakane (vgl. 5) und Takeo Doi (vgl. 6), ist aber wegen seiner weiteren Perspektive noch leichter verständlich. Ähnlich, wenn auch nicht vom gleichen Niveau und gelegentlich in Kulturpoesie abgleitend, ist das lesenswerte nachgelassene Werk des Deutschen Kurt Singer, *Mirror, Sword and Jewel. The Geometry of Japanese Life*, das in der australischen Emigration (nach Jahren in Japan) in englischer Sprache geschrieben und erst 1973 (in Tokyo) veröffentlicht wurde. Ebenfalls ein «Klassiker», obwohl kaum älter als Erlinghagens Buch, ist Hans Schwalbes *Acht Gesichter Japans* (München 1974), erstmals 1970 als «Mitteilung LII der Deutschen Gesellschaft für Natur- und Völkerkunde Ostasiens» erschienen. Und schließlich gilt der Begriff «klassisch» auch noch für Edwin O. Reischauers Buch *Japan* (Berlin 1953).

Als leicht lesbare landeskundliche Darstellungen empfehlen sich Hans Boesch, *Japan* (Braunschweig 1979) sowie Günther Haasch, *Japan* (Berlin 1973 u. ö.), das eine mit geographischem, das andere mit politischem Schwerpunkt.

Von den zahlreichen weiteren Japanbüchern wäre vielleicht noch das als «Bucher Länderkunde aktuell» erschienene *Japan: Daten – Bilder – Perspektiven*, mit Beiträgen von Peter und Susanne Krebs, Heidemarie Colsman-Freyberger, Haruko Kishimoto und Manfred Pohl (München 1982), zu nennen.

Das Buch von Gerhard Dambmann, *25mal Japan* (München 1979) rangiert in dieser Aufzählung weiter hinten, weil es trotz seiner eingehenden Darstellung fast als Negativbeispiel für die Art zu sehen ist, in der deutsche in Japan stationierte Journalisten unter dem Eindruck der Nachteile ihres Aufenthaltsorts Tokyo die japanische Wirklichkeit auffassen. Seinem von außen her auf das Land gerichteten Blick fehlt zu häufig die ergänzende Sympathie einer Innenperspektive. Als hätte Dambmann dies selbst gestört, hat er zwei Jahre später seine viel freundlichere *Gebrauchsanweisung für Japan* (München 1981) nachgeliefert, die das vorhergehende Buch emotional etwas abrundet.

In einigen politischen Nuancen (für uns) etwas außergewöhnlich, aber sonst Japan gegenüber neutraler ist die Darstellung von Jürgen Berndt, *Streiflichter aus Japan* (Leipzig 1983).

Als Bericht über Reiseeindrücke ist vielleicht Horst Eliseit, *Mein Japanbuch* (Berlin 1981) neben dem Klassiker *Ein Spaziergang in Japan* von Bernhard Kellermann (Berlin 1920), auf dessen Spuren Eliseit wandelt, am anregendsten.

Diese Liste ließe sich noch um einiges verlängern, und man müßte wohl Autoren wie Maraini, Vahlefeld, Scharnagl und andere nennen; Gelegenheit, Entdeckungen zu machen, ist jedenfalls reichlich vorhanden.

5 Chie Nakane, *Die Struktur der japanischen Gesellschaft* (Frankfurt a. M. 1985) zuerst 1970 erschienen, ein Standardwerk über Japan, ist eines der informiertesten, intelligentesten und zugleich lesbarsten Werke, die je über die Gesellschaft eines Landes geschrieben worden sind. Vermutlich ist es auch das einzige, das die Mechanismen der Verhaltensweise japanischer Menschen und Gruppen korrekt und ohne Mystifikationen darstellt. Jeder, der in Japan leben möchte, insbesondere Geschäftsleute und Diplomaten, bei denen die rasche Aufnahme menschlicher Beziehungen eine große Rolle spielt, sollte dieses hervorragende Werk Satz für Satz durcharbeiten – was nicht abschreckend klingen soll, denn die «Arbeit» ist in Wirklichkeit ein die Augen öffnendes Vergnügen. Sehr zur Lektüre empfohlen!

6 Dieser Vorstellungskomplex wird eingehend von Takeo Doi in *The Anatomy of Dependence* (Kodansha, Tokyo 1970 u. ö.) dargestellt. Dieses grundlegende Werk ähnelt ein wenig dem von Chie Nakane, ist aber in seiner Perspektive enger und damit weniger leicht verständlich. Trotzdem sollte man es unbedingt lesen, am besten, nachdem man das andere «durchgearbeitet» hat.

7 Die Mißverständnisse über Japan und seine Kultur, ihre Hintergründe sowie die Art ihrer Überlieferung und Ausbreitung untersucht Endymion Wilkinson in seinem Buch *Misunderstanding Europe vs. Japan* (Chuokoronsha, Tokyo 1981). Wilkinson war sechs Jahre lang (von 1974 bis 1980) Wirtschaftsreferent der EG-Kommission in Japan und hebt entsprechend stark auf die wirtschaftlichen Beziehungen Japans zu anderen Ländern ab. Aber auch über den kulturellen Kontext erfährt man eine Menge.

8 Vgl. u. a. Gebhard Hielscher (Hrsg.), *Die Frau* (Berlin 1980).

9 Japanische Museen sind in Laurence P. Roberts' ausgezeichnetem Führer *Japanese Museums* (Kodansha International 1978; erweiterte Neuausgabe 1987) beschrieben.

10 Zum Thema «Geschichte» ist für weitere Lektüre die als 20. Band der Fischer Weltgeschichte erschienene Darstellung von John Whitney Hall, *Das japanische Kaiserreich* (Frankfurt a. M. 1968) zu empfehlen; ebenso die schon klassischen Werke George Sansoms *A History of Japan* (Tuttle, Rutland und Tokyo 1974) und *Japan, A Short Cultural History* (Tuttle 1973).

11 Hans Sedlmayr, *Verlust der Mitte* (Salzburg 1948). Wenn wir Sedlmayrs Gedanken hier aufgreifen, geschieht dies, weil sie uns in manchem repräsentativ erscheinen und auch, um zu weiterer Diskussion anzuregen. Keinesfalls war eine Auseinandersetzung mit Sedlmayrs Thesen beabsichtigt.

12 Eugen Herrigel, *Zen in der Kunst des Bogenschießens* (Otto Wilhelm Barth Verlag, 21. Aufl. 1982); dieses Büchlein des späteren Professors für Philosophie in Erlangen, das während eines Japanaufenthalts in den Jahren 1924 bis 1929 in Sendai geschrieben wurde, hat seit den siebziger Jahren eine Renaissance erlebt.
Hier sind auch die für Nichtjapaner bestimmten Darstellungen des Zen von Daisetz Teitaro Suzuki zu nennen, von denen *Zen und die Kultur Japans* (Hamburg 1958 u. ö.) am leichtesten zugänglich ist und sich gut als einführende Lektüre eignet.

13 In die gesellschafts- und verhaltensbezogene Philosophie Japans führt Robert Schinzinger, *Japanisches Denken* (Berlin 1983) ein.

14 Für eine Reise in die japanische Vergangenheit gibt es eine Reihe freundlicher literarischer Begleiter, von denen einige leicht erreichbar sind:
Kojiki (ins Englische übersetzt von Donald L. Philippi; Tokyo 1968): Mythische Vorzeit und erste historische Jahrhunderte – die «Bibel» Japans;
Yasushi Inoue, *Das Tempeldach* (Frankfurt a. M. 1981): Die Bemühungen der Mönche Yoei und Fusho, den weisen chinesischen Mönch Ganjin im 8. Jahrhundert nach Japan zu holen (1957 erschienener Roman);
Eiji Yoshikawa, *Musashi* (München 1984): Ein japanischer Bestseller (1935 erschienen), der einen Volkshelden des 17. Jahrhunderts verherrlicht und einen gewissen Einblick gibt;
James Clavell, *Shogun* (München 1979): Ein Weltbestseller, der Japan um das Jahr 1600 mit den Augen eines Ausländers sieht und entsprechend «unjapanisch» und «falsch» ist, wegen seiner appetitanregenden Darstellung aber trotzdem empfohlen werden kann;
Matsuo Basho, *A Haiku Journey* (ins Englische übersetzt von Dorothy Britton; Tokyo, New York und San Francisco 1980): Poetischer Bericht über eine fünfmonatige Fußreise des Dichters Basho nach Nordostjapan im Jahre 1689;
Ikku Jippensha, *Shanks' Mare* (ins Englische übersetzt von Thomas

Satchell; Tuttle, Rutland und Tokyo 1960): Schelmenroman aus dem frühen 19. Jahrhundert, der das Leben auf dem Tokaido schildert;

Oliver Statler, *Das Gasthaus am Tokaido* (Hamburg 1963): Romanhaft geschriebene Geschichte des «Minakuchiya»-«Ryokans» in Okitsu, die parallel zu *Shanks' Mare* gelesen werden kann;

Thomas Raucat, *Die ehrenwerte Landpartie* (aus dem Französischen übersetzt; Zürich 1972): Rührende Erzählung vom Leben im Japan der Jahrhundertwende, die ein Schweizer Diplomat verfaßt hat (erstmals 1924 erschienen).

15 Einen guten Überblick über die japanischen Künste bietet die dreißigbändige Reihe des Heibonsha-Verlages, die in englischer Sprache vom Weatherhill-Verlag, Tokyo, unter dem Reihentitel «The Heibonsha Survey of Japanese Art» betreut wird (seit 1967 erschienen).

16 *The Living Treasures of Japan* ist auch der Titel eines schönen Bildbandes von Barbara Adachi (mit einem Vorwort von Bernard Leach; Kodansha, Tokyo 1973).

17 Niemand hat dem Phänomen des «Verpackens» in Japan mehr Aufmerksamkeit gewidmet als Hideyuki Oka, der unter anderem das Buch *How to Wrap Five Eggs* (Weatherhill, Tokyo 1967) publiziert und eine unter dem gleichen Motto («Wie verpacke ich fünf Eier?») stehende Ausstellung am Museum für Ostasiatische Kunst in Köln betreut hat (1981).

18 Für die Beschäftigung mit japanischen Gärten kann vor allem Irmtraud Schaarschmidt-Richter, *Der japanische Garten. Ein Kunstwerk* (Nürnberg 1980) empfohlen werden. Speziell mit den Gärten von Kyoto beschäftigt sich der handliche und informative Führer von Marc Treib und Ron Herman, *A Guide to the Gardens of Kyoto* (Shufunotomo, Tokyo 1980).

19 Eine gute Darstellung des japanischen Films findet man bei Keiko Yamane, *Das japanische Kino. Geschichte – Filme – Regisseure* (München 1985).

20 Einen Überblick über die Architektur Japans bietet *A Guide to Japanese Architecture* (Tokyo 1984), ein kommentierter Fotokatalog der etwa fünfhundert interessantesten Bauwerke Japans. Er enthält außerdem Karten und genaues Adressenmaterial.

21 Das beste allgemeine Buch über japanische Keramik ist Herbert H. Sanders *Töpfern in Japan* (1968; deutsche Ausgabe Bonn 1977).

22 Aus der deutsch- oder englischsprachigen Literatur über die japanische Küche ragt hervor: Rafael Steinberg, *Die Küche in Japan* (Reinbek 1979). Es ist mehr als ein Kochbuch und beschäftigt sich auch mit den ästhetischen und sinnlichen Bedingungen der japanischen Eßkultur.

23 Das empfehlenswerteste Lehrwerk für Anfänger ist sicherlich *Beginning Japanese* von Eleanor Harz Jorden (Yale University Press, 1963 u. ö.), das aus zwei Bänden in lateinischer Schrift und einem Band in japanischer besteht und zusammen 1300 Seiten umfaßt. Weil es sehr viele «Drills» bietet, auch Zurückliegendes immer wieder sorgfältig erklärt und gute Tonbänder hat, ist es auch für das Selbststudium gut geeignet. Man sollte sich nicht davon abschrecken lassen, daß es in einer etwas merkwürdigen, kaum gebräuchlichen Umschrift abgefaßt ist; man gewöhnt sich schnell daran. Auch daß es auf englisch geschrieben ist, sollte nicht stören: Wegen des relativ einfachen Sprachinhalts ist auch das Englische einfach; und es dürfte auch nichts schaden, vor einem Japanaufenthalt das eigene Schulenglisch etwas aufzufrischen.
Für einen zweiten Anlauf, nach der Bewältigung von Jordens Einführung, wäre Eiko Saitos und Helga Silbersteins *Grundkurs der modernen japanischen Sprache* (Leipzig 1981) zu empfehlen, der fast bis zur Zeitungslektüre hinführt. Und wer nur «Kanji», sinojapanische Schriftzeichen, büffeln will, kann dazu vielleicht Wolfgang Hadamitzkys *Kanji und Kana* (Tokyo 1979) benutzen.
Eine gute und leichtverständliche Untersuchung der Besonderheiten der japanischen Sprache bietet *Japan and America: a Comparative Study in Language and Culture* von Bernice Z. Goldstein und Kyoko Tamura (Tuttle, Rutland und Tokyo 1975).